I0256247

AFFAIRE
CLÉMENCEAU

— MÉMOIRE DE L'ACCUSÉ —

LIBRAIRIES DE MICHEL LÉVY FRÈRES, ÉDITEURS

ŒUVRES COMPLÈTES

D'ALEXANDRE DUMAS FILS

Format grand in-18

LA DAME AUX CAMÉLIAS	1 vol.
LE ROMAN D'UNE FEMME.	1 —
DIANE DE LYS	1 —
TROIS HOMMES FORTS.	1 —
LA DAME AUX PERLES.	1 —
ANTONINE.	1 —
LA VIE A VINGT ANS.	1 —
AVENTURES DE QUATRE FEMMES	1 —
LA BOITE D'ARGENT.	1 —
LE DOCTEUR SERVANS.	1 —
LE RÉGENT MUSTEL.	1 —
TRISTAN LE ROUX	1 —
SOPHIE PRINTEMS.	1 —

SOUS PRESSE

THÉATRE COMPLET avec notes et commentaires. . . . . . . 3 volumes.

Clichy. — Imp. de MAURICE LOIGNON et Cie, rue du Bac-d'Asnières, 12.

AFFAIRE
CLÉMENCEAU

— MÉMOIRE DE L'ACCUSÉ —

PAR

ALEXANDRE DUMAS FILS

PARIS

MICHEL LÉVY FRÈRES, LIBRAIRES ÉDITEURS

RUE VIVIENNE 2 BIS, ET BOULEVARD DES ITALIENS, 15
A LA LIBRAIRIE NOUVELLE

—

1866

Tous droits réservés.

A MON EXCELLENT AMI

LE DOCTEUR DEMARQUAY

SOUVENIR DES ANNÉES DIFFICILES

A. DUMAS.

AFFAIRE CLÉMENCEAU

— MÉMOIRE DE L'ACCUSÉ —

A Mᵉ ROLLINET

Avocat à la Cour royale.

« Puisque, à la première nouvelle de mon arrestation, sans vous demander ce qu'il y a de vrai et de faux dans les bruits contradictoires qui courent sur mon compte, vous vous êtes souvenu de nos amicales relations et que vous m'avez décidé à vivre le plus longtemps possible, au nom de mon enfant et de mon honneur, je commence aujourd'hui, je ne dirai pas seulement le mémoire des faits dont la connaissance exacte est indispensable à l'avocat qui veut bien se charger de ma cause, mais le récit confidentiel, scrupuleux, inexorable des événements, des circonstances, des pensées qui ont amené la catastrophe du mois dernier.

» L'affaire ne viendra pas avant cinq ou six semaines; j'aurai donc le temps de me recueillir. Je vous dirai la vérité comme je la dirais à Dieu s'il m'interrogeait et voulait, lui qui sait tout, faire dépendre son arrêt du plus ou moins de sincérité de mes aveux. Vous prendrez dans cette relation tout ce que vous croirez utile à ma défense. J'y mettrai, d'ailleurs, autant d'ordre et de clarté que me le permettra l'état de mon esprit, moins troublé que je ne l'aurais cru. Votre talent et votre amitié feront le reste.

» Quelle que soit la décision du jury, je n'oublierai jamais vos deux bras tendus vers moi lorsqu'on vous a ouvert la porte de ma prison, et ma dernière pensée, que je sois condamné ou non, sera partagée entre mon fils et vous.

» PIERRE CLÉMENCEAU.

» 8 mai 18... »

I.

Je suis d'une famille plus qu'obscure. Le mot *ma famille* veut une explication. Ma famille, c'était ma mère. Je tiens tout d'elle : ma naissance, mon instruction, mon nom, car à cette heure je ne connais pas encore mon père. S'il vit, il aura, comme tout le monde, en lisant son journal, appris mon arrestation, et il se sera réjoui de n'avoir pas reconnu un enfant qui l'aurait traîné un jour sur les bancs de la Cour d'assises, en admettant que ma destinée eût été la même s'il s'y fût intéressé.

Jusqu'à l'âge de dix ans, j'ai fréquenté assez régulièrement un petit externat tenu par un vieux bonhomme au rez-de-chaussée de la maison contiguë à la nôtre. J'y ai appris la lecture, l'écriture, un peu d'arithmétique, d'histoire sainte et de catéchisme.

Lorsque ma dixième année fut venue, ma mère résolut de me mettre tout à fait en pension, préférant mon intérêt à venir à son bonheur présent; car se séparer de moi devait être cruel pour une femme qui n'avait que moi à aimer dans le monde.

— Tu n'as pas de père, me dit-elle à cette époque; cela ne signifie pas que ton père est mort : cela signifie que beaucoup de gens te mépriseront, t'insulteront pour un malheur qui devrait exciter leur sympathie et provoquer leur assistance; cela signifie encore qu'il ne faut compter que sur toi et sur moi qui, malheureusement ne pourrai pas travailler toujours; cela signifie enfin que, quelque chagrin que tu me causes, je suis forcée de te le pardonner; n'en abuse pas trop.

Voilà plus de vingt ans que j'ai entendu ces paroles, et je les retrouve nettes et précises comme si je les avais entendues hier. Quel effroyable don que la mémoire! De quelle faute Dieu avait-il à punir l'homme quand il lui a imposé ce redoutable bienfait? Il est des souvenirs heureux, dit-on. Oui, tant que le bonheur nous accompagne; mais, au premier deuil ou au premier remords, tous ces souvenirs s'enfuient, et, si nous courons après eux, ils se retournent et nous frappent en plein cœur.

Je ne pouvais guère, à dix ans, m'identifier avec le sens littéral des paroles de ma mère; mais j'y démêlai, d'instinct, une souffrance pour elle et un devoir pour moi.

Je l'embrassai, c'est la première réponse des enfants émus; puis, avec un accent de résolution subite et de fermeté au-dessus de mon âge :

— Sois tranquille, lui dis-je, je travaillerai bien, et, quand je serai grand, tu verras comme je te rendrai heureuse.

Ma mère avait créé un petit commerce de lingerie et de broderie au coin de la rue de la Grange-Batelière, au deuxième étage, en face de la mairie. Première ouvrière de la célèbre Caroline, elle s'était établie à son tour, et son goût, son exactitude, son caractère, lui avaient attiré une clientèle peu nombreuse mais choisie.

Je vois encore notre modeste logement si proprement tenu, la vieille bonne, frottant dès le point du jour, et avec qui, sous prétexte de lui aider dans ce travail matinal, je venais jouer, à mon réveil; nos simples repas, durant lesquels ma mère causait avec cette même servante, habitude commune à la petite bourgeoisie; les voisins que je rencontrais sur l'escalier, lorsque je me rendais à mon école et qui s'amusaient de mon babillage; enfin la veillée et les deux ou trois ouvrières, jeunes et rieuses, à qui ma mère distribuait de l'ouvrage après l'avoir coupé elle-même.

Ces jeunes filles me gâtaient de leur mieux. Ma position d'enfant naturel était sans doute pour elles une raison de plus de m'aimer. Les femmes, dans cette classe, ont trop souvent à souffrir d'un semblable accident, pour ne pas y compatir et ne pas le respecter chez les autres. Pendant les dernières soirées qui précédèrent mon entrée en pension, elles s'ingéniaient à me distraire et à me faire oublier l'exil prochain; car, malgré ma grande résolution de courage, l'âge reprenait ses droits, et je n'y pensais pas sans alarmes.

Enfin, la veille du grand jour, — le 1er octobre 18..! — après le dîner, ma mère me dit :

— Allons terminer nos emplettes.

Elle me conduisit d'abord chez un petit joaillier du boulevard Saint-Martin, et, là, pauvre chère femme! elle m'acheta un couvert et une timbale d'argent, en ayant encore la bonté de consulter mon goût. Je choisis le plus simple modèle, pensant que ce serait le moins cher. Elle m'embrassa; le cœur est si intelligent!

Nous revînmes ensuite tout le long des boulevards, et, comme je me plaisais à colorier des images (c'était ma grande distraction pendant qu'elle travaillait, l'hiver), elle m'acheta une boîte de couleurs; puis ce fut une toupie, une corde à sauter, que sais-je! tous les petits jouets destinés à atténuer le chagrin du lendemain en occupant mon jeune esprit de mes plaisirs accoutumés.

Quand nous rentrâmes à la maison, il était tard, les ouvrières étaient parties. La lampe, aux trois quarts baissée, nous attendait sur l'établi. Toutes mes petites affaires terminées étaient rangées avec soin. Chacun de ces objets représentait une somme d'argent péniblement acquise, une veille prolongée dans la nuit, quelquefois jusqu'au matin. L'homme qui rend mère une fille pauvre, et qui laisse le travail de cette femme pourvoir seul aux besoins de son enfant, a-t-il conscience de ce qu'il fait?

Ma mère s'assit, me prit sur ses genoux, je posai ma tête sur son épaule, et nous restâmes ainsi près d'une heure sans parler, elle rêvant au passé, sans doute, moi ne pensant à rien, qu'à me trouver bien où j'étais.

— Veux-tu être gentille, petite maman? lui dis-je lorsqu'il fut temps de me coucher; laisse-moi dormir avec toi.

J'étais très-délicat dans ma première enfance. Ma mère, qui m'avait nourri, me couchait avec elle. Cette habitude s'était prolongée pour moi jusqu'à l'âge de six ans. C'était devenu ensuite une récompense ou une compensation lorsque j'avais été exceptionnellement sage, ou qu'un plaisir m'avait été promis, et que, pour une raison de travail ou d'économie, il avait fallu m'en priver. Alors, je demandais à ma mère la permission de reposer auprès d'elle, et, le soir venu, je courais dans sa chambre, je me coulais dans son lit, je m'y retournais en frétillant comme un poisson qu'on rejette dans l'eau, et je m'endormais de ce sommeil plein qui n'appartient, hélas! qu'à l'enfance. Sa besogne achevée, ma mère se glissait tout doucement à mon côté, et, le lendemain, je me retrouvais toujours dans la même attitude, tenant son bras entre les miens, contre mes lèvres. De ce réveil, surtout, je me faisais une fête; je me mettais alors à jouer avec elle, je la décoiffais. Nous riions ensemble, et, me pressant avec énergie dans ses bras, elle me disait :

— Comme je t'aime, mon cher enfant!

II.

Voilà bien des détails inutiles à la cause, n'est-ce pas? Mais, je vous le répète, je n'écris pas seulement pour mon défenseur, j'écris pour moi-même: car il me serait impossible de raconter tout de suite la seconde partie de ma vie sans faire une halte dans la première. J'ai besoin de courage. Où le trouver, sinon dans le rappel de ces premières années si calmes et si douces?

III.

Le lendemain, à sept heures du matin, j'étais dans le cabinet du chef d'institution, à qui ma mère me recommandait pour la centième fois : « Je ne l'avais jamais quittée; j'avais besoin des plus grands ménagements; on obtenait tout de moi par la douceur; si j'étais malade, il fallait l'envoyer chercher tout de suite; du reste, elle ne demeurait pas très-loin du pensionnat, elle viendrait, pendant les premiers temps, tous les jours à l'heure de la récréation, etc., etc. » La cloche sonna, elle m'embrassa une dernière fois, et je restai seul.

Comme presque tous les hommes, vous avez eu cette minute-là dans votre enfance. Vous savez ce qu'elle contient.

M. Frémin me dit, du ton affectueux d'un père habitué à ne pas brusquer cette première souffrance dont il était souvent le témoin :

— Venez, mon ami.

Et il me conduisit au milieu de mes nouveaux camarades.

En me mettant en pension au lieu de me mettre

au collége, ce qui eût été plus simple et moins coûteux, ma mère avait pris une de ces demi-mesures que le cœur ingénieux accepte pour amortir le choc de certaines nécessités. Puis cette institution, située dans un quartier sain, dans le voisinage des jardins de Tivoli, semblait offrir tous les avantages possibles d'hygiène et d'éducation. C'était en effet, mais à tort, un des établissements les plus renommés de Paris. Il comptait près de trois cents élèves appartenant pour la plupart à la haute finance, au grand commerce ou à la noblesse récente.

Ma mère, comme toutes les personnes auxquelles l'instruction a manqué, en rêvait pour moi une aussi complète que possible. Elle avait donc cru devoir s'adresser à une de ses plus riches clientes, laquelle avait un fils à peu près de mon âge, et lui avait demandé, en lui apprenant pourquoi elle lui faisait cette demande, dans quelle maison elle avait placé son fils. Cette circonstance bien simple devait amener les premiers événements douloureux de ma vie. La dame se trouva blessée de ce qu'une de ses fournisseuses avait l'outrecuidance de vouloir faire de son fils, enfant naturel par-dessus le marché, un camarade du sien, fils d'un comte de la Restauration.

Ma mère ne soupçonna rien. En communiquant ses projets à madame d'Anglepierre, elle avait eu même la naïveté d'ajouter :

— Je serais bien heureuse que mon fils se trouvât avec le vôtre, madame. Vous avez toujours été si bienveillante pour moi, que M. Fernand, j'en suis certaine, sera bon aussi pour Pierre. Ce cher enfant ne m'a jamais quittée, il a grand besoin qu'on l'aime.

Ma mère était sans orgueil comme elle était sans servilité. Elle dit ces paroles tout simplement à sa cliente, en lui montrant des broderies et en me tenant la tête contre ses genoux.

D'ailleurs, une mère qui parle *enfant* à une autre mère se considère comme son égale. L'amour maternel semble devoir mettre, au moins momentanément, toutes les femmes au même niveau, puisqu'il n'y a pas, suivant les différentes classes, différentes manières d'engendrer et d'aimer ses enfants. C'est là surtout que la nature implacable supprime clairement les hiérarchies sociales, en astreignant toutes les génératrices aux mêmes moyens, aux mêmes dangers, aux mêmes devoirs.

Cette dame ne pensait pas ainsi. Rentrée chez elle, elle raconta probablement, en présence de son fils, ce qu'elle venait d'entendre, en y ajoutant des réflexions dont je devais bientôt recevoir le contrecoup.

IV.

L'établissement était immense, tel qu'il devait être pour contenir environ deux cent cinquante élèves pensionnaires. Il se divisait en deux parties, le petit et le grand collége : dans le premier, les élèves depuis les classes élémentaires jusqu'à la cinquième inclusivement; dans le second, depuis la quatrième jusqu'à la rhétorique, la philosophie, les mathématiques spéciales, les Humanités enfin. Les deux colléges occupaient chacun un bâtiment différent, et, séparés par des balustrades, n'avaient ensemble aucun rapport ostensible. Ils avaient même leur sortie particulière sur deux rues parallèles.

Dans le grand quartier, quelques élèves de mérite se groupaient autour de M. Frémin et formaient un noyau de travail, d'émulation et de succès qui maintenait la pension dans sa bonne réputation d'autrefois. M. Frémin se donnait absolument à ces jeunes gens, abandonnant aux professeurs subalternes ceux qui ne valaient pas la peine qu'on s'occupât d'eux et qui, entre les mains de son associé, purement homme d'affaires, représentaient le côté lucratif de l'entreprise.

Ce qui se passait parmi ces derniers n'est pas chose croyable. Les mauvais livres, l'ostentation du vice et de l'impiété, provoquée peut-être par les trop grandes exigences cléricales du temps, la mollesse et l'oisiveté, le libertinage précoce, tels étaient les vices courants de cette véritable république. Pendant les récréations, les petits regardaient curieusement, à travers les barrières qui les séparaient des grands, les héros des scandales presque quotidiens dont les récits arrivaient quelquefois jusqu'à eux. Ils se les montraient avec admiration. Ces messieurs, fiers de leur renommée, se livraient avec un orgueil bien légitime aux regards de cette menue foule, rejetant leurs cheveux en arrière, tirant leurs moustaches timides, affectant toutes les allures propres à pervertir de jeunes et faibles imaginations.

Le mal s'étendait donc peu à peu et devait à la longue gangrener les plus innocents Si j'y échappai, moi, ce fut par des circonstances exceptionnelles, que je bénis puisqu'elles m'ont détourné du vice, qui eût été un plus grand malheur pour moi.

M. Frémin m'avait laissé, je vous l'ai dit, au milieu de mes nouveaux camarades, après m'avoir recommandé particulièrement à notre professeur, à qui je demandai si le fils de madame d'Anglepierre était déjà rentré; il me dit que non, et que très-probablement cet élève ne rentrerait que le lendemain. J'allai donc m'asseoir sur un banc et j'attendis.

Vous devinez quels regards je fixais sur cette grande porte refermée tout à coup entre ma mère et moi. Ma pauvre chère mère! je la suivais en esprit dans la rue. Je la voyais, son mouchoir sur les yeux pour dérober ses larmes aux étrangers, rentrant chez elle d'un pas rapide, et, une fois rentrée, s'abandonnant à son émotion, essuyant ensuite ses yeux avec ce courage dont elle m'avait donné tant de preuves, reprenant son travail quotidien et répondant amicalement aux questions que les ouvrières ne pouvaient manquer de lui adresser. Tous les objets familiers de mon enfance repassaient devant mes yeux comme des amis ; je me sentis près de fondre en larmes ; mais il ne fallait pas pleurer là.

Alors, je regardai autour de moi pour essayer de me faire à ma vie nouvelle. Tous ces enfants avaient pris ou repris les habitudes de la communauté. Ils se promenaient par groupes, ils sautaient à la corde, ils jouaient à la balle, ils se montraient les présents reçus pendant les vacances, ils se racontaient ce qu'ils avaient fait depuis six semaines, ils riaient, ils se partageaient des friandises.

Moi aussi, j'avais dans mon panier ma petite provision de gâteaux et de jouets. J'aurais voulu partager les uns et utiliser les autres. Je n'osais pas. A qui m'adresser dans cette cohue? Personne ne faisait attention à moi. Si la porte eût été ouverte, je me serais sauvé certainement.

Au fait, pourquoi étais-je là? J'étais si heureux encore une heure auparavant! Qu'allais-je donc apprendre qui dût me faire oublier ma mère?

La tristesse allait bien certainement me vaincre lorsqu'un de ces enfants, qui avait été causer avec tous ses camarades les uns après les autres, vint se camper devant moi et me regarder sans rien dire.

Planté sur ses jambes écartées, ses deux mains dans ses poches, par un mouvement de tête fréquent et gracieux, il rejetait en arrière ses cheveux longs, épais, très-blonds, souples comme des fils de soie et qui tendaient toujours à retomber sur son front. Je regardai cet enfant comme il me regardait, et, d'ailleurs, sa figure me paraissait assez remarquable. Très-pâle, d'une pâleur crayeuse, il avait les yeux bleu clair, bleu de Chine, avec des cils et des sourcils châtains. Ces yeux mobiles, et qui avaient toujours l'air de chercher une pensée nouvelle, étaient entourés d'un cercle de nacre auquel chaque évolution de leurs globes imprimait une légère palpitation, semblable à ces éclairs sans bruit et sans foudre qui entr'ouvrent un moment les ciels d'été. Une jolie bouche, bien que les lèvres fussent d'un ton maladif et qu'il les mordît sans cesse jusqu'à y faire venir le sang, des dents petites comme des dents de chat, un nez droit, aux narines un peu relevées, complétaient ce visage vraiment féminin.

De temps en temps, il sortait une main de sa poche et se mâchonnait les ongles. C'était dommage, car ses mains étaient blanches, sans os apparents, à fossettes, et je n'en vis jamais de pareilles à un aussi jeune garçon.

— Qu'est-ce que tu fais là? me dit-il d'une voix légèrement voilée, coupée d'une petite toux nerveuse.

— Rien.

— Tu es un nouveau?

— Oui, et toi?

— Moi, je suis un ancien. De quel pays es-tu?
— De Paris. Et toi?
— Moi, je suis de Boston.
— Où est-ce?
— En Amérique. Comment t'appelles-tu?
— Pierre Clémenceau. Et toi?
— André Minati. Qu'est-ce que fait ton père?
— Je n'en ai pas.
— Il est mort?

Je ne répondis rien ; il prit probablement mon silence pour une affirmation.

— Et ta mère, qu'est-ce qu'elle fait?
— Elle est lingère.
— Lingère? Elle fait des chemises?
— Et d'autres choses encore, répondis-je naïvement. Et la tienne?
— La mienne, elle ne fait rien. Elle est riche, et mon père aussi. Il voyage pour son plaisir.
— Quel âge as-tu?
— Douze ans. Et toi?
— Dix.
— Dans quelle classe es-tu?
— Dans la classe de ce monsieur qui se promène.
— Moi aussi.
— Cependant tu es plus âgé que moi.
— Mais je suis en retard parce que je suis étranger. Qu'est-ce que tu as là dans ton panier?
— Des gâteaux. En veux-tu?
— Voyons tes gâteaux.

J'ouvris mon panier sur mes genoux ; André plongea sa main dedans, la retira pleine, et mordit à belle bouche dans ce qu'il avait pris.

— Ils sont bons, tes gâteaux; pourquoi n'en manges-tu pas?

— Je n'ai pas faim.

— Qu'est-ce que ça fait?

Et, revenant à la charge, il en eut bien vite fini avec mes provisions.

— C'est tout ce que tu as?

— Oui.

— Bonjour. Je te trouve un peu bête.

Tournant alors sur ses talons, il me laissa tout étourdi de cette entrée en matière, et, prenant son élan, il courut vers un autre enfant qui ne pouvait le voir, lui sauta sur le dos sans le prévenir, et tous deux roulèrent dans le sable; mais l'autre seul s'était fait mal. A chaque instant, il recommençait une plaisanterie du même genre, ayant soin de s'adresser toujours à de moins forts que lui.

Le maître d'étude ne voyait rien ou paraissait ne rien voir. Il se promenait de long en large, les mains derrière le dos et songeait; à quoi? A sa dure destinée sans doute, que les vacances avaient interrompue et qui se renouait encore une fois à ses anneaux de fer.

V.

Cependant, comme André était le seul enfant qui m'eût parlé, je le suivais machinalement des yeux. D'abord, j'avais mes gâteaux sur le cœur, et puis je le trouvais étrange. Je le vis donc quitter peu à peu ses camarades, et, après s'être retourné deux ou trois fois pour s'assurer qu'on ne le remarquait pas, se diriger vers la balustrade qui nous séparait du grand collége et regarder dans l'autre cour. Sans doute il découvrit ce qu'il cherchait, car il fit un signe; et, tournant le dos à la barrière, il s'y appuya, passa sa main derrière lui, et reçut, d'un grand garçon de dix-huit ans, un billet qu'il cacha dans sa poche; après quoi, il se perdit de nouveau dans le mouvement général.

Quelques minutes après, nous nous rendions à la messe du Saint-Esprit, qu'un prêtre disait dans la chapelle même de la pension, et, de là, nous gagnions les salles d'étude. Celle où je pris place était très-vaste. Une chaire en occupait le fond et une douzaine de tables à pupitres, de dix élèves chacune, disposées les unes devant les autres, en occupaient le milieu.

Par suite de la recommandation de M. Frémin, j'étais le premier, à la gauche du professeur, sur le premier banc, et mon Américain se trouvait à côté de moi. J'aurais préféré un autre voisinage; car, après ce que ma mère m'avait dit, et les promesses qu'elle avait reçues de moi, je comptais ne pas perdre une minute, même la première, et je me disposais à absorber par tous les pores cette science si utile, que l'on me séparait, en son nom, de tout ce qui m'était cher. J'ouvrais donc les yeux, les oreilles et même la bouche, à la voix du maître qui nous en exposait les principes.

Cela ne faisait pas l'affaire de mon voisin. Il commença par lire son petit billet écrit au crayon, en ayant l'air de lire dans son livre, puis il le mâcha et l'avala, puis il me poussa le genou pour me montrer je ne sais quoi dans son pupitre; mais, voyant mon indifférence, il se tourna vers son autre voisin; puis il revint à moi, me parlant bas, m'accablant de questions auxquelles je ne comprenais et ne répondais rien, ce qui le détermina à me jeter de l'encre sur ma veste.

Oh! quand je le vis abîmer ainsi ma veste neuve qui coûtait de l'argent à ma mère, je lui enjoignis assez haut de cesser. En somme, je savais aussi bien que lui ce que c'était que de donner un coup de poing; j'en avais reçu et donné, dans mon école, et je n'étais pas disposé à me laisser malmener comme les enfants auxquels il s'était adressé pendant la récréation.

Ma façon de voir parut l'étonner un peu. Il

me dit tout bas que j'aurais affaire à lui après la classe.

A peine étions-nous dans la cour, que, accompagné de deux ou trois de nos camarades, il s'approcha de moi, et, me mettant son poing sous le nez, m'appela marchand de chemises, me demanda ce que j'avais voulu lui dire, et me défendit de lui adresser jamais la parole. Je lui tournai le dos sans lui répondre. Il attribua cette retraite à la peur, et m'envoya une bourrade qui faillit me jeter par terre. Alors, je me retournai, et, avant qu'il pût arriver à la parade, sans savoir moi-même ce que je faisais, je lui appliquai un tel coup de poing sur sa pâle figure, que le sang coula.

Effrayé de mon action, je m'approchais pour le secourir, quand il me donna, de toute sa force, un coup de pied dans la jambe. La douleur me fit perdre la tête et je tombai sur le malheureux à bras raccourcis. Je l'eus bien vite terrassé; je lui posai le genou sur la poitrine, et, si on ne me l'eût pas arraché des mains, je l'étranglais certainement.

Ce fut le premier indice de ces instincts sauvages qui ont fini par m'amener où je suis. Une heure auparavant, je ne les aurais pas soupçonnés en moi, et personne n'eût pu les entrevoir sous ma nature tendre, expansive, sentimentale. Ils ne se sont jamais fait jour qu'au moment où je m'y attendais le moins; mais, chaque fois, ils ont amené des conséquences déplorables.

Pendant quelques minutes je fus haletant, avide de luttes nouvelles, vibrant dans tout mon corps. On nous interrogea. Je racontai nettement la vérité, depuis l'histoire des gâteaux jusqu'à la provocation. J'avais été le plus fort; la plupart de ceux qui avaient à se plaindre d'André et qui n'avaient jamais osé lui répondre passèrent hardiment de mon côté, et, dans leur rapport, le chargèrent tant qu'ils purent; d'autres s'éloignèrent, ne voulant pas se compromettre en cas de représailles; quelques-uns l'entourèrent en ayant l'air de le plaindre, mais en riant sournoisement ensemble.

J'eus ainsi, dès mon premier jour de contact direct avec les hommes, le spectacle de la lâcheté individuelle et de la lâcheté collective. Mes expériences ne devaient malheureusement pas s'arrêter là.

On conduisit le blessé à la fontaine; on lui lava la figure. Il ne disait rien; mais il était aisé de voir, à sa pâleur plus grande et à ses regards obliques, qu'il ne me pardonnerait jamais.

VI.

Le fils de madame d'Anglepierre ne revint que le soir de chez ses parents, lorsque nous étions couchés. Je vous fais grâce des idées noires qui précédèrent mon sommeil dans mon nouveau lit. Le lendemain matin, je connus le jeune vicomte. Il me fut à l'instant aussi antipathique, plus antipathique peut-être que Minati.

Figurez-vous un petit homme de dix ans, déjà officiel dans toute sa petite personne. Coiffé à l'oiseau royal, avec deux larges mèches collées sur les tempes, il affectait des airs sérieux qu'il imitait évidemment de monsieur son père, dont il était une réduction des plus ridicules et des plus comiques. Ce jeune noble répandait autour de lui l'odeur de sa noblesse toute neuve. On la voyait positivement reluire au soleil. Très-soigné dans sa mise, serré dans son col comme un préfet en tournée, la tête droite, il poussait la solennité jusqu'à la sentence, et la morgue jusqu'au mépris. En le voyant, on recomposait aisément toute sa famille; on devinait de quel sot personnage il avait eu l'honneur de sortir et on ne doutait plus de la carrière qu'il embrasserait : la haute administration.

C'était une des mille nullités en herbe sur lesquelles la Restauration comptait pour l'avenir. Je l'ai revu, depuis cette époque, servant le gouvernement de Juillet auquel il s'était rallié, ainsi que M. le comte son père, et je lui ai retrouvé le visage, la voix et le maintien que je lui avais connus, à l'âge de dix ans.

Une fois posées sur une cravate, ces têtes-là ne bougent plus. La cravate est invariablement noire ou blanche, la tête reste la même. La coiffure a pris un certain pli, l'œil un certain regard, la bouche une certaine ligne. En voilà pour quatre-vingts ans. La barbe est rasée de si près et si souvent, qu'elle finit par ne plus oser pousser. Ces hommes-là en arrivent tout de suite à convaincre la société qu'ils lui sont indispensables. Il y a d'honnêtes mères qui élèvent saintement leurs filles pour la faveur de leur couche, comme dirait Arnolphe. Ils ont ordinairement deux enfants à la suite de leur mariage, un garçon et une fille. Ils sont devenus pères sans oublier le décorum, sans ôter leur croix de la Légion d'honneur, qui leur tombe à la boutonnière vers vingt-cinq ou trente ans, et dont le ruban ne bronche plus jusqu'à ce qu'ils changent de grade. Ils passent par les trois premiers degrés de l'ordre et meurent commandeurs. On célèbre alors leurs vertus, leurs services, leurs talents, devant un mausolée de famille, et ils disparaissent après avoir touché à tout, sans rien laisser derrière eux, ni une œuvre, ni une idée, ni un mot. On se demande comment ils ont pu tenir tant de place, et si longtemps, dans une civilisation qui a besoin de mouvement, d'initiative et de progrès, et, au moment où l'on s'en étonne le plus, on aperçoit messieurs leurs fils qui les recommencent et les continuent.

Ces individus composent cette force imposante contre laquelle le génie lutte en vain depuis la constitution de la première société, et qu'on retrouve honorée et triomphante dans toutes les classes, dans la Noblesse, dans la Bourgeoisie, dans la Science, dans les Arts, dans l'Armée; association invincible et indissoluble, qui reconnaît et glorifie les siens partout, sans distinction de rangs ni de castes; communauté formidable qui se lègue de famille en famille et de génération en génération, comme des cartes perpétuelles de circulation à travers l'ignorance humaine, une morale, des idées et des phrases toutes faites appropriées à tous les sujets; qui veille pompeusement et dogmatiquement sur l'arche sainte de la routine, et qu'on nomme enfin : la Médiocrité.

Mon nouveau camarade, qui devait encore ajouter à cette race, avait déjà de l'ascendant sur les condisciples de son âge et même sur de plus âgés que lui, tant la confiance en soi peut imposer aux autres, lorsqu'elle est sincère et imméritée.

Il me suffisait de voir le jeune vicomte pour n'avoir nulle envie de l'aborder; mais, puisque ma mère désirait que je le connusse, et que j'étais déjà en bons termes avec la plupart de mes camarades, depuis ma victoire de la veille, j'allai à lui et je me nommai en faisant tout simplement appel aux relations de nos deux familles.

— J'ai mes amis, me répondit-il d'un ton sec, presque sans me regarder, et je n'en veux pas avoir d'autres. On n'a d'amis que parmi ses égaux.

Évidemment ce petit sot répétait une phrase qu'il avait entendu dire. Je ne lui en demandai pas davantage, mais je ne m'expliquais guère ce que je voyais et entendais depuis vingt-quatre heures.

Ma mère arriva sur ces entrefaites. Je lui racontai mes impressions. Afin de ne pas l'inquiéter, je lui tus ma bataille. Elle devina tout de suite la conduite de madame d'Anglepierre, et me conseilla naturellement de ne plus m'occuper de son fils, ajoutant :

— Si tu as à souffrir de quoi que ce soit ici, mon enfant, dis-le-moi, je te mettrai dans une autre pension.

En somme, il ne m'était encore arrivé que ce qui aurait pu arriver à tout autre.

Ce qui ne devait arriver qu'à moi se préparait.

VII.

Pour m'épargner de nouveaux conflits avec André, on l'avait changé de place à l'étude. J'avais un autre voisin, doux comme miel, attentif, méthodique, soigneux. Il répétait les leçons sans sourciller, et récitait, matin et soir, à haute voix, entre deux beaux signes de croix aussi larges que lui, la prière que le reste de la classe murmurait entre les dents. Si, par hasard, il m'adressait la parole, c'était toujours pour choses indispensables ayant rapport au travail commun.

Bernavoix gagna bien vite ma confiance en me parlant de sa famille peu aisée, compatriote de l'associé de M. Frémin, et ayant obtenu ainsi, à la condition du labeur assidu de l'élève, un grand rabais sur le prix de la pension. Puis, il m'entretint de sa première enfance, qui s'était écoulée à la campagne, de son père, de sa mère, qu'il avait perdue.

Questionné à mon tour, je me livrai sans réserve. Pourquoi me serais-je défié? Je lui racontai tout ce que je savais de moi-même et de maman, jusqu'aux paroles qu'elle m'avait dites au sujet de ma naissance.

Comme son père, régisseur dans son pays, ne pouvait le faire sortir qu'aux vacances, je lui promis de l'emmener de temps en temps avec moi, le dimanche. Nous irions nous promener, et puis il viendrait dîner chez nous. Notre maison était fort simple, mais c'était toujours moins triste que la solitude des maisons d'éducation, durant les jours de fête.

Nous voilà donc amis et passant la plupart de nos récréations ensemble, soit à jouer, soit à causer, soit à lire.

En effet, le dimanche suivant, ma mère vint me chercher et nous emmena tous les deux. Elle nous fit monter dans une de ces petites diligences qui desservaient la banlieue et nous conduisit à Saint-Cloud. Nous déjeunâmes là, en plein air, dans un modeste restaurant, et nous revînmes tous les trois, à pied, dîner à Paris, rue de la Grange-Batelière.

Mon ami paraissait enchanté, et moi, je me promettais de recommencer souvent cette petite fête. J'avais rapporté un bon bulletin de ma première semaine. Avec les visites fréquentes de maman, cette sortie hebdomadaire, le plaisir de m'instruire, et un ami comme Bernavoix, il me serait possible, à mon âge, de m'acclimater à la pension. J'y rentrai donc plein de courage et presque gaiement..

André ne me parlait plus; Fernand ne me parlait pas. C'étaient les seuls de mes camarades avec lesquels je ne fusse pas en bons rapports. Un lundi, m'étant approché de l'un de ceux avec qui je jouais d'habitude, je le vis, avant que je lui eusse adressé la parole, se sauver en criant :

— Quarantaine !

Je crus à une plaisanterie, et je m'approchai d'un autre. Même manœuvre. Ainsi d'un troisième, et, de tous ceux qui me voyaient venir dans leur direction, Bernavoix seul ne se sauva pas à mon approche. Je lui demandai en riant l'explication du fait. Il prit alors un air sérieux et m'annonça que ce n'était pas risible ; on m'avait condamné.

Condamné ! Quarantaine ! Qu'est-ce que ces mots signifiaient ? Il m'apprit cette coutume, empruntée par les écoliers aux lois de la marine, qui consiste à n'avoir aucune communication ni directe ni indirecte, pendant quarante jours, avec un camarade à qui l'on a quelque chose à reprocher. Dans le principe, la quarantaine ne pouvait être prononcée et appliquée qu'après un délit grave, comme la délation, ou le vol, ou la tricherie ; mais, depuis, elle était devenue plus arbitraire et dépendait un peu de la fantaisie des plus forts et des rancunes personnelles. Quelques enfants en décrétaient un autre en quarantaine ; ils prévenaient le reste du collége de la détermination prise, et elle avait force de loi.

Mon Américain avait ruminé cette vengeance, pour laquelle il avait flairé un auxiliaire dans Fernand, dont la conduite à mon égard ne lui avait pas échappé. Il l'avait interrogé sur la cause de cette conduite. Celui-ci avait répété tout ce qu'il avait entendu dire chez lui ; on m'avait donc jeté hors de la communauté, parce que je n'avais pas de père, et qu'aux yeux de ces enfants c'était quelque chose d'équivalent à la peste ou au scorbut. Ainsi la prédiction de ma mère allait se réaliser ; mais la chère femme n'aurait jamais pensé qu'elle se réalisât si tôt, et par le verdict d'aussi jeunes cœurs.

Sans me rendre compte immédiatement de cette étrange condamnation, je dis à mon ami que je ne voulais pas le brouiller avec ses camarades, et qu'il était libre de ne plus me parler. Il parut hésiter un peu, il baissa les yeux, tourna son mouchoir dans ses mains; bref, le bon sentiment l'emporta. Il me répondit que cela lui était égal, et que, du reste, il ferait son possible pour qu'on diminuât la peine, comme il arrivait souvent, lorsque le patient demandait pardon.

A ce mot, mon sang se révolta. Je n'avais rien fait pour encourir le mépris, je ne ferais rien pour reconquérir l'estime. Mes condisciples ne voulaient pas me parler pendant quarante jours : soit. Nous nous passerions bien les uns des autres pendant ce temps.

— Mais je dois te prévenir, me dit Bernavoix, que, lorsque le condamné veut lutter, on double, on triple son temps, et que cela peut durer une année entière.

— Va pour un an.

— Mais on ne se contente plus de ne pas parler au condamné.

— Qu'est-ce qu'on lui fait?

— Toute sorte de choses.

— Lesquelles?

— Tu verras, car je crois qu'ils veulent te les faire.

— Eh bien, je verrai.

Ce que Bernavoix ne me disait pas, c'est que lui-même avait donné les renseignements sur moi, sur notre intérieur; que sa bonne foi avait été surprise, volontairement peut-être, qu'il avait raconté tout ce que je lui avais confié et qu'il avait empoisonné les armes dont ces petits misérables allaient se servir contre moi pour varier un peu la monotonie de leurs jeux.

Voilà que l'un se croyait en droit de me reprocher ma pauvreté, parce qu'il était riche; l'autre, le travail de ma mère, parce que la sienne était oisive; celui-ci, ma qualité de fils d'artisane, parce qu'il était fils de noble; celui-là, de n'avoir pas de père, parce qu'il en avait deux — peut-être. Pas un de ces enfants à qui ses parents eussent commandé la charité envers son semblable. Au contraire, à l'un d'eux, sa mère m'avait désigné comme un être malfaisant. Ainsi les préjugés qui, dans le monde, ont peut-être leurs raisons ou leur excuse dans l'antagonisme des intérêts ou des passions, se faisaient jour sans raison, sans excuse, bruts et difformes, parmi des enfants dont l'aîné n'avait pas atteint sa quatorzième année, et les premiers sentiments que je devais découvrir chez les hommes, dans l'âge soi-disant d'innocence et d'expansion, étaient l'injustice et la cruauté. Soit. Je me promis tout bas de me faire plutôt écharper que de ne pas repousser toutes les attaques comme j'avais repoussé la première. N'importe, il est dur, à dix ans, d'avoir déjà besoin de se défendre!

VIII.

Je me mis à étudier avec soin. Je passais mes récréations à causer avec le maître, qui me prenait en amitié, sans avoir le courage de me prendre sous sa protection effective, bien qu'il vît de quelle conspiration j'étais la victime. Ce pauvre homme n'avait que ses modiques fonctions pour vivre, et il savait que, si les élèves décidaient de lui faire perdre sa place, ils y arriveraient pour lui comme ils y étaient arrivés pour d'autres. De là une condescendance muette, un encouragement tacite à bien des désordres.

Il ne pouvait donc rien pour moi que m'aimer plus qu'il n'aimait les autres, me plaindre et s'occuper spécialement de mon travail.

Il le fit; je lui en ai conservé la reconnaissance qu'il méritait. Il est devenu fort misérable plus tard. Il buvait pour s'étourdir. Je lui ai donné quelques secours, et c'est moi qui l'ai fait enterrer, il y a cinq ou six ans.

Notre cour était spacieuse. Lors de la fondation de l'établissement, M. Frémin avait réservé une partie de cette cour, un quart, à peu près, pour des petits jardins particuliers, qui seraient cultivés par les élèves et où ils étudieraient ainsi la nature face à face, au lieu de ne la voir qu'à travers la sécheresse des livres autorisés.

Cette coutume utile avait disparu comme les autres du même genre, et les jeux bruyants avaient envahi le territoire de ces tranquilles récréations. Cependant, il restait un petit coin où il était possible de rétablir un jardin de quelques pieds carrés. La terre en était encore bonne. Mon maître me conseilla de demander ce terrain et de le cultiver. Je l'obtins facilement de M. Frémin, qui aurait été heureux de voir renaître le goût des plaisirs simples et instructifs. Il me fit donner un râteau, une pelle, une bêche, les tiges qu'on pouvait planter en automne, et je commençai mon nouveau travail sur les indications du concierge, qui avait été le jardinier des fondateurs.

Je vous laisse à penser si cette façon d'accepter la quarantaine exaspéra mes ennemis. Ils n'entendaient pas ça du tout, et de l'indifférence et du mépris ils passèrent à l'offensive.

Ils se seraient lassés peut-être plus tôt que moi, si André n'avait entretenu cette animosité. Où prenait-il le courage nécessaire pour me persécuter ainsi? Dans l'humiliation que lui avait causée sa défaite, dans la conscience de son tort, dans sa nature déjà viciée, dans son sang américain, peut-être dans le souvenir des tortures qu'il avait vu infliger par son père à des hommes d'une autre couleur que lui.

On commença par attaquer mon sommeil. La nuit, on me jetait n'importe quoi sur la tête, et on me réveillait en sursaut ; ou bien, lorsque je venais me coucher, je trouvais mes draps tout humides. A qui m'en prendre ? Je sentais le coup sans voir la main. Me plaindre ? La dénonciation répugnait à ma fierté. Je me tus.

Au réfectoire, on finit par me reléguer au bout de la table sous différents prétextes. Les élèves se servaient eux-mêmes, c'était l'habitude. Ils ne me passaient les plats que lorsqu'il n'y avait plus rien ou presque plus rien dedans. Je réclamais auprès du domestique, car j'avais faim ; mais, souvent, on avait dit les *Grâces* avant que cet homme eût répondu à ma réclamation ; et, d'ailleurs, il encourageait le complot moyennant quelques gratifications prélevées sur les *semaines*. Je déjeunais ou je dînais donc parfois d'un morceau de pain et d'un verre d'eau. Il va sans dire que, pendant que j'étais occupé de mon petit jardin, on y lançait des pierres, et qu'en revenant, le lundi, je trouvais tout bouleversé par ceux qui, retenus le dimanche, avaient reçu de leurs camarades la mission de continuer la guerre, même en mon absence.

J'aurais pu quitter la pension ; mais je me figurais qu'il devait en être de même dans les autres, et puis je ne voulais rien faire perdre à ma mère, qui avait payé mon trimestre d'avance. La guerre ne cessait plus, me harcelant dès le réveil et ne m'épargnant pas la nuit. Je ne m'endormais et ne m'éveillais qu'avec effroi. J'étais toujours sur le qui-vive. Mon caractère et ma santé s'altéraient. Je devenais ombrageux, inquiet, haineux. J'éprouvais le besoin de la vengeance, de celle qui convient, après tout, aux faibles et aux opprimés, de la vengeance occulte et basse. Allait-on me rendre lâche? En tout cas, je souffrais assez, déjà, pour vouloir faire du mal à tous ces enfants; mais comment m'y prendre? Les combattre en face était impossible, et, d'ailleurs, ce n'était pas ainsi qu'ils m'attaquaient. J'en eusse provoqué un ou deux, que tous les autres se fussent rangés de leur bord. Si, par hasard, la nuit s'était bien passée, je reprenais un peu de courage et me disposais à tout oublier; mais cette trêve ne durait pas longtemps, et je la devais plus à la fatigue ou à la négligence de mes ennemis qu'à leur repentir ou à leur pardon. Pardon de quoi? je vous le demande.

J'arrivais à vivre comme un coupable. J'avais des palpitations de cœur qui m'étouffaient. Lorsque la mesure était comble, je m'en allais pleurer dans un coin, n'importe où, pourvu que ceux qui faisaient couler mes larmes ne pussent ni les voir ni s'en réjouir.

Cependant tous n'étaient pas aussi acharnés contre moi. Il y en avait même qui paraissaient ignorer à quelles tribulations j'étais en butte; mais la plupart, sans complicité active, laissaient faire, comme on laisse tout faire ici-bas, par indifférence ou paresse. Si les barres ou le saut de mouton ennuyaient, il suffisait que le premier venu eût l'idée de dire : « Et le Clémenceau, on n'en joue donc plus? » pour que l'on recommençât les attaques; c'était alors à qui en inventerait *une bonne*.

Enfin, un soir, ne sachant plus qu'imaginer, comme j'étais resté en arrière pour ranger mes livres et fermer mon pupitre dont on forçait le cadenas presque tous les jours, ils trouvèrent le moyen d'éteindre la lampe de l'escalier et de barrer le passage avec une corde. Je fis une chute de plusieurs marches, la tête en avant. Je faillis me tuer. Cette fois, je criai, tant la douleur était vive, et le professeur, voyant la tournure que prenaient les choses, se décida à prévenir M. Frémin. Celui-ci vint, le lendemain, dans la salle, après la prière, et fulmina une remontrance énergique, accompagnée d'une menace de retenue générale et d'exclusions partielles. Il me demanda, tout haut, les noms de ceux dont j'avais particulièrement à me plaindre, et me permit de déterminer la punition à leur infliger. Je ne voulus nommer personne. Ce refus lui servit de texte pour rendre témoignage de ma générosité. Il m'autorisa à me faire justice moi-même, n'importe par quels moyens, si de pareilles scènes se renouvelaient et que je ne voulusse point en appeler à lui.

Cet excellent homme était véritablement ému. Moi, je pleurais, mais au fond j'étais heureux, pen-

sant que tout était terminé. J'eus, en effet, quelque
répit. On me laissait manger, dormir, travailler,
cultiver mon jardin. Je n'en demandais pas davantage.

Un matin, je bêchais de mon mieux mon petit
domaine, lorsqu'un nom de baptême, qui m'était bien
connu et bien cher, frappa mon oreille à plusieurs
reprises. J'écoutai, sans paraître y prendre garde et
tout en continuant ma besogne, la conversation de
deux de mes camarades, dont l'un était André. Il
s'agissait d'une histoire dont l'héroïne avait nom
Félicité. Or, Félicité était le nom de baptême de
ma mère, et le narrateur affectait de le prononcer
très-haut, chaque fois que sa promenade le ramenait dans mon voisinage, et d'appuyer dessus avec
quelque épithète bizarre dont je ne comprenais pas
la signification; mais cette signification devait être
outrageante ou ironique, car l'autre ne manquait
pas de pousser des exclamations d'étonnement ou
des éclats de rire exagérés. L'histoire roulait, d'après
ce que j'en pouvais saisir, sur un sujet amoureux.
Ils conclurent en disant qu'on pourrait l'intituler :
la Félicité de l'amour. Du reste, mon nom à moi
n'avait pas été prononcé et je n'avais surpris nulle
allusion directe, pas même un regard dirigé de mon
côté. Ces deux enfants avaient bien l'air de causer
entre eux et pour eux seuls. Je rentrai dans la
classe, espérant encore que le hasard avait produit
une similitude de noms.

IX.

Il y avait à peu près une demi-heure que nous nous étions remis au travail, lorsqu'un des élèves interpella le professeur pour lui demander un renseignement. Ces interpellations étaient fréquentes, et souvent on s'en faisait un jeu.

— Monsieur, quel était le surnom du beau Dunois?

— Le bâtard d'Orléans.

— Qu'est-ce qu'un bâtard?

— C'est...

Le professeur s'arrêta devant l'explication à donner, comme si elle eût dû le mener trop loin.

— C'est un enfant qui n'a pas de père, riposta un second interlocuteur, jaloux de se montrer aussi courageux que le premier.

A ce mot, je dressai la tête; je flairai de nouveau l'ennemi. D'ailleurs, tous les regards étaient tournés, en dessous, vers moi, comme pour ne pas me laisser le moindre doute. Mais je ne comprenais pas encore.

Je n'avais pas de père, je le savais bien et m'en cachais d'autant moins que personne ne m'avait dit de m'en cacher. Ma mère avait suffi jusqu'alors à toutes les exigences de mon cœur, ce père ne me manquait donc pas encore. On appelait « bâtard » un enfant dans ma situation ; soit, j'étais un bâtard, c'était une dénomination comme une autre. Il en faut une pour chaque sujet et je ne trouvais rien d'extraordinaire à celle-là. D'ailleurs, je n'étais pas le seul à qui elle pût s'appliquer, puisque le héros d'Orléans l'avait portée fièrement. Si l'incident en fût resté là, j'eusse répondu très-simplement à qui m'eût questionné sur ma famille : « Je suis un bâtard. » Mais tel n'était pas le but de mes camarades, et ils tenaient à m'initier à toutes les valeurs du mot.

— Comment peut-on ne pas avoir de père ? demanda le questionneur.

— Tais-toi donc, animal ! cria un troisième du nom de Constantin Ritz, avec l'accent du dégoût et de la menace.

Ce fut la première preuve de sympathie que je reçus dans cette maison. On se tut.

Je le regrettai presque, car, au fait, comment cela se faisait-il ? Je me le demandai à moi-même. Alors, ô pure naïveté de l'enfance ! j'ouvris mon dictionnaire et je cherchai : *bâtard*, « né hors du mariage. » Qu'est-ce que cela signifiait ? Je cherchai *mariage* : « union légale de l'homme et de la femme par le lien conjugal. » Durant toute la classe, je retournai ces deux explications dans ma tête. J'avais beau les presser entre mes dents, je n'en faisais rien sortir. Elles restaient toujours énigmatiques.

Qu'est-ce que c'était que naître? Comment naissait-on? Tous ceux qui m'entouraient étaient-ils nés autrement que moi? Certainement, puisqu'ils me reprochaient de ne pas être né comme eux. Pourtant nous étions conformés de la même manière. J'étais même plus fort, plus intelligent, meilleur que beaucoup de mes camarades; mais ils avaient un père qui venait les voir, dont ils parlaient ou qu'ils avaient connu, s'ils ne l'avaient plus; tandis que, moi, je n'en avais pas. Là était la différence; mais cette différence était un malheur, non un crime!

A partir de ce jour, je fus surnommé le beau Dunois, et ce nom, accolé à celui de Félicité, servit de texte aux plaisanteries les plus injurieuses.

Maintenant que je me rappelle les termes dont le sens m'échappait alors, et dont ces jeunes imaginations, déjà salies par des curiosités hâtives, se servaient à mon endroit, termes que les hommes ne prononcent plus entre eux après un certain âge, même dans la colère, le dédain ou l'ivresse; immondices du langage qu'on ne retrouve qu'à de rares intervalles, sur les murs des chemins de barrière, avec les autres immondices de l'humanité; je me demande quel secret et invincible ennemi de Dieu peut souiller ainsi les lèvres, l'esprit et l'âme de petits êtres à peine échappés de ses mains, et suspendus encore au sein de la vierge nature.

On s'étonne de l'immoralité, du scepticisme, de la dépravation des temps modernes! Entrez dans le premier collége venu, remuez cette apparente jeunesse, appelez à la surface ce qui est au fond, analysez cette vase, vous ne vous étonnerez plus. La source est empoisonnée depuis longtemps: et, quand on n'a pas été un enfant, on ne devient pas un homme.

Grâce à ce surnom et à ce nom de baptême, on put me souffleter, à toute minute, sans qu'il me fût permis de me plaindre. Un de mes camarades accepta le pseudonyme de Félicité pour amuser les autres et leur donner la comédie. On l'appelait Félicité tout haut; il y répondait en riant, et alors commençait quelque scène immonde dont je détournais les yeux; puis, en rentrant en classe, je trouvais dans mes cahiers et dans mes livres des dessins obscènes au-dessus desquels on avait écrit le nom de ma mère...

X.

Assez, n'est-ce pas? c'est odieux, et vous êtes las de ces détails. Peut-être même n'y croyez-vous pas et pensez-vous que je les exagère pour me faire valoir, moi criminel, aux dépens des gens qui circulent librement par la ville à l'heure où j'écris cette confession?

Je n'exagère rien, et des centaines de témoins pourraient l'affirmer. Tout ce que j'aurais pu faire, c'eût été de ne pas appuyer sur ces souvenirs, inutiles à ma cause, d'autant plus qu'ils apparaissent bien petits à côté des événements dont j'ai à rendre compte; et, d'ailleurs, je dois avoir pardonné, depuis longues années, à tous ces enfants.

XI.

Eh bien, non, je n'ai pas pardonné.

De cette première empreinte que j'ai reçue de l'humanité, mon âme ne s'est jamais tout à fait remise, et je ne veux pas me montrer meilleur que je ne suis; non, je n'ai pas pardonné à ces premiers ennemis. Ma rancune ne vient pas de se réveiller tout à coup sous l'évocation de souvenirs pénibles, dans l'ombre d'un cachot; elle ne s'est jamais endormie complétement, même aux jours les plus heureux de ma vie. Le hasard m'a mis en rapport plus tard avec quelques-uns de ces anciens condisciples. Ils avaient oublié, comme il convient à ceux qui ont eu des torts, et ne demandaient qu'à renouer connaissance avec moi et à rendre hommage, disaient-ils, à ma réputation et à mon talent! Si je n'ai pu me soustraire à cette rencontre, du moins n'ai-je pas tendu la main à un seul d'entre eux quand il m'offrait la sienne. Se sont-ils souvenus alors? J'en doute. Ils auront pris pour l'orgueil du succès ce qui n'était que la mémoire du passé.

Cependant, si mon cœur ne pardonne pas, ma raison explique. — Le commerce social est un commerce comme les autres et semblable intrinsèquement aux plus vulgaires. Il exige, de la part des contractants et des intéressés, des mises de fonds égales et des garanties équivalentes. Si l'un apporte à la masse la fortune ou l'intelligence, l'autre apportera la noblesse ou les relations, celui-ci l'intérêt, celui-là le plaisir ; il n'est pas jusqu'à la bassesse et à l'hypocrisie qui ne doivent entrer en ligne de compte dans cet échange incessant et qui ne suppléent, chez les habiles, au capital réel qui leur manque.

Au lieu de raconter naïvement à mes camarades que je n'avais pas de père, si je leur avais dit que mon père était mort, ou si je leur avais demandé pardon de cette faute involontaire, j'aurais rétabli, par le mensonge ou l'humilité, l'égalité entre nous, et, n'ayant plus à répondre que de mes défauts personnels, il est probable que j'aurais vécu en bons rapports avec eux, et qu'au bout d'un certain temps je les aurais dominés à mon tour. Mais, en leur avouant ma position véritable sans en rougir, je les mettais en droit de ne plus me considérer comme leur égal, puisque je n'apportais pas à la communauté les antécédents exigibles de famille et que je n'y suppléais pas par une compensation utile à leurs besoins ou à leur vanité. Je devenais pour eux un être à part comme un bossu, je n'étais plus de leur race, et, repoussé de leur sein, je ne pouvais plus servir qu'à leur amusement.

Avaient-ils tort, à cet âge surtout où le bien et le mal sont d'instinct et où l'esprit de domination est inséparable de la nécessité d'obéir? Et, en somme, étais-je leur égal, à ces enfants, nés ou se croyant nés tous dans des positions régulières? Non certainement, il faut bien le dire. On agitera longtemps encore la question des enfants naturels, et, pour l'honneur de l'humanité, on arrivera, dans un temps très-prochain, à expulser de la Loi et de l'opinion le préjugé qui pèse encore sur eux; mais ce préjugé, quand vous l'aurez détruit partout, vous le retrouverez chez l'enfant naturel lui-même, chez celui qui a le plus d'intérêt à sa destruction. Cette faute dont il est innocent, quand tout le monde la lui aura pardonnée, il ne se la pardonnera pas, lui. Il y aura toujours, en effet, d'autres enfants légitimes auxquels il se comparera dans toute occasion? Aura-t-il un assez grand cœur pour ne rien reprocher à l'homme qui lui aura donné la vie physique sans se soucier de sa vie morale, et dont il n'aura reçu ni le nom, ni les caresses, ni les conseils? Et sa mère? l'aimera-t-il comme un enfant légitime aime la sienne? Peut-être par le raisonnement l'aimera-t-il davantage; l'estimera-t-il autant? Non, quoi qu'il fasse.

Le jour où un maladroit lui reprochera sa naissance et insultera cette mère, le premier mouvement de ce fils sera de sauter au visage de cet homme ; mais, dans les actes les plus communs de la vie, lorsqu'il lui faudra, devant le plus obscur fonctionnaire public, se déclarer enfant naturel, fils de mademoiselle une telle et de père inconnu, le fera-t-il d'un ton aussi calme, avec une conscience aussi assurée que s'il pouvait montrer un extrait de naissance en règle, et ne sera-t-il pas embarrassé, pour ne pas dire honteux, ne fût-ce qu'un instant, de révéler ainsi l'impudeur de sa mère? Cette mère elle-même, si intelligente, si repentante, si honnête qu'elle soit redevenue, saura-t-elle prendre, au milieu d'une société régulière, une position digne, sans abaissement si elle s'y efface, sans audace si elle s'y avance? La reconnaissance qu'elle-même conservera de l'accueil qu'elle aura reçu ne prouvera-t-elle pas à cet enfant que cet accueil est tout volontaire, et qu'au fond de cette sympathie il y a un douloureux sous-entendu : la pitié? Enfin, lorsque l'enfant naturel sera en âge de connaître les choses de la vie, la raison la plus honorable qu'il pourra donner à sa naissance ne sera encore que l'amour. Sera-t-elle suffisante? sera-t-elle consolante, surtout lorsqu'il connaîtra par lui-même les emportements, les faiblesses, les attitudes particulières à l'amour? A ces émotions secrètes et sensuelles, à ces mystères si souvent répugnants des voluptés physiques, l'image d'une mère doit-elle être mêlée? Elle s'y mêlera cependant malgré lui, car c'est à l'un de ces mystères qu'il devra le jour.

Voyez, au contraire, chez l'enfant légitime, comme le moyen de création dont la nature se sert disparaît dans la majesté du mariage, comme cet enfant sépare sa mère des autres femmes. Quand il dit: *les femmes*, il ne parle pas de sa mère. Il ne lui reconnaît rien de commun avec elles. Sa naissance n'évoque dans son esprit et dans son cœur que le tableau d'une douleur noble, d'un devoir sacré, d'une joie pure. Elle n'éveille que des sentiments de reconnaissance et de vénération. Ces enfants-là ne connaissent pas leur bonheur! Non, tant que le mariage sera une des bases sociales, il y aura, quelques tentatives que fassent les moralistes, les chrétiens et les justes, une tache ineffaçable, un malheur sans rémission, une fatalité, disons le mot, dans l'illégitimité de la naissance.

Je n'en ai pas moins rencontré des individus qui, nés irrégulièrement, étaient fiers d'entendre murmurer autour d'eux qu'ils étaient issus d'une faute et qu'un adultère illustre avait coloré leurs veines d'un sang exceptionnel, princier, royal. La foule les regardait avec curiosité, souvent avec envie, quelquefois avec respect. Par quel sophisme un fait change-t-il de nom et de conséquences en changeant de milieu, et, méprisable en bas, devient-il honorable plus haut? Ici le déshonneur maternel voilé comme un ulcère, là ce même déshonneur revendiqué comme un titre et arboré comme un panache! Voilà une étrange association entre la honte et l'orgueil. Bâtard pour bâtard, mieux vaut, à mon avis, souffrir que se glorifier de son origine, et, si on lui cherche une excuse, la trouver dans la misère et l'ignorance plutôt que dans le calcul ou la vanité.

XII.

Ah! je n'en aurais pas tant demandé, moi. Que mon père eût été un pauvre manœuvre et que je l'eusse seulement connu, cela m'eût suffi! Comme je l'aurais aimé, comme j'aurais été heureux! Peut-être avait-il une raison pour ne point épouser ma mère, pour ne point me reconnaître. Cette raison, il me l'eût dite, je l'eusse comprise. Pourquoi n'a-t-il pas fait cela? Et pourquoi ma mère ne me parlait-elle jamais de lui? Ne me devait-elle pas une confidence, une explication, — une excuse? A quoi attribuer son silence? Était-ce remords ou dignité? Était-elle trop coupable ou trop fière? — Et lui, pourquoi ce silence plus obstiné encore? — Comment croyait-il ne rien me devoir? — Ma mère n'était-elle en droit de rien exiger? — Doutait-il qu'il fût mon père? — Ignorait-il jusqu'à mon existence? — Peut-être!

J'en arrivais ainsi, de déductions en déductions, jusqu'aux suppositions les plus outrageantes pour celle dont j'étais né, et, tout épouvanté de ce que j'avais entrevu de possible, je n'avais que le temps d'appeler mon cœur au secours de ma raison et de me crier à moi-même : « Malheureux ! c'est ta mère, tu n'as pas besoin d'en savoir davantage. Que dirais-tu donc si elle t'avait abandonné, elle aussi ? Ne le pouvait-elle pas ? Et elle t'a élevé, et elle t'aime, et elle n'aime que toi, et elle travaille jour et nuit pour te faire vivre, et elle mourrait de ta mort ! Quelle femme est plus vaillante ? Elle est belle ! elle pourrait aimer encore et être aimée, si elle voulait ; et tu lui suffis cependant, et nul ne pénétrera plus dans cette âme dont tu es le maître, et tu n'as pas surpris dans toute sa vie une action douteuse ! Combien d'orphelins légitimes voudraient être à ta place ! combien d'enfants nés légalement donneraient leur mère pour la tienne ! Jette-toi dans ses bras, malheureux, et pleure abondamment. Tu n'auras jamais assez de larmes pour laver ton esprit. » Oui, mille fois oui ; mais empêchez donc la pensée de l'homme qui, dans sa curiosité, va frapper jusqu'aux portes du ciel et interpeller Dieu dans l'infini, de rechercher les causes de son être, de comparer, de douter, de se plaindre, et surtout de s'en prendre aux autres quand il souffre !

Je ne pouvais non plus apprendre la vérité de quelque membre de ma famille ; je n'en ai jamais connu un seul : ni grand'père, ni grand'mère, ni oncle, ni tante, ni cousins. Ma mère était-elle aussi un enfant abandonné? S'était-elle sauvée de chez ses parents? Avait-elle été chassée dès que sa faute avait été connue? Je ne sais rien, absolument rien, et je ne crois pas qu'il y ait pour un être intelligent une situation plus poignante que celle où toute ma jeunesse s'est trouvée enfermée, et que l'ignorance où je suis encore de ma généalogie, si modeste, si obscure qu'elle soit. L'homme se plaît à remonter dans le passé par les noms de ses aïeux, et à se sentir des racines dans la famille universelle : « Mon grand-père disait ceci ; ma grand'mère avait telle habitude ; je me rappelle que mon oncle et ma tante... » Ces phrases faciles que les hommes se disent entre eux quand ils parlent du passé, je ne les ai jamais dites, et elles m'ont manqué plus que vous ne sauriez croire.

XIII.

Aujourd'hui, me voilà tout à fait seul, après une courte existence bien remplie par les luttes, le travail, la passion et le crime. J'en sais long sur la vie. Quand, par impossible, je vivrais cent ans, elle n'aurait rien à m'apprendre. Je me juge donc sincèrement, avant d'être jugé par les hommes. Mon véritable crime, celui pour lequel la justice terrestre ne me poursuivra pas, et que je ne pardonnerai jamais ni à moi ni à ceux qui m'y ont poussé, voulez-vous le connaître ? C'est d'avoir douté, c'est d'avoir rougi quelquefois de ma mère.

Eh bien, si le malheur même inique des uns est nécessaire, dans les décrets de la Providence, au bonheur du plus grand nombre ; si Dieu n'a pas en son pouvoir d'autre moyen de perfectionner peu à peu l'humanité et de lui faire acquérir l'expérience, que de lui sacrifier quelques hommes; si je suis un de ces tristes élus, eh bien, acceptons la mission et tâchons de faire servir au bien général le mal que j'ai fait et le mal que m'ont fait les autres.

Vous êtes un homme de talent, mon cher maître, le barreau ne vous suffira pas, et, un jour, du haut de la tribune, vous élèverez la voix, non plus seulement pour la défense des individus, mais pour la propagation des idées, pour la société tout entière, pour la civilisation enfin. Prenez en main la question des enfants naturels. Elle est intéressante, urgente au point de vue moral et civilisateur. La situation qui leur est attribuée dans la législation n'est qu'une flagrante injustice, puisque, exigeant d'eux la totalité des devoirs, elle ne leur reconnaît qu'une partie des droits. N'est-ce pas inouï, barbare, absurde? Pourquoi, par exemple, leur demande-t-on leur sang pour la patrie, si l'on ne trouve pas ce sang aussi pur que celui de l'enfant légitime? D'où vient qu'ils ne sont pas admis à l'héritage intégral de leur père, même, — surtout lorsque celui-ci veut le leur laisser, après les avoir reconnus? Pourquoi faut-il que ce père ait recours aux substitutions, aux ruses, aux hypocrisies?

Il peut, il est vrai, tout remettre en ordre en épousant la mère et en légitimant l'enfant par le mariage. Mais, si la mère est morte, ou si elle est indigne du nom d'un honnête homme, car il faut tout prévoir, la réparation ne sera donc plus possible? — Le père peut adopter l'enfant! A quel âge? Après cinquante ans. S'il a vingt ans à la naissance de son fils, celui-ci devra donc attendre trente ans sans état civil? Et si le père meurt subitement avant d'avoir l'âge légal? Pourquoi toutes ces hésitations, tous ces atermoiements dans la Loi? Ce sont, me direz-vous, des obstacles posés sciemment par les législateurs devant les passions humaines. Ces législateurs ont pensé que la fausse position faite à l'enfant arrêterait les générateurs dans leur acte de génération irrégulière. Quelle erreur!

C'est un danger immédiat pour le père qu'il fallait mettre devant lui, et non un danger à venir dans un résultat incertain, résultat qu'évite, contre toute loi naturelle, le libertinage de l'expérimenté en matière d'amour; à moins que, plus égoïste encore, il n'ait même pas ces étranges prévoyances et ne laisse toute la responsabilité de ses plaisirs à sa faible complice. Quelle est alors la ressource de la mère? Cette Loi qui a protégé l'homme jusque-là, quelle protection va-t-elle accorder à la femme? quel conseil? quel refuge? Aucun. Il lui reste, selon sa position sociale, le suicide, les enfants trouvés, le travail, la misère, la honte, l'infanticide et la prostitution réglementaire où elle retrouve encore la Loi protégeant toujours l'homme, lequel peut venir alors, sans plus se nommer à la mère qu'à l'enfant, créer, moyennant une petite somme, autant d'enfants illégitimes qu'il en contiendra. Regardez donc une bonne fois en face de pareilles coutumes et soyez épouvantés. Et ces enfants, à leur tour, que deviennent-ils?

Cherchez dans les bagnes, dans les maisons de tolérance, dans tous les repaires du vice, et, sur mille de ces parias, vous en trouverez plus de neuf cents qui ont pour excuse la faute de leur mère, le père inconnu, la famille absente. Une grande partie du mal actuel est là; c'est donc là qu'il faut l'attaquer.

Protégés par une loi qui a cru bien faire, une foule d'hommes sans cœur jettent sur le pavé des villes un tas d'êtres sans nom qui perpétuent à tout jamais la tradition du mal; car pourquoi ceux-ci feraient-ils mieux que leurs pères? Voyez alors quelle hérédité occulte et anonyme, en échange de l'hérédité publique qu'on leur refuse, et comme la tache originelle va s'élargissant de génération en génération, faute d'abord, vice plus tard, crime enfin!...

Quel va-et-vient de la mansarde à l'hôpital, de l'hôpital au lupanar, du lupanar au bagne, du bagne à l'échafaud !

Comment ! la société porte aux flancs ce chancre phagédénique, et elle poursuit son chemin sans s'en occuper davantage, en s'étonnant et en se plaignant toutefois, de temps en temps, d'un malaise sourd, d'un affaiblissement anormal, d'une déviation dans la moralité, d'une dégénération dans la race, tous symptômes dont elle se garde bien de rechercher la cause?

Cette cause est dans la démoralisation de la femme, source de l'humanité; occupez-vous donc de la femme ! Garantissez-la enfin contre l'homme ! Que cette Loi prévoyante, qui va jusqu'à rendre le propriétaire responsable des dégâts que cause son égout, son valet ou son chien, rende au moins l'homme responsable de son enfant, dans quelque condition qu'il l'ait mis au monde ; qu'elle commence par proclamer que : donner le jour à des créatures nouvelles pour la seule satisfaction de sa passion et de son plaisir, sans leur donner un nom, une honorabilité, une famille, un patrimoine, un travail, un exemple, sans accepter enfin en aucune façon la solidarité de la chair et de l'âme avec l'être qu'on a fait jaillir des profondeurs les plus intimes de son être, est une atteinte à la sûreté générale, délit prévu par l'article — tant — et puni d'une peine — de...; et les pères oublieux ou légers, les charmants mauvais sujets chantés par les vaudevillistes, diminueront rapidement.

C'est la complicité de votre Loi qui crée la facilité de nos mœurs. Autorisez la femme à dénoncer le père de son enfant, et à ces irrésistibles passions qu'inspirent les femmes, passions dont la moralité publique n'a pas à connaître, les hommes résisteront tout à coup avec une vertu dont ils ne se seraient jamais crus capables, comme ils résistent au désir de prendre les sébiles pleines d'or des changeurs, parce qu'il y a une loi qui appelle l'exécution de ce désir un vol, et qui punit le voleur. L'honneur des femmes et le bonheur des enfants ont bien la valeur d'une pièce d'or!

Où irons-nous, alors? disent les philosophes. Les femmes abuseront aussitôt de la jeunesse et de la crédulité des hommes, et surtout des jeunes gens sans expérience. — Non, parce que, la famille étant mieux constituée, d'autres femmes qui seront des mères prémuniront leurs fils contre celles-là. Ensuite l'expérience ne s'acquiert pas sans lutte. Enfin, ce qui assurerait vite le triomphe du Bien, c'est que ce serait le Bien, et que l'humanité ne doit pas avoir autre chose en vue, et qu'elle est ici-bas pour y atteindre.

La recherche de la paternité, alors? — Tout simplement. — C'est bien grave. — Pourquoi? Du moment que la société se mêle des affaires de la nature, elle ne doit pas plus laisser à l'homme le droit de mal créer que le droit de détruire, et je ne sais pas si le premier crime n'est pas plus grand que le second. Attaquez cette grande question, je vous le répète, elle est digne de votre intérêt et de votre talent. Elle donnera l'immortalité à celui qui la résoudra.

XIV.

Cependant tant de secousses, tant de luttes, tant de réflexions au-dessus de mon âge, après avoir compromis ma santé, commençaient à ébranler ma raison. Je cherchai un confident discret. Je le trouvai dans le prêtre qui nous instruisait pour le catéchisme et qui recevait nos confessions. L'idée me vint de me livrer absolument à l'abbé Olette. Je lui contai toutes mes peines, je lui demandai des explications, je sollicitai son appui. Soit par habitude, soit qu'il crût mon intelligence assez développée par cette douleur prématurée pour comprendre ce qu'il me disait, l'abbé me parla des souffrances de Jésus-Christ, auprès desquelles, disait-il, les miennes étaient bien peu de chose, mais dans le souvenir desquelles je devais puiser le courage et la résignation.

Or, je n'avais jamais regardé le ciel que pour m'amuser à y voir passer des nuages, ou pour savoir quel temps il faisait les jours où je devais aller à la campagne. Ma mère m'avait dit cependant qu'il y a un Dieu derrière ce ciel, un Dieu qui récompense les bons et punit les méchants ; que son Fils est mort pour nous sauver ; que la mère de Jésus était une pauvre femme, ce qui sera l'éternelle consolation et l'éternelle gloire des obscurs et des humbles. Elle m'avait habitué à faire l'aumône, à m'agenouiller dans les églises. Je l'y avais accompagnée presque toujours, et je l'y avais vue pleurer quelquefois. Elle me disait alors que c'était là qu'il fallait entrer lorsqu'on voulait pleurer à son aise et trouver un soulagement dans les larmes. Je faisais le signe de la croix quand il tonnait, je saluais les enterrements, je rapportais du buis bénit à la maison le dimanche des Rameaux, et je mangeais des légumes le vendredi saint ; mais je n'en savais et n'en demandais pas plus long. Cette religion courante, qui, dans les campagnes, se tourne en superstition, et dans les villes en pratique machinale, n'était encore pour moi qu'un instinct, doux et vague, sans inquiétude et sans conclusion, des choses supérieures.

Aux premiers mots que l'abbé Olette me dit de Jésus-Christ, dont il me conta la lumineuse histoire, au premier rapprochement qu'il établit entre les souffrances du Sauveur et les miennes, mon imagination, toute prête à s'exalter, crut avoir trouvé le mot du problème dont je souffrais ; j'en arrivai bientôt à me figurer que j'étais prédestiné comme le

Fils de Marie à de grands sacrifices et à une grande mission.

— C'est cela, me disais-je tout en ratissant mon jardin, je suis comme Jésus, je n'ai pas de père ; je suis le fils de Dieu ; je comprends maintenant, et les hommes, qui ne sont pas initiés à ce mystère, me persécutent comme on l'a persécuté. Ils me mettront à mort aussi plus tard ; mais le royaume des Cieux m'appartiendra et je délivrerai ceux qui m'auront méconnu. Ma pauvre chère mère sera en vénération parmi le monde. O mon doux frère Jésus, combien je t'aime!

Et je questionnais l'abbé, et je voulais savoir, et j'avais soif de révélations. Le brave homme, heureux de cette ferveur de bel exemple, m'encourageait de son mieux. Il m'entretenait des Saints, des Apôtres, des Martyrs. Comme je me trouvais petit auprès d'eux! Par moments, j'aurais voulu qu'on me lapidât comme saint Étienne, qu'on me perçât de flèches comme saint Sébastien. Je n'opposais plus qu'un visage souriant et des yeux en extase aux insultes de mes camarades, insultes que j'appelais maintenant comme des épreuves bienfaisantes et des bénédictions d'en haut. Je ne dormais plus, je ne mangeais plus ; je ne pensais qu'au Paradis et au moyen d'y entrer. Le dimanche, je ne sortais pas des églises, et je passais des heures devant les tableaux de sainteté.

Je recommençais mon examen de conscience à

toute minute, et, ne me trouvant jamais assez pur, je me condamnais à des jeûnes exagérés. Je récitais des prières et je chantais des cantiques du matin au soir. Jugez des rires de mes camarades. Tout cela se terminait par des crises nerveuses de deux ou trois heures.

Je fus pris tout à coup d'un grand mal de tête et d'un frisson général. Le corps se révoltait. On me conduisit à l'infirmerie et l'on envoya chercher ma mère. Lorsqu'elle arriva, il était trop tard pour que je pusse être transporté chez elle. Il ne lui restait plus qu'à s'établir auprès de moi, ce qu'elle fit sans que j'en eusse connaissance. Le délire ne me quitta pas pendant cinq nuits et cinq jours. Dieu sait quelles images traversaient mon esprit! Une surtout s'acharnait devant mes yeux.

Je voyais déposer, dans le lit parallèle au mien, un malade, de la même taille que moi, dont je ne pouvais reconnaître le visage sous le sang qui le couvrait et qui tachait encore, par larges plaques, le linge dont il était revêtu. Ce malade ne faisait pas un mouvement. Il m'était presque toujours caché par plusieurs personnes parmi lesquelles je distinguais ma mère. Ces personnes s'empressaient autour de son lit, sans faire plus de bruit que des spectres. Ce qui m'étonnait le plus, c'est que ce tableau m'apparaissait comme à travers une gaze et que les personnages qui le composaient changeaient de tête à chaque instant.

A l'un je voyais la figure de M. Frémin ; mais cette figure passait aussitôt sur les épaules d'un autre individu, et celui-ci devenait l'infirmière, tandis que, celle-ci se métamorphosant à son tour, je reconnaissais parfaitement l'abbé Olette. Du reste, pas un mot ; une véritable scène de fantasmagorie, éclairée par une seule veilleuse dont la lueur tremblotante faisait danser les ombres de ces ombres sur les grands rideaux blancs aux plis droits et ronds comme des tuyaux d'orgue. Puis, ma mère se penchait vers moi, et je ne voyais plus rien. Je voulais lui parler, impossible. J'essayais de crier, aussitôt les personnages quittaient l'autre lit et se cassaient sur le mien. Je recevais comme un coup de marteau sur la tête et tout s'effaçait pendant un espace de temps qu'il m'était impossible de calculer ; mais la scène du lit reparaissait toujours.

Le plus souvent, le malade était immobile, endormi ou mort. Le malade, c'était André. Il n'avait plus de sang au visage. Au contraire, ce visage, luisant comme de l'ivoire, faisait une tache blanche sur son large oreiller blanc, et sa main, une de ces mains dont la transparence m'avait tant étonné, reposait inerte le long de son corps amaigri et se fondait sans effort dans toute cette blancheur.

Figurez-vous aussi ce tableau découpé dans un rayon de la lune du printemps, et vous aurez le ton blafard sous lequel je l'entrevoyais encore. Parfois une silhouette noire passait entre ce lit et le mien :

c'était celle du grand garçon de qui André avait reçu une lettre, le jour de mon arrivée au pensionnat. Il se promenait à grands pas, plus grands que nature, sur la bande de tapis qui courait de la porte à l'alcôve vitrée où couchait l'infirmière. De temps en temps il s'arrêtait et se courbait sur le malade, comme pour écouter, puis il reprenait sa marche et causait à voix basse avec la garde accroupie dans l'âtre. Il me sembla aussi le voir pleurer en tenant sa tête dans ses mains.

Que faisait là ce jeune homme? Comment s'y trouvait-il?

Ces différents aspects du même motif avaient tellement poursuivi mon esprit pendant mes heures de fièvre, que mon premier mouvement, en revenant à moi, fut de regarder le lit qui leur avait servi de théâtre. Ce lit était inoccupé, enveloppé de ses rideaux blancs, et fort innocent, en apparence, de tout ce que j'avais vu. Personne dans l'infirmerie, excepté ma mère, l'infirmière et moi. J'avais eu le cauchemar probablement. Il ne me restait de ma fièvre violente que la conscience que j'avais été malade pendant un temps indéterminé, et que je ne l'étais plus. Il me restait surtout un abattement si complet et si bienfaisant, que j'aurais voulu l'éterniser. J'étais incapable de tenter le moindre effort de corps ou d'esprit. Ma mère tenait ma main, elle me souriait avec des larmes dans les yeux, en me faisant signe de ne pas parler, de ne me fatiguer en aucune manière. Je lui répondais par un regard reconnaissant, et je regardais le jeune soleil d'avril qui riait au dehors et qui projetait en zigzags sur les petits rideaux de la fenêtre l'ombre des croisillons. Je ne crois pas avoir jamais joui d'un état de bien-être comparable à celui que j'éprouvais.

Je ne me rappelais rien du passé. Il me semblait naître pour la première fois, non avec le souvenir et l'habitude d'une existence précédente, mais avec la perception, par des organes instantanés et parfaits, de la vie générale, ignorée jusque-là. Mon *moi* tout entier s'absorbait dans cette douce langueur bien connue des convalescents. S'il me fallait l'analyser pour la faire comprendre, je dirais que l'on entend, que l'on voit, que l'on sent enfin toutes les molécules vitales que la maladie avait dispersées revenir à soi les unes après les autres, répondant à un appel mystérieux, et recomposer peu à peu dans le corps, comme des abeilles dans leur ruche, ce Tout indéfinissable qu'on nomme la Vie.

Si, lorsque la maladie se termine autrement, on entre ainsi dans la seconde existence promise, douce doit être la mort, puisque la sensation, cette fois, est éternelle. Du reste, des régions situées à moitié chemin du ciel où le délire m'avait bercé pendant cent vingt heures, je revenais si calme et si serein, que jamais, depuis cette époque, la mort ne m'a plus effrayé. A cette heure même, où elle se présente de nouveau, déshonorante et irritée, je la regarde en face et elle ne m'intimide pas. Il y a en moi, j'en suis certain, quelque chose sur quoi elle n'a pas de prise, et qu'elle est seulement chargée de dégager avec ou sans secousse, peu importe, de la matière qui l'enferme, et de porter dans un autre milieu. Évidemment rien n'est inutile dans la nature. Tout y sert à tout. Or, la mort est dans la nature; donc, elle est nécessaire. A quoi? Je n'en sais rien et n'ai plus le temps de le chercher; mais elle ne peut se soustraire seule à la loi de progression qui est la loi évidente de ce monde. Cela me suffit.

Cependant je me défends aujourd'hui pour disputer quelques jours à cette mort que j'affecte de ne pas redouter et pour retarder autant que possible ce Mieux inévitable. Non. Dans ce récit, je ne défends, je vous le répète, que ma mémoire devant la juridiction à venir de mon fils, et, si j'essaye de vivre tous mes jours, c'est pour réparer autant que possible le tort que je lui ai causé. Qu'il meure ce soir, je jette au feu toutes ces paperasses et je laisse la justice humaine ordonner de moi ce qu'elle voudra, sans répondre à ses questions.

XV.

Ma convalescence se fit à Marly, où je passai un grand mois auprès de ma mère. Elle avait loué sur la hauteur, dans le voisinage de la forêt, deux chambres, l'une au levant, l'autre au midi, donnant toutes deux sur de grands jardins fruitiers. C'était tout ce qu'il nous fallait; c'était, d'ailleurs, tout ce qu'elle pouvait me donner. Le propriétaire de cette maison fort modeste était un potier dont nous traversions la boutique pour rentrer chez nous.

Il mit à mon service de la terre glaise pour que je pusse m'amuser à faire des *bonshommes*. J'y pris un grand plaisir et mes bonshommes lui parurent si réussis dans leur naïveté, qu'il eut l'idée excellente de me faire copier la petite Vierge qui surmontait la porte basse de l'église. Je passais là mes journées, entouré des gamins du village qui me regardaient et m'admiraient. Admiration sans valeur, mais qui stimulait mes efforts. Les éloges sincères du potier, étonné de mes dispositions, me transportaient de joie.

Quand ma Vierge fut achevée, il la montra à l'adjoint du maire et au curé, qui m'encouragèrent à leur tour, et il me promit de la cuire, pour que je pusse la conserver, assurant que j'aurais plaisir à la revoir quand je serais un grand sculpteur. Je regardai ma mère avec des yeux triomphants; mais, tout en paraissant heureuse de cette prédiction, elle ne paraissait pas avoir grande confiance dans l'opinion de mes admirateurs.

Je repris mes études, en ajoutant à mes récréations le nouveau travail dont je venais de contracter le goût. On ne savait pas ce qui pouvait arriver.

André n'était plus parmi mes camarades. J'avais bien réellement vu ce qui s'était passé. Il était mort. On m'avait caché cet événement pour ne pas m'émouvoir dans l'état où j'étais moi-même. Ce malheureux enfant avait été pris d'hémorragies subites et simultanées, et le sang avait, à plusieurs reprises, par toutes les issues, déserté ce corps frêle, comme si le ressort intérieur qui le mettait en circulation se fût brisé tout à coup. De là ce sommeil et cet épuisement où je l'avais entrevu à travers ma fièvre. Rien n'avait pu réagir dans cette constitution appauvrie que brûlait une excitation incessante, mortelle à un âge où l'enfant qui se développe a besoin de garder en réserve les séves nouvelles que la nature lui dispense et dont elle seule connaît l'usage et doit régler l'emploi.

En deux jours, il avait succombé sous les yeux de ce camarade qui avait demandé avec tant d'insistance à le veiller, qu'on lui avait accordé cette permission. Si le collége offre l'exemple de haines comme celles dont j'étais l'objet, il offre aussi le spectacle de ces affections vagues auxquelles on ne saurait appliquer un nom technique et qui, à cet âge indécis où l'homme éprouve déjà le besoin d'aimer, en dehors de la famille, flottent sans sexe, pour ainsi dire, entre l'amour et l'amitié. Cette affection unissait si étroitement cet enfant et ce jeune homme, que, le premier étant mort, le second quitta la pension, et il ne lui fallut pas moins que l'air natal pour le sauver de son chagrin. Quant à moi, en apprenant cet événement, je fus pris d'un remords véritable. N'avais-je pas frappé André au visage? Ne lui avais-je pas fait perdre du sang? Et peut-être ce sang eût-il suffi à lui rendre la vie, puisqu'il était mort anémique! Ma conscience fit part de mes craintes à l'abbé Olette.

Il me rassura; mais, parmi les prières que j'adressai au Ciel en me préparant de nouveau à la communion, il y en eut plus d'une pour mon premier ennemi, avec l'âme duquel je n'en avais pas fini; car c'est son âme que j'ai retrouvée plus tard chez un adversaire ou plutôt chez *une* adversaire bien autrement redoutable que lui.

Je communiai avec une foi ou plutôt avec un enthousiasme sincère, car la foi est un fruit de l'âge mûr. Chez l'enfant, elle n'est encore qu'en fleur. Une réconciliation générale avait précédé le sacrement. L'absolution était à ce prix, et comme, bon gré, mal gré, il fallait communier, nous nous embrassâmes tous. Nous communiâmes en même temps que plusieurs pensionnats de jeunes filles du même quartier. Quelques-uns de mes camarades leur parlèrent bas en passant près d'elles; d'autres jetèrent des billets sous leurs chaises; deux ou trois crachèrent l'hostie en faisant la grimace.

Ma mère était là dans la foule des autres mères. Elle m'avait dit où elle se tiendrait : à la hauteur de

4.

l'autel, pour que je pusse la voir sans être forcé de me retourner. Ses ouvrières avaient voulu l'accompagner et prendre leur part de son émotion et de sa joie. Pour moi, les larmes m'inondaient comme une rosée, et j'eusse inutilement essayé de les retenir. Depuis cette époque, mes idées sur la religion, sinon sur Dieu, ont pu se modifier, mais je ne voudrais pas ne pas avoir communié comme je l'ai fait, et je plains les hommes qui n'ont pas ce souvenir dans leur passé. Je pleure encore en l'évoquant. Hélas! ce ne sont plus les larmes que je répandais alors! N'importe d'où elles viennent, je les bénis, ce sont des larmes, et il y a si longtemps que je n'ai pleuré!

XVI.

Maintenant, voici comment le hasard décida tout à fait de ma vocation. Un de nos camarades perdit un pinson qu'il avait apprivoisé et que toute la pension aimait pour sa gentillesse, et je dirai presque pour son intelligence. Ce petit oiseau mourut subitement après avoir chanté toute une journée, on ne sut jamais de quoi, peut-être, comme Anacréon, d'un grain de raisin avalé de travers. Ce fut un deuil général lorsqu'on le trouva mort dans sa cage, et notre professeur ne manqua pas de le comparer au moineau de Lesbie et de nous donner, en devoir, une narration sur ce sujet, afin d'utiliser notre émotion. Il fut décidé qu'on lui élèverait un monument, dont on me confia l'exécution.

D'une boîte de dominos on fit une bière pour le mort, et mon jardin devait lui servir de cimetière. Je me mis à l'œuvre. J'exécutai plusieurs projets de tombeau, je n'étais jamais satisfait. Il y en eut un enfin qui obtint l'assentiment universel. Il était temps. La réaction se faisait déjà contre le mort; son apologie tournait à la satire, et les caricatures commençaient à s'en mêler. Il avait été remplacé par un simple pierrot, que l'on trouvait beaucoup plus spirituel que lui; et je voyais le moment où le donateur de la boîte allait la reprendre pour y remettre ses plumes, et où le malheureux pinson allait être donné au chat pour en finir. Décidément les morts ont raison de se faire enterrer vite et loin. Le monument ranima un instant le souvenir des vertus du héros, et l'on passa à autre chose.

Ce monument était haut de huit pouces environ et représentait une colonnade circulaire d'ordre dorique. Au milieu de cette colonnade s'élevait une espèce d'autel, surmonté d'une urne brisée, avec une draperie flottante. Sur le couronnement de la colonnade courait un vers latin, que malheureusement je ne me rappelle plus. Or, il se trouva que le propriétaire du pinson était Constantin Ritz; celui-là même qui avait pris une fois ma défense en pleine classe. Il raconta l'anecdote à son père, sculpteur en renom à cette époque, lequel voulut connaître cette œuvre remarquable. Le maître y trouva un sentiment naïf de l'art, et il renouvela la prédiction du potier, mais cette fois avec l'autorité d'un artiste célèbre.

Il me fit appeler et me complimenta, tout en me questionnant sur mes goûts et sur la carrière à laquelle ma famille me destinait.

Ma mère n'avait pas de projet arrêté; d'ailleurs, nous étions sans fortune, et je comptais travailler pour vivre. Mais ce mot *travailler* était bien vague dans mon esprit. A quel genre de travail me livrerais-je? Comme tous les enfants, je croyais que le désir d'avoir du travail suffisait pour en obtenir.

— Cela devrait être, me dit M. Ritz, mais cela n'est pas. Demandez toujours à votre maman la permission de venir passer chez moi, avec Constantin, la journée de dimanche. Je vous ramènerai le soir ici, en même temps que mon fils.

Le dimanche suivant, à neuf heures, nous étions chez M. Ritz. Il était veuf depuis longtemps. Il lui restait, de son mariage, Constantin, mon camarade, et une fille de seize ans à peu près, très-belle personne, qui tenait sa maison comme une petite dame, et qui fut pour moi pleine de prévenances et de soins. Elle était d'une grande gaieté, et, chaque fois qu'elle riait, je ne pouvais détacher mes yeux de ses dents d'un blanc laiteux comme de la pâte tendre de

Sèvres, et dont les gencives avaient le ton frais et appétissant des cerises. Mais ce qui me frappa le plus, ce fut sa coiffure, faite de pièces d'or, comme celle des femmes d'Alger, dont, au reste, mademoiselle Ritz avait un peu le type. Cette coiffure, trop osée, ridicule chez une fille du monde, devait paraître naturelle chez la fille d'un artiste, au milieu des objets de toutes les époques et de tous les pays, qui composaient, dans cette maison, un véritable musée.

Tout cela ressemblait peu à notre petit logement de la rue de la Grange-Batelière. J'ouvrais des yeux qui ne se refermaient plus, et M. Ritz et ses enfants, familiarisés depuis longtemps avec leur opulence, s'amusaient de mon admiration. Enfin, on passa dans l'atelier; autres merveilles. Lorsque je vis les plâtres, les marbres, les bronzes, tout ce monde de statues dans leurs attitudes diverses, solennelles, maniérées, dramatiques, je ne respirai plus. Cependant peu à peu mon œil s'habitua, je passai d'un sujet à un autre. Je commençai à séparer et à détailler; je souris à ces nobles et impassibles figures éclairées d'un jour habile qui faisait valoir leurs proportions. M. Ritz me traita en grand garçon; il en fit tourner une ou deux sur leurs selles comme il eût fait pour un confrère. Je crus d'abord qu'il se moquait de moi; mais non, il m'étudiait.

— Qu'est-ce que vous préférez ici? me demanda-t-il enfin.

— Ça, lui dis-je sans hésitation.

Et, rougissant de cette opinion qui m'était échappée, je lui montrai une statue en bronze.

— Et pourquoi préférez-vous — ça?

— Parce que je trouve cet homme beau et que je vois bien ce qu'il fait.

— Que fait-il?

— Il se bat.

— Contre qui?

— Contre un autre homme.

— Cependant vous ne voyez pas cet autre homme.

— Je le devine par celui-ci.

— Vous avez bien choisi, mon enfant. Cette statue est une copie d'un des plus beaux antiques, du *Lutteur*. Et vous avez raison, ajouta-t-il en souriant, elle vaut mieux que les autres... qui sont de moi.

J'étais tout honteux. Je venais peut-être de commettre une grande maladresse? Au contraire, j'acquis définitivement sa sympathie par cette réponse heureuse et sincère.

Pendant ce temps, Constantin et sa sœur jouaient comme deux gamins dans cet immense atelier où un homme à cheval eût pu entrer facilement et faire deux ou trois évolutions. Le frère courait après la sœur qui se cachait derrière les groupes, et, lorsqu'il la saisissait comme il eût fait d'un garçon, à ce qu'il paraît, j'entendais celle-ci dire d'un ton à moitié fâché :

— Tu es trop brutal. Je ne jouerai plus avec toi.

Et elle se recoiffait, car c'était à sa coiffure qu'il en voulait.

On me donna des livres, des estampes; mais peu à peu la journée me parut longue et le vide se fit autour de moi. Je devins triste. De l'autre côté de ce bien-être, de ce luxe et de cette joyeuse famille qui n'était pas à moi, à travers ces murs élégants, je voyais ma mère toute seule en face de son modeste dîner que je ne partagerais pas. M. Ritz connaissait le cœur humain sans doute, car il me dit :

— Maintenant, mon petit ami, il faudrait aller embrasser votre maman. Le domestique va vous conduire et retournera vous prendre à l'heure que vous lui indiquerez.

Je ne pus m'empêcher de sauter au cou de M. Ritz.

— Vous avez du cœur, me dit-il tout bas en m'embrassant; c'est une bonne chose, même en art.

Et il jeta un regard un peu triste sur son fils, occupé en ce moment à apprendre l'exercice à un grand chien de chasse qui s'y prêtait complaisamment.

XVII.

Je trouvai ma mère, toute seule, comme je l'avais pensé, et, ne comptant pas sur ma visite, occupée à mettre en ordre des papiers, des factures, des lettres surtout. Elle en déchirait le plus grand nombre. Elle avait profité de sa solitude pour pleurer à son aise au contact de ces souvenirs qui se mettent à crier quand on les réveille au fond de leurs enveloppes jaunies.

— Eh bien, me demanda-t-elle, as-tu été bien reçu?

— Oui, maman.

Alors, elle se mit à me questionner; je lui racontai toutes les merveilles que j'avais vues, et je laissai percer comme le secret instinct de ma vocation.

— Tu sais que je ne te contrarierai en rien. Tu es raisonnable, tu connais notre situation. Nous ne pouvons compter que sur nous. Le jour où tu me diras : « Voilà ce que je suis décidé à faire, » je t'y aiderai. Consulte donc tes goûts, et décide. Moi, je suis incapable de te conseiller, puisque je suis une ignorante.

Tout en causant avec ma mère, mes yeux se portaient machinalement autour de moi, et il me sembla qu'il manquait quelque chose parmi les objets que j'étais accoutumé à voir dans le salon.

— Où est donc ta pendule? lui demandai-je.

Cette pendule était l'unique objet d'art et de luxe que je connusse à ma mère. Depuis que j'avais les yeux ouverts je la voyais, et son absence me frappa d'autant plus ce jour-là que je venais d'en remarquer une à peu près semblable chez M. Ritz : c'était une pendule Louis XIV, de Boule, dont les cuivres très-fins représentaient en bas les trois Parques et au sommet le Temps avec sa faux.

— Elle était dérangée, me répondit-elle ; je l'ai donnée à raccommoder.

Je ne sais pourquoi, je ne crus pas à cette réponse, moi à qui ma mère n'avait jamais menti, et je revins chez M. Ritz tout préoccupé de la disparition de cette pendule. Nous étions en été. C'était ce qu'on appelle la mauvaise saison. Le trimestre de ma pension venait d'échoir ; ma mère avait-elle été forcée de vendre cette pendule, qui lui venait d'une époque plus heureuse, pour payer M. Frémin ? Comment le savoir ? Elle ne me le dirait pas. J'étais une charge au-dessus de ses moyens. — Sans aucune autre indication, cette possibilité acquit dans mon esprit toute la force et toute l'amertume d'une certitude, et je résolus de prendre un parti le jour même.

En somme, j'avais treize ans. J'étais assez fort en histoire, en latin, en grec, en mathématiques, pour continuer, seul, mes études inachevées, tout en commençant une étude nouvelle dont je ferais ma carrière et où ma mère n'aurait plus besoin que de me nourrir, de m'habiller et de me loger jusqu'à ce que je pusse gagner ma vie, et ce ne serait pas long, je l'espérais. Lorsque je revis, après cette émotion inattendue, l'atelier de M. Ritz et que je considérai bien attentivement ses œuvres, il me sembla que je pourrais très-vite en faire autant. C'était tout ce que je pouvais ambitionner alors, puisque ces œuvres donnaient à leur auteur un revenu annuel de trente à quarante mille francs.

Par le fait, ce n'était pas bien difficile. M. Ritz avait un grand et respectueux amour de son art, il comprenait le Beau, il le cherchait, il le voulait; mais il n'avait pas cette étincelle mystérieuse tombée on ne sait d'où qui met le feu aux organisations d'élite. Il le savait mieux que personne, il en souffrait, et, plus tard, j'ai reçu les confidences de ses découragements et de ses tristesses. Il n'est pas de plus grande douleur, je crois, pour un artiste, que d'avoir l'intuition, la volonté et l'impuissance des grandes choses.

Doué d'une extrême habileté de main, M. Ritz s'était acquis une grande réputation dans le monde aristocratique, monde à l'appréciation superficielle qui prend l'Agréable pour le Noble et le Joli pour le Beau. Il exécutait, d'après les jeunes femmes du faubourg Saint-Germain et de la Chaussée-d'Antin, des bustes d'un arrangement gracieux, d'une ressemblance flatteuse, d'un ensemble séduisant, mais d'un modelé mou qui ne résistait pas à l'examen des artistes sérieux. C'était suffisant pour des gens du monde, c'était médiocre pour des gens du métier, et, ce qui était pis encore, pour l'auteur lui-même.

A ses débuts, Thomas Ritz avait donné les plus belles espérances. Il y a de lui au Luxembourg une statue d'une belle ligne, d'une exécution franche, d'une composition heureuse; puis, comme on dit en termes d'atelier, il avait vécu là-dessus, ayant fourni du premier coup tout ce qu'il avait en lui. L'ingéniosité avait remplacé la science, l'adresse avait suppléé à l'originalité. Alors, la mode s'était engouée de lui. En désespoir de cause, il s'était laissé aller à ce succès facile; mais il souffrait d'autant plus qu'il était sans envie, que les chefs-d'œuvre, même des vivants, le passionnaient, et qu'après les avoir vus il rentrait chez lui enthousiasmé et abattu.

Une jeune fille riche s'était éprise de lui au début de sa carrière; elle était devenue sa femme. En apportant un trop grand confortable dans la maison de l'artiste, avait-elle effrayé l'inspiration? C'est possible. L'art a besoin ou de la solitude, ou de la misère, ou de la passion. Les atmosphères tièdes l'étiolent vite. C'est une fleur des rochers qui veut un vent âpre et un terrain rude.

Le rêve de Thomas Ritz eût été que son fils prît goût à la sculpture, car il se sentait capable de le diriger dans la bonne voie, de l'initier aux grands principes, d'en faire un véritable artiste, et, comme tant d'autres maîtres, de donner à son élève ce qui lui manquait à lui-même. Malheureusement, Constantin n'avait aucun goût pour aucun art, ni pour la sculpture, ni pour la musique, ni pour la peinture; il n'avait qu'une idée : les armes. Il était donc loin de compte avec son père, qui, du reste, ne le contrariait pas et le faisait travailler pour Saint-Cyr.

Vous vous expliquez la sympathie subite dont M. Ritz fut pris pour moi. Avait-il trouvé l'élève dont l'éclat remonterait jusqu'à lui? Avait-il seulement découvert une nature bien douée dont il pourrait faire sa confidente et son amie? Ma réponse au sujet du *Lutteur* lui avait donné une espérance, et, lorsque je revins le soir avec mes résolutions formelles, il était résolu, de son côté, à tenter l'épreuve.

Après le dîner, il me prit à part, et me demanda si je me croyais réellement des dispositions pour la sculpture, ajoutant que j'étais juste dans l'âge où l'on doit commencer, et qu'il serait heureux de me donner mes premières leçons. Sur ma réponse énergiquement affirmative, il me promit d'aller voir ma mère le lendemain et d'en causer avec elle. Deux jours après, il était convenu, puisque nous étions au mois de juin et que mon trimestre était payé, que je quitterais la pension aux vacances, que je travaillerais de mon mieux jusque-là, et qu'au mois d'août j'entrerais chez M. Ritz, qui voulut absolument me prendre dans sa maison et me traiter comme son enfant.

Ma mère consentit, n'ayant en vue, comme toujours, que mon seul intérêt.

XVIII.

Mes progrès furent rapides. J'étais né avec l'amour du travail; il s'était manifesté depuis que j'étais en pension; il se développa bien davantage lorsque je fus entré dans la carrière pour laquelle j'avais été créé. J'étais infatigable. Je me levais avec le jour; je ne quittais l'atelier que lorsque le soleil avait complétement disparu, et, quelquefois, souvent même, je dessinais, le soir, à la lampe. Je ne sortais que pour visiter les musées et les galeries. Mon ambition était de peupler à mon tour de mes créations ce monde éternel et impassible de l'art, au milieu duquel les vivants passent si petits. Laisser à la postérité une de mes pensées en bronze ou en marbre, devant laquelle d'autres artistes viendraient rêver plus tard, tel était mon rêve, à moi.

Je vous laisse à penser si ma mère était heureuse chaque fois qu'elle entendait M. Ritz lui parler de mes dispositions extraordinaires et lui prédire pour moi un riche et grand avenir. Elle venait quelquefois me voir travailler; elle ne pouvait pas juger de ce que je faisais, mais il suffisait que ce fût mon ouvrage pour que ce fût superbe.

Dès que je pus modeler à peu près seul, je fis son

buste. Je voulais que ma première œuvre, si imparfaite qu'elle fût, eût rapport à ma mère. Superstition bien naturelle chez un enfant élevé comme je l'avais été. Du reste, ma mère et le travail se partageaient tout mon temps. Quelquefois elle restait à dîner avec nous, mais elle mettait à ses visites la plus grande discrétion. C'était donc moi qui le plus souvent allais passer mes soirées avec elle et me retremper délicieusement dans les habitudes de ma première enfance. Je retrouvais la même lampe, le même établi, les mêmes ouvrières. Elles n'étaient plus aussi gaies que quelques années auparavant. La vie réelle commençait à se faire sentir. Chacune d'elles avait sa préoccupation, son souvenir, son regret, son deuil! Elles ne me traitaient plus en petit garçon, bien qu'elles ne me traitassent pas encore en homme. J'apportais des crayons ou de la cire et je faisais leur portrait ou leur médaillon, utilisant ainsi jusqu'à mes moments de récréation et de joies de famille, car ces braves filles me semblaient un peu mes parentes. La veillée se prolongeait alors assez tard, nous mangions des marrons, et nous buvions du cidre l'hiver. L'été, je les régalais de glaces et de gâteaux avec l'argent que je commençais à gagner en moulant ou en copiant pour M. Ritz. Vers dix ou onze heures, nous retournions chacun chez nous. J'accompagnais ces demoiselles un bout de chemin, et je rentrais en questionnant les étoiles et en aspirant la vie à pleins poumons. Je marchais très-vite; et si, lorsque j'étais seul, par hasard ou intentionnellement, une femme me barrait le chemin, je lui disais avec douceur : « Pardon, madame ! » et, passant à droite ou à gauche, je poursuivais ma route en pensant à mon travail du lendemain. Elle devait me prendre pour un grand innocent; car, à quinze ans, j'en paraissais dix-huit.

Le soir venu, content de ma journée, débarrassé de mon travail, je m'endormais rêvant terre cuite, valeurs, proportions, etc., etc...

XIX.

Cependant la nature est inexorable. Elle a son œuvre à combiner, elle aussi, et toute créature vivante lui est soumise. Le pressentiment de l'amour traversait donc de temps en temps mon esprit. Mademoiselle Ritz, qui devenait de plus en plus belle, semblait placée là tout exprès pour le réaliser.

Eh bien, non. Elle ne m'inspirait rien qu'une grande amitié, et le plaisir que j'éprouvais à rester auprès d'elle était celui que j'eusse éprouvé auprès de ma sœur. Je ne puis pas même me vanter d'avoir respecté en elle l'hospitalité que je recevais. Je n'avais à lutter contre aucun autre sentiment. Du reste, sa perpétuelle gaieté semblait la garantir contre tout désir d'amour.

La gaieté dans l'amour est le mets des cœurs déjà un peu blasés. La jeunesse est plus élégiaque.

Je voyais bien venir d'autres femmes dans l'atelier de M. Ritz, et des plus aristocratiques, et des plus renommées ; mais, à côté de toutes les Vénus de marbre et de bronze dont j'avais les yeux remplis, elles me faisaient, avec leurs colifichets, leurs dentelles et leurs rubans, l'effet de grandes poupées mécaniques ; sans compter que j'entendais souvent M. Ritz dire à table, après les séances :

— Mon Dieu ! que madame une telle est mal faite ! — quels pauvres petits bras ! — quelles vilaines attaches ! — quelles maigres épaules !

Puis je dirai du luxe qui les enveloppait ce que je disais de la gaieté de mademoiselle Ritz : il n'allait pas avec le sentiment, selon mes idées. Voilà ce que je voulais ! Une chaumière et un cœur ! Aimer dans ces sphères hautes m'eût semblé de l'ingratitude envers mon humble mère, qui passait les nuits, pour vivre et m'élever, à broder les cols et les jupons dont ces dames faisaient si peu de cas.

Tous les véritables artistes sont ainsi, je pense, et moi, j'alliais l'ambition de la gloire au besoin de l'obscurité. J'aurais voulu créer des chefs-d'œuvre, et vivre inconnu entre ma mère et ma femme ; car, lorsque mon idéal descendait sur la terre, j'en faisais le compagnon de toute ma vie.

Du reste, c'était aussi l'espérance de ma mère.

— Travaille bien, me disait-elle, et, un jour, tu

trouveras une jolie jeune fille, bien douce, bien élevée, qui t'aimera bien. Tu l'épouseras. Nous vivrons tous ensemble. J'élèverai tes enfants. Ce sera la consolation de ma vieillesse et la récompense de ce que j'aurai fait pour toi, si ce que j'ai fait pour toi mérite d'être récompensé.

C'est ainsi qu'elle détournait le plus possible mon esprit des dangers présents. J'étais dans ses idées, elle le voyait bien, mais elle craignait toujours. Il suffisait de la moindre occasion pour me perdre.

Or, cette occasion se présentait chaque fois que Constantin sortait de la pension. Plus âgé que moi de deux ans à peu près, il n'avait pas, je dois le dire, des théories analogues aux miennes à l'endroit de l'amour. Son unique préoccupation était de passer le plus tôt possible à la pratique, et il ne m'entretenait guère d'autre chose lorsque nous étions ensemble. Il ne poétisait rien et songeait bien moins à l'amour qu'à la femme, à la cause qu'à l'objet. Parce que je n'étais plus en pension, et que je faisais de la sculpture, il me croyait initié depuis longtemps, tandis que j'en savais et voulais en savoir beaucoup moins long que lui. Il me demandait des détails qu'il m'apprenait en me les demandant.

Il ne s'expliquait pas, du moment qu'il venait des modèles de femme chez son père, que je n'eusse pas encore une maîtresse. Avoir une maîtresse! c'était son idée fixe. N'importe laquelle, pourvu que ce fût à peu près une femme. J'avais beau lui dire que

5.

je ne voyais jamais les modèles, qui entraient chez
M. Ritz par un escalier à part, il ne voulait pas me
croire; puis, lorsqu'il fut bien convaincu de ma
sincérité, il me regarda avec un grand étonnement
et se moqua fort de moi. Il fouillait tous mes cartons
et ceux de son père pour découvrir des études de *nu*.
Dès que nous étions seuls dans l'atelier, il faisait des
déclarations aux statues dans un style peu engageant
même pour du marbre, et il m'était impossible de
garder mon sérieux en entendant les discours sau-
grenus de ce fou devant ces inflexibles divinités
qui l'écoutaient toujours dans la même pose et avec
le même geste.

En appuyant ainsi sur les penchants de Constantin, je semble faire mon éloge à ses dépens. Ce n'est
point mon envie. Il y avait seulement entre lui et
moi une nuance : il n'avait pas connu sa mère,
tandis que j'avais été élevé par la mienne; il n'avait
pas à raisonner sa vie, qui lui était toute mâchée
pour ainsi dire, tandis qu'il me fallait, moi, tailler
ma part dans la masse commune ; son tempérament
le portait vers les tumultes de la guerre, tandis
que ma nature m'invitait aux rêveries de l'art; enfin
il était destiné à aimer les femmes, tandis que
j'étais né pour en adorer une. Je me réservais donc
pour cette inconnue, que je ne pouvais manquer de
rencontrer un jour, et, en attendant, les révélations
et les jouissances du travail me suffisaient.

M. Ritz était déjà fier de moi. Il montrait mes

études et mes compositions à ses confrères. On m'encourageait, on me conseillait, on me complimentait sincèrement, ce qui me rendait le travail facile et doux. Cependant je n'avais encore copié que des antiques ou suivi que ma fantaisie. Je n'avais pas eu affaire à la nature.

Un soir, pendant que sa fille faisait de la musique, M. Ritz me dit tout à coup :

— Demain, vous ébaucherez d'après nature. Je suis curieux de voir comment vous vous en tirerez. Préparez votre terre dès le matin. Le modèle arrivera de bonne heure.

— Quel modèle? demandai-je avec le battement de cœur que me causait cette grande nouvelle ; modèle d'homme ou de femme ?

— De femme.

— Debout ou couchée ?

— Debout.

Mon cœur dansait littéralement dans ma poitrine. Je ne dormis guère de la nuit.

Le lendemain, à sept heures, je préparais ma terre. M. Ritz parut.

— Êtes-vous en bonnes dispositions ? me dit-il.

— Oui, répondis-je avec assurance.

— Alors, déjeunons vite.

XX.

Au moment où neuf heures sonnaient, on frappa discrètement à la porte de l'atelier. C'était le modèle.

Je vis paraître une femme de vingt à vingt-deux ans, vêtue d'une robe de mérinos bleu, trop courte, coiffée d'un chapeau de paille à rubans violets. Un petit col assez propre, un châle tartan à fond gris et à larges carreaux noirs, des souliers lacés et des gants de soie dont les bouts étaient usés, complétaient son costume, qui ne m'étonnait en aucune façon, car je ne supposais pas qu'un modèle à six francs la séance fût vêtu de velours et de dentelles, et, d'ailleurs, depuis mon enfance, je voyais un costume aussi modeste aux ouvrières de ma mère, à ma mère elle-même. Loin d'en rire et de m'en étonner, je le vénérais plutôt ; mais tout cela tombait si droit sur la personne de mademoiselle Mariette, que je me demandais par quel miracle il pourrait en sortir une Vénus.

La tête n'avait rien de remarquable. Les yeux étaient assez doux, les cheveux châtains, le teint un peu rouge, les dents ordinaires, le nez épaté, le profil commun, la voix assez agréable.

Je n'ai pas besoin de vous dire que M. Ritz traitait ses modèles avec la plus grande douceur et la plus exquise politesse.

— Vous êtes enrhumée, ma chère enfant ? dit-il à la jeune femme qui toussait un peu.

— Ce n'est rien. J'ai attrapé ça chez M. P... Il a toujours trop chaud, et il laisse éteindre le feu. Il ne s'en aperçoit pas parce qu'il est habillé, lui.

— Qu'est-ce qu'il fait en ce moment ?

— Je ne sais pas.

— Vous n'avez pas regardé ?

— Non ; il n'aime pas qu'on regarde ses tableaux ; tout ce que je sais, c'est que je pose à genoux et les bras en l'air, avec un air d'effroi. Ce doit être encore un *Lion de Florence*.

Je ne pus m'empêcher de rire.

— Soyez tranquille, dit M. Ritz ; aujourd'hui, vous n'aurez pas les bras en l'air.

— Oh ! ça m'est égal, il fait chaud ici.

— Eh bien, commençons.

Mademoiselle Mariette s'éloigna du poêle, dont elle s'était approchée en arrivant. J'essayai de prendre une attitude simple, mais je pétrissais un peu nerveusement ma terre. Après avoir ôté son châle et son chapeau, elle vint se placer sur l'estrade, en disant à M. Ritz :

— L'ensemble ?

— Oui.

Alors, le plus simplement du monde et comme si

elle eût accompli une chose naturelle, cette fille dégrafa son corsage, déboutonna ses manches, fit couler sa robe le long de son corps, la ramassa et la déposa sur une chaise. Puis elle ôta son col qu'elle étala dessus avec soin, et, tirant le cordon de son jupon, elle se trouva en chemise, car elle n'avait pas de corset, bien entendu. Elle s'assit; et, plaçant sa jambe droite sur sa jambe gauche, elle délaça ses bottines, dans cette pose que Pradier a donnée à l'une de ses plus jolies statuettes; puis elle tira ses bas, et, laissant tomber sa chemise à terre, elle l'enjamba et, de son pied nu, la poussa derrière elle. Enfin, droite, rejetant légèrement sa tête en arrière et relevant de ses deux mains ses cheveux qui tombaient sur ses épaules :

— Comment faut-il me poser? dit-elle.

Je me tournai vers M. Ritz, autant pour me donner une contenance, que pour connaître sa réponse. Étendu sur le canapé, il ne m'avait pas quitté des yeux depuis quelques instants.

— Choisissez votre pose, me dit-il.

— Celle que mademoiselle vient de prendre, répondis-je d'une voix assez mal assurée.

— Soit, dit-il.

Mais Mariette avait laissé retomber ses bras.

— Relevez encore vos cheveux comme tout à l'heure, mademoiselle, lui dis-je.

Elle recommença le geste, mais moins heureusement.

— La tête un peu plus en arrière; non pas ainsi, comme ça.

Et, sans m'apercevoir de ce que je faisais, je sautai sur l'estrade, et, lui prenant les poignets, je la rétablis dans la pose où je voulais la reproduire.

— Allons, dit-elle en riant, il paraît que j'aurai toujours les bras en l'air.

Alors, j'ôtai ma veste, je retroussai mes manches, je me hissai sur mon escabeau pour être à la hauteur de *ma tête*, et j'attaquai résolûment mon bloc de terre.

— Je vais travailler aussi, dit M. Ritz en passant dans son atelier; ne laissez pas éteindre le feu.

Par un phénomène curieux, mon esprit venait de rejeter toute autre préoccupation que celle de rendre ce que je voyais.

En une minute, ce qui se passait me parut parfaitement normal. J'essayais de représenter mon modèle vivant comme j'avais jusqu'alors essayé de représenter mes modèles inanimés; mais il y avait de plus en moi l'impatience de saisir la vie sur le fait, et de donner immédiatement un corps à une impression qui pouvait m'échapper d'un moment à l'autre. L'ardeur du travail se trouvait ainsi multipliée par une sorte de lutte avec la fugitive réalité. Il s'y mêlait aussi l'admiration de ce corps que je pouvais contempler pour la première fois, admiration dégagée de toute idée sensuelle.

Ah! que les plus belles créations de l'art sont peu

de chose auprès de la créature ! Je compris ce mot que j'avais entendu dire souvent à mon maître et à ses amis : « La nature est désespérante. » Et comme je m'expliquai en même temps cette foule d'artistes qui préfèrent s'en tenir à la tradition et recopier toujours l'œuvre des hommes plutôt que de s'attaquer à l'œuvre de Dieu ! Certainement, au point de vue de la proportion, il n'y a pas de femmes aussi parfaites que certaines statues, et, si Dieu, acceptant un conseil indirect de l'homme, animait tout à coup une de ces statues célèbres, elle serait, je le crois, plus complète que les plus éclatantes beautés, étant composée de tout ce que le génie de l'artiste aurait pu combiner avec les données du Créateur ; mais Dieu n'a pas besoin de ce miracle païen, et la plus incomplète de ses œuvres reste et restera un éternel défi à la plus parfaite des nôtres ; car elle a ce qu'aucune œuvre sortie des mains de l'homme ne saurait avoir : le regard, le sourire, la chaude émanation de la vie.

Les deux premières heures de la séance s'envolèrent comme une seconde. J'étais en nage. Je ne m'en apercevais pas plus que de la fatigue de Mariette, à qui je n'avais permis que deux ou trois fois de reposer ses bras, lui répétant sans cesse : « Ne bougez pas. » La respiration qui, à périodes égales, soulevait sa poitrine dans un gracieux mouvement, le léger frémissement de l'épiderme à la moindre sensation du froid, le sang jeune et riche que l'on sentait courir sous cette peau mate aux reflets lustrés, voilà ce que j'eusse voulu saisir. J'étais haletant, et je ne m'en tenais déjà plus à la composition présente. Il me passait par le cerveau des masses de lignes, d'attitudes, de contours, de mouvements. J'avais la tête pleine de statues.

— Si vous vous reposiez, dit tout à coup derrière moi la voix de M. Ritz.

— C'est une bonne idée, dit Mariette, et je rallumerai le feu.

Elle passa son jupon, jeta son châle sur ses épaules nues, et, s'asseyant devant le poêle, elle y remit du charbon. Quant à moi, je m'essuyai le visage, et je regardai M. Ritz pour lui demander s'il était content.

— C'est étonnant ! disait-il en portant les yeux alternativement de mon travail à moi. C'est étonnant ! Allons, je ne me suis pas trompé sur votre compte.

— Est-ce bien vrai ?

— Oui. Maintenant, reprit-il, je vais me permettre des critiques, bien qu'à partir d'aujourd'hui, je vous le dis sincèrement, vous n'ayez plus besoin de personne. Vous marcherez tout seul, et vous irez loin, car vous avez l'amour de la nature ; mais rappelez-vous bien ceci : la nature n'est pas le seul but de l'art. Savez-vous ce que c'est que l'art ? C'est le Beau dans le Vrai, et, d'après ce principe, l'art s'est créé des règles absolues que vous chercheriez en vain dans la nature seule. Si la nature seule pouvait le

satisfaire, vous n'auriez qu'à mouler un beau modèle de la tête aux pieds pour faire un chef-d'œuvre. Or, si vous exécutiez cette idée, vous ne produiriez qu'un grotesque. Le talent consiste à compléter la nature, à recueillir çà et là ses indications merveilleuses, mais partielles, à les résumer dans un ensemble homogène et à donner à cet ensemble une pensée ou un sentiment, puisque nous ne pouvons lui donner une âme. Bref, celui qui, en s'enfermant dans les règles implacables du Beau, se rapproche le plus du Vrai, est l'artiste par excellence. C'est Phidias, c'est Michel-Ange, c'est Raphaël. J'ai tenté aujourd'hui sur vous une épreuve décisive dont vous êtes sorti plus vaillamment encore que je ne l'avais supposé. Pas la moindre hésitation, de l'émotion, de l'emportement. Bravo! Vous avez ouvert les naseaux et vous avez respiré l'odeur de la vérité, comme un jeune lion le vent du désert. C'est parfait; vous y êtes! mais, à présent, il s'agit de régulariser cette fougue sans l'atténuer. — Levez-vous, Mariette; remettez-vous dans la pose où vous étiez tout à l'heure. Bien.
— Cette pose naturelle vous a séduit tout de suite, mon enfant; vous avez surpris la nature dans un de ses mouvements ingénus et vous l'avez arrêtée au passage. Œil d'artiste; mais cette pose, suffisante pour une étude, ne l'est plus pour une statue. Une femme qui rejette ses cheveux en arrière, c'est bon pour une statuette de six pouces à mettre sur un socle ou sur une pendule, mais ce n'est pas un sujet

digne du grand art. Et puis vous n'avez vu qu'un côté du mouvement. — Retournez-vous, Mariette, en restant dans la même pose. — Voyez! le rapprochement des omoplates est disgracieux, la tête rentre dans les épaules, le col se plisse, le dos se creuse, les reins s'enfoncent. Une statue doit tourner sur sa base, ou l'on doit pouvoir tourner autour d'elle; il faut donc que la ligne soit pure et noble, de quelque côté qu'elle se présente. Or, ce que vous donne ici la nature est inexact, difforme même dans certaines parties. Qu'est-ce que l'art peut tirer de cette indication?

Et, s'adressant de nouveau à Mariette :

— Baissez un peu les bras dont le dessous n'est jamais distingué ni dans l'art ni dans la nature; avancez, en l'arrondissant, l'angle des coudes, tenez la tête droite, levez les yeux au ciel. — Que de choses dans cette légère modification! La tête s'isole, on la voit dans tout son galbe, au lieu de ne voir d'en bas que le menton et les narines. Les mains la précèdent avec un geste doux et souple, tandis qu'elles disparaissaient tout à l'heure dans les cheveux et que les bras, en présentant de chaque côté les coudes, formaient des espèces d'anses. Au lieu d'une femme qui rejette ses cheveux, vous avez, si vous le voulez, une jeune martyre, chaste quoique nue, qui va mourir et qui, en levant les mains et les yeux vers le firmament, offre sa mort à Dieu et développe en même temps de belles formes pour les simples mortels.

» Passons de l'autre côté. Les omoplates sont à leur place, le col est droit, le dos est net, les reins sont fermes. Maintenant que le sujet est trouvé, la nature va-t-elle vous suffire? Oui, dans certaines parties, non, dans les autres. Ici, continua M. Ritz en touchant Mariette comme si c'eût été un mannequin, mais en lui souriant, pour lui indiquer que ce n'était pas à elle personnellement, mais à la nature en général qu'il adressait ses observations : ici, les bras sont trop minces pour le torse, les mains sont trop fortes pour les bras, le col est lourd. Six têtes, six têtes et demie au plus dans ce corps qui devrait en avoir sept. Jambes grêles, chevilles épaisses, mais le reste est d'une proportion miraculeuse. Vous voyez donc ce qu'il faut prendre et ce qu'il faut laisser. Est-ce tout? Non. De quel pays sera-t-elle votre martyre? Sera-ce une jeune Grecque venue à Rome à la suite de saint Paul? sera-ce une enfant du Nord descendue avec Attila dans la Gaule de Mérovée et convertie par les premiers évêques? Que de types différents! Lequel choisirez-vous? et, une fois choisi, où le trouverez-vous vivant de nos jours et répondant à votre idéal? Tout cela n'est pas facile, termina M. Ritz en passant la main sur son front et en parlant à sa pensée intime autant qu'à moi-même, et ceux qui traversent la vie sans rien chercher au delà et qui ne regardent pas ce que nous faisons sont décidément bien heureux.

Mariette se rhabilla lentement comme elle s'était

déshabillée, elle rentra une à une, dans ses vêtements grossiers, toutes les beautés de sa personne, comme un marchand juif remet les unes après les autres dans une sacoche de cuir les pierres précieuses qu'il vient de vous montrer, et elle emporta le tout avec elle, probablement sans avoir rien compris à ce qu'elle venait d'entendre.

XXI.

Je ne saurais expliquer le sentiment qui s'empara de moi lorsqu'elle eut refermé la porte. J'étais très-diversement impressionné par tout ce que je venais de voir et d'entendre. La grandeur de l'art et ses difficultés commençaient à m'apparaître. De combien d'illusions il me fallait revenir ! que de choses il me faudrait apprendre ! Aurais-je ce courage ? aurais-je même le temps ?

Puis cette pauvre fille qui portait d'atelier en atelier, pour un peu de pain, les mystères de sa beauté, et qui, si elle venait à mourir dans un hôpital, car où pouvait-elle mourir ? servirait à des démonstrations d'anatomie sur une table d'amphithéâtre et dont la science disperserait les membres dans l'harmonie desquels l'art aurait cherché l'inspiration, cette fille me laissait une insurmontable impression de tristesse.

Pour la première fois, je me mis à penser à la destinée de cette quantité d'êtres malheureux qui ne m'étaient rien par le sang. J'aurais voulu faire du bien à cette Mariette à qui je devais ma première grande sensation d'artiste. Elle ne m'était plus étrangère. De cette fille à qui Constantin, par exemple, n'eût demandé qu'un moment de plaisir, je conservais déjà un souvenir reconnaissant, peut-être parce que je me retrouvais chaste après cette épreuve. Disposition bizarre de l'âme, je n'aurais pas voulu que d'autres vissent ce corps qui me semblait à moi par une appropriation immatérielle. Premier pressentiment de la jalousie inhérente à la nature de l'homme, qui voudrait faire sa propriété éternelle de ce qui lui a appartenu un instant. Puis je me disais, à travers toutes ces réflexions :

— Voilà donc ce que c'est qu'une femme !

M. Ritz voyait bien qu'il se passait quelque chose en moi. Je regardais fixement le mur et je ne disais rien. Il me demanda d'un ton paternel à quoi je songeais ; je le lui dis simplement.

— Tout cela est bon, me répondit-il, tout cela est bon, et je me félicite de plus en plus de l'expérience que je viens de tenter. J'ai voulu, en effet, mettre plus qu'un modèle sous les yeux d'un artiste, j'ai voulu mettre une femme sous les regards d'un jeune homme qui certainement devait penser quelquefois aux femmes. J'en avais causé avec votre mère. Elle s'inquiétait fort de cette épreuve. C'était jouer le tout pour le tout. Qui l'emporterait de l'artiste ou de l'homme? L'artiste l'a emporté, — je n'en doutais pas. L'homme n'a vu naître en lui, à ce spectacle inattendu, que des idées généreuses. Vous êtes bien doué, mon cher garçon, et je suis heureux de vous voir sous l'impression où vous êtes.

» C'est cependant une opinion généralement acceptée que les mœurs des artistes sont plus relâchées que celles des autres classes sociales, et que la passion, le vice et la débauche s'y ébattent à leur aise, comme sur leur terre natale. Il semblerait assez vraisemblable, j'en conviens, que des hommes occupés essentiellement des choses de l'imagination se dérobassent peu à peu aux préjugés, et même aux principes communs, et que l'organisation de ces hommes exceptionnels, montée par la tension de l'esprit à un diapason au-dessus du diapason général, eût besoin, dans les intervalles du travail, d'excitations surnaturelles et ne pût être satisfaite que par des jouissances exagérées. Ce serait même, suivant quelques-uns, une des conditions indispensables du génie. Véritables salamandres, les grands artistes ne pourraient vivre que dans le feu et mourraient en rentrant dans l'atmosphère commune. Par la nature de leurs travaux, les artistes, ceux-là surtout, comme les peintres et les sculpteurs, qui ont besoin, pour exprimer leur pensée, d'une communication directe avec la chair, subiraient plus facilement que les autres hommes l'influence de ces tableaux excitants.

Vous venez de voir par vous-même qu'on se trompe en pensant et en raisonnant ainsi. Là où l'art, c'est-à-dire le sentiment du beau, existe réellement, il domine aussi bien le cœur que l'imagination, aussi bien les sens que l'esprit. Tout se tient dans l'harmonie morale comme dans l'harmonie physique de l'homme. Point d'association durable entre le vice et le génie. Si ces deux éléments opposés se rencontrent par hasard dans le même individu, l'un des deux combat et détruit inévitablement l'autre.

» Fouillez la vie intime de ceux qui méritent véritablement le nom d'artiste, vous les trouverez tous hommes de bien, tous religieux, quelques-uns purs comme des saints. Le vrai génie est chaste, et, quelque forme que prenne son œuvre, elle est chaste comme lui. L'immoralité dans l'œuvre ne commence qu'à l'infériorité du producteur, qui, ne pouvant satisfaire le goût des quelques juges qui commandent à l'opinion, en appelle aux curiosités secrètes et aux sensualités de la foule.

» Cependant les artistes, si grands qu'ils soient, sont encore des hommes, et, s'ils échappent au vice, à la débauche et aux passions, ils n'échappent pas à l'amour. La science peut faire oublier à ses adeptes — Newton en est la preuve — jusqu'à l'existence des femmes; mais il n'en est pas de même pour l'art. L'imagination a ses racines dans le cœur. Si l'on pouvait soumettre le génie des artistes à une analyse chimique, on trouverait un quart de folie et de naïveté sur trois quarts d'amour. Seulement, cet amour, après avoir erré dans les étendues, fouillé les espaces, sollicité l'infini, se formule presque toujours dans un seul objet, qui semble à l'*amant* réaliser toutes les exigences de son rêve.

» Je ne vous dirai donc pas de n'aimer que le marbre, mon enfant, ce serait inutile. Tout indique, dans votre organisation, que vous aimerez, et que vous aimerez profondément ; mais gardez-vous le plus longtemps possible pour cet amour qui, avec le travail, sera toute votre vie. Laissez la nature développer tranquillement en vous les énergies dont vous aurez besoin pour recevoir cet hôte inévitable et pour souffrir, peut-être. Vous vous tromperez quelquefois, sans doute, comme bien d'autres, et votre cœur ouvrira sa porte à des parasites, croyant l'ouvrir à ce grand ami ; mais vous aimerez. Qui ? Peu importe. Aimer, voilà le principal.

» Vous voyez que je vous traite tout à fait en grand garçon. Maintenant, si de l'objet de votre amour vous pouvez faire la compagne de toute votre existence, si celle que vous aimerez est digne d'être votre femme, et si vous pouvez produire des chefs-d'œuvre à la douce clarté d'un foyer paisible, vous aurez résolu le problème : le Grand vivant avec le Pur, — le Beau avec le Bien. Je vous le souhaite, car je vous aime de tout mon cœur. J'ai saisi cette occasion pour vous donner d'avance un aperçu de la vie, ayant découvert en vous tout ce qu'il faut pour le comprendre et pour en profiter. Sur ce, traitez-moi comme un père, et tout ce que vous ne pourrez pas dire à votre mère, dites-le-moi. Mon expérience, mon amitié et mes conseils sont à votre service, et, pour le reste, vous irez plus loin que moi; ce qui, ajouta-t-il avec un sourire mélancolique, ce qui ne sera pas difficile.

Ainsi me parla M. Ritz. Je vous laisse à penser si cette journée se grava dans ma mémoire. Je vous l'ai racontée longuement, parce qu'elle est la date de mon entrée définitive dans la carrière. Je la terminai avec ma mère, complétement rassurée sur mon compte.

Je revins de chez elle, le soir, la tête haute et le pied ferme. Je me sentais un homme, prêt à toutes les luttes nobles, et, je puis le dire, à tous les bons sentiments. J'aurais voulu que quelqu'un eût besoin de moi tout de suite. J'avais le cœur si plein ! On m'aimait. On me promettait le talent, la gloire, la fortune, et j'avais la santé, le courage, l'espérance. Rentré dans ma petite chambre, j'ouvris ma fenêtre, je regardai le ciel transparent et calme. Je pleurai pendant une bonne heure sans m'en apercevoir, et je m'endormis ensuite comme un enfant.

A compter de ce jour, M. Ritz et ses amis commencèrent à me traiter presque comme un des leurs. Les artistes les plus célèbres s'intéressèrent à moi et m'accueillirent dans leur intimité. Les encouragements ne me manquèrent donc pas. Je me trouvai initié peu à peu à la vie de cette génération enthousiaste, tumultueuse, ardente de la Restauration, avec laquelle la postérité aura des comptes à refaire ; car beaucoup sont tombés inconnus dans la grande mêlée, dont l'avenir recueillera les ossements et conservera les noms. Brave et noble jeunesse, exagérée peut-être, mais, jusque dans ses erreurs et ses excès, pleine de sincérité.

Je fus bientôt à même de voir combien M. Ritz avait parlé juste. Parmi les hommes supérieurs de cette époque que le temps a affirmés, pas un dont la vie privée ne puisse être mise au grand jour. Ne cherchez donc pas, pour me défendre, une atténuation à mon crime, soit dans les mauvais exemples que je pouvais avoir sous les yeux, soit dans le monde exceptionnel auquel j'appartenais. Ne laissez pas non plus cette théorie toute faite se retourner contre moi dans les mains de votre adversaire. Je ne l'accepte ni comme argument pour, ni comme argument contre. Je n'ai jamais reçu ni donné l'exemple du vice.

Quant aux individus débraillés, corrompus et paresseux, qui prennent le nom d'artistes parce que cela n'engage à rien et excuse tout aux yeux de bien des gens, c'est à eux que nous sommes redevables de cette déplorable réputation. J'en ai vu beaucoup de ceux-là, traînant, le matin, dans les ateliers, le soir, dans les estaminets, la nuit partout. Ils sont toujours à la veille de produire une grande œuvre, et, après avoir hurlé toute leur vie, à qui mieux mieux, contre tout ce qui est si facilement supérieur à eux, ils disparaissant sans laisser d'autre trace de leur passage sur la terre que la fumée de leur pipe. Ces gens-là ne sont pas plus des artistes que les banqueroutiers ne sont des commerçants, et que les déserteurs ne sont des soldats. Toutes les classes sociales ont leur écume : ils sont la nôtre.

. . . .

XXII.

Je viens de relire la première partie de ce mémoire, ou plutôt de ces mémoires, car on ne peut plus donner un autre nom à ce long récit. Que de lenteurs! que de divagations! que de détails inutiles! que de détours enfin avant d'arriver au fait! Comme on voit que j'en ai peur! Il faut se décider cependant. Allons, du courage, et tâchons d'oublier qu'il s'agit de moi!

XXIII.

M. Ritz recevait une fois par semaine. Tenant à la fois par son genre de talent et par ses alliances aux artistes et aux gens du monde, il offrait aux deux classes un terrain neutre où elles avaient plaisir à se rencontrer, et, le lundi gras, il donnait un bal costumé dont on se disputait les invitations. Ce fut à l'un de ces bals, au dernier qu'il donna, que mademoiselle Ritz rencontra le comte de Niederfeld, jeune et riche Suédois, attaché d'ambassade, qu'elle épousa quelques mois après.

A ce même bal, Constantin, élève de Saint-Cyr depuis un an, portait un de ces costumes excentriques que Gavarni a popularisés. Il ne fit qu'une courte apparition. Vers deux heures, il trouva le moyen de s'échapper et d'aller finir sa nuit au théâtre des Variétés, dont les bals masqués étaient les bacchanales en renom à cette époque. Le lendemain, il prit des airs nonchalants et désenchantés qui sollicitaient les questions. Je ne voulus pas le faire languir et je le questionnai.

— Eh bien, mon cher, me dit-il, je croyais que la Femme, c'était autre chose que ça.

Et il me raconta son premier amour, né à deux heures de la nuit, mort à huit heures du matin, dont il se rappelait le costume, mais dont il ne savait pas le nom.

Parmi les femmes avec lesquelles j'avais fait connaissance à ce bal, il s'en trouvait une qui avait paru se prendre pour moi d'une affection trèsgrande, madame Lespéron, femme lyrique, bas bleu pour tout dire, folle en apparence, bonne au fond, et composant des vers ni pires ni meilleurs que ceux que l'on faisait alors, dans la forme romantique de Lamartine, d'Hugo et de Musset.

Cette école nouvelle produisit, pendant plusieurs années, des poëtes dont il ne reste rien aujourd'hui, pas même le ridicule qui devait succéder à leur mystérieuse célébrité. Tous ces poëtes étaient inspirés; ils avaient tous leur douleur secrète, leur amour inconnu. Pas un d'eux qui ne cachât sous les grandes herbes, dans le coin d'un cimetière de campagne, la tombe ignorée d'une Elvire, où il venait pleurer, en interrogeant le ciel, en maudissant Dieu et en se prosternant ensuite avec un hymne à la Création. Les Cloches des églises, les Étoiles, les Peupliers, les Lunes, les Ombres, les Cadavres, les Angélus étaient à l'ordre du jour : il s'en faisait une consommation désordonnée.

Or, il fallait un débouché à cette incontinence poétique, et ce pathos — où il y avait un peu de tout, du Byron, du Voltaire, du Gœthe, du Ronsard, du Chateaubriand, et auquel il ne manqua que Molière pour l'immortaliser dans le grotesque — avait, lui aussi, son hôtel Rambouillet et ses succursales. L'hiver, tous les soirs de neuf heures à minuit, on se rendait dans certains petits salons *littéraires*, humbles satellites de l'astre Récamier, et, là, penché sur la cheminée, le visage pâle, l'œil blanc, les cheveux en désordre, d'une voix tantôt trempée de sanglots, tantôt sonore et vibrante, un poëte, mâle ou femelle, lançait autour de lui, sur les têtes recueillies et décoiffées des vieilles Saphos et des jeunes Corinnes de l'endroit, sa large et puissante poésie. C'étaient des cris, des larmes, des enthousiasmes. — On se serrait les mains, on s'embrassait ; — après quoi, on buvait un grand verre d'eau sucrée et l'on rentrait chacun chez soi.

Madame Lespéron avait, à elle, un de ces fameux salons. Elle croyait fermement lutter d'influence avec le temple où l'auteur de *René*, le front morose, le regard fatidique, sa couronne de lauriers sur la tête, ses Mémoires à la main, enveloppé des vapeurs de l'encens que brûlait à ses pieds une Vestale involontaire, attendait avec un peu d'impatience que le monde s'écroulât pour lui faire un tombeau digne de lui.

Madame Lespéron était reçue chez M. Ritz ; en retour, il allait chez elle une fois par an. Il avalait l'élégie, le verre d'eau sucrée, et revenait en riant de ce petit monde honnête et ridicule. Cependant M. Lespéron, chef de division dans un ministère, le plus brave homme du monde, avait prié sa femme de publier ses *Douleurs* et ses *Espérances* sous un autre nom que le sien. M. Lespéron était plutôt de l'école de Désaugiers que de l'école de Byron. Il aimait assez la table et il réunissait de temps en temps chez lui ses collègues, leurs femmes, leurs filles, et leur donnait une petite *sauterie*. On soupait gaiement, et poëtes et muses, entraînés par l'exemple, finissaient par se mettre de la partie et par s'amuser comme de simples mortels.

Pendant cet hiver qui devait avoir tant d'influence sur tant de destinées, madame Lespéron donna, elle aussi, à la mi-carême, un bal travesti auquel je fus convié.

A onze heures du soir, nous vîmes entrer, jouant assez bien la reine et saluant autour d'elle avec une majesté de circonstance, une femme de quarante-quatre ou quarante-cinq ans, qui portait le costume de Marie de Médicis, tel que Rubens l'a peint dans le tableau du Sacre. Les cheveux cendrés, les chairs souples et grasses d'une reine nourrie de cailles et de sucreries, les dents bien rangées, le col rond, un peu court, les bras blancs et gros, les poignets fins, telle était cette femme. Sa première beauté avait dû être exceptionnelle, à en juger par la seconde, qui était encore remarquable — aux lumières, — surtout pour ces philosophes épicuriens qui ne laissent rien perdre de ce que la nature a de bon, et qui, l'été passé, au lieu de le regretter jusqu'au printemps suivant, savourent, en octobre, le rayon de soleil qui se glisse entre les feuilles jaunies.

— Ces femmes-là, disait un vieillard familier de la maison, c'est comme la petite Provence des Tuileries : on est sûr d'y avoir chaud à une certaine heure.

Malheureusement pour elle, Marie de Médicis était suivie d'un page qui portait la queue de sa robe.

Ce page était une enfant de treize à quatorze ans, sa propre fille, Azur, Roses et Neige, vêtue de velours et de satin noir, avec des cheveux tout en or sous son toquet sombre. Si la mère était de Rubens, l'enfant était de Van-Dyck. Où trouverai-je des comparaisons, non pas pour vous définir, mais pour vous faire sentir, pour vous faire respirer ce petit être indéfinissable.

Supposez que la rose donne un fruit d'une couleur, d'une forme et d'une saveur égales au ton, aux contours, au parfum, qui vous charment toujours en elle, malgré l'abus qu'on en a fait; saisissez le moment où de fleur elle va passer fruit, encore transparente, déjà ferme, quand l'odorat est enivré et que le goût se prépare, et vous éprouverez peut-être au centième degré la sensation étrange que produisit sur tout le monde, et principalement sur moi, cette séraphique apparition.

Pour moi, ce n'était pas une jeune fille, ce n'était pas une enfant, ce n'était pas une femme, c'était la Femme : Symbole, Poëme, Abstraction, Énigme éternelle qui a fait, qui fait et qui fera vaciller, hésiter, trébucher dans le passé, dans le présent et dans l'avenir, les intelligences, les philosophies, les religions de l'humanité. Toute mon âme avait passé dans mes yeux. Pour la première fois de ma vie, je me rendais compte de ce qui jusqu'alors m'avait été inintelligible. Les types historiques des femmes qui avaient bouleversé les empires en soufflant la passion dans le cœur d'un homme, les créations féminines des véritables poëtes qui avaient passionné des générations entières, et dont je n'avais encore admiré que l'existence épique, s'animèrent et vécurent tout à coup. Rien ne me parut plus simple que de changer la face du globe pour la possession d'un de ces êtres inexplicables et de recevoir de lui l'héroïsme ou la bassesse, le génie ou l'abrutissement. Ève, Pandore, Madeleine, Cléopâtre, Phryné, Desdémone, Manon Lescaut, Emma Lyonna, passèrent devant moi en me disant : « Comprends-tu, maintenant ? » et je leur répondis : « Oui, je comprends. »

La reine et son page firent le tour du salon en saluant, elle d'un petit mouvement de tête, *lui* d'un sourire de carmin, relevé dans les coins. Les autres invités se prêtaient aussi solennellement que les deux actrices à cette comédie, en s'inclinant presque jusqu'à terre comme sujets et féaux. Je parvins à me placer sur le premier rang des courtisans, et je dévorai du regard ce groupe ou plutôt cette enfant, car la mère ne m'intéressait plus.

J'avais même déjà contre elle je ne sais quel sentiment de colère. Je lui en voulais de profaner ainsi en public, et sous un costume mille fois plus indiscret que la robe la plus légère et la plus décolletée, les précoces beautés de sa fille. Toutes deux m'effleurèrent, sans me voir, bien entendu. Rien ne leur fit soupçonner qu'à partir de cette heure j'entrais dans leur destinée, rien ne leur dit avec quelle étrange mission elles entraient dans la mienne. Quelque chose m'avertit, sans doute, car je tressaillis comme au choc du fluide électrique; quand le page, d'un regard vague, nous remercia collectivement de notre hommage. Je me le rappelle maintenant! Oui, la muraille du salon s'entr'ouvrit, j'eus un éblouissement et je vis l'avenir face à face pendant une seconde.

Les danses recommencèrent. Le page fit danser la reine. Le quadrille fini, je m'approchai irrésistiblement de la jeune fille et je l'invitai pour le quadrille suivant. J'avais besoin que ce petit être fût un peu à moi, si peu que ce fût.

— Mais, monsieur, me dit-elle en riant, les hommes ne dansent pas ensemble.

Et elle me tourna le dos pour aller, à son tour, inviter une jeune fille. Elle n'avait donc pas seulement revêtu le costume, elle était décidée à jouer le rôle d'un jeune garçon. Je n'en fus pas fâché. Elle ne danserait pas avec moi, mais elle ne toucherait que des mains de femmes.

Je ne la quittai plus des yeux; j'eus, du reste, cela de commun avec tous les autres assistants. Cette enfant était devenue l'intérêt de la soirée. La mère avait été s'asseoir dans un coin où elle discourait, respirait et s'éventait bruyamment. A force de la regarder, il me semblait découvrir de mauvaises lignes sur ce visage sympathique au premier aspect. L'œil était froid et sec, privé de ce point lumineux tant cherché des peintres, et qui, rayon et rosée, éclaire et mouille à la fois le regard. Les lèvres étaient minces et battaient l'une contre l'autre, comme un double marteau, les paroles qu'elles laissaient passer. La voix, c'est-à-dire l'âme exhalée et transmise par le son, c'est-à-dire l'expression la plus élevée et la plus essentielle de l'être pensant, car on se console quelquefois de ne plus voir, jamais de ne plus entendre, la voix sonnait comme du métal, imitant, au milieu du bourdonnement général, le bruit aigu d'un taillandier dans les mille rumeurs d'une rue de village.

Était-ce la fortune disparue, l'envie, l'âge aux atteintes irréparables qui faussaient ainsi la tonalité générale de cette femme? C'était tout cela sans doute, et la bile avait dû devenir, à la longue, un des principaux agents de ce corps gras, jaune et mou. Dans sa conversation ou plutôt dans son monologue, car elle parlait sans interruption, comme une mécanique remontée pour un certain temps, les mots « ma fille » — « mon autre fille » — « son père » — « ma fille » — « le mari de mon autre fille, » reparaissaient à tour de rôle, en manière de ritournelle.

Deux ou trois personnes âgées, résignées à passer la nuit là, tant bien que mal, en attendant que leurs enfants se décidassent à s'en aller, paraissaient écouter cette femme et faisaient de petits signes de tête réguliers qui simulaient l'attention.

Pendant ce temps, le page dansait, et ce vers des *Fantômes* que tout le monde répétait alors :

Elle aimait trop le bal, c'est ce qui l'a tuée,

eût pu servir d'avertissement à cette mère si fière de sa fille. En effet, l'enfant se jetait dans le tourbillon avec tant d'ivresse, elle y perdait si complétement la tête, qu'elle était forcée de temps en temps de venir dans un petit boudoir désert aspirer un air moins étouffé. Arrivée là, elle mettait sa main sur sa poitrine, rejetait sa petite tête en arrière comme une bergeronnette qui avale une goutte d'eau, et semblait chercher au-dessus d'elle la respiration qui commençait à lui manquer. Je l'observais sans qu'elle me vît. Chacun de ses gestes était une grâce, chacune de ses poses était un tableau. Aussi, quelque mouvement qu'elle fît, se plaisait-elle à le voir répéter par les glaces qui la reflétaient dans tous les sens. Cependant elle ne tarda pas à s'asseoir, tant elle avait besoin du repos de son âge ; et, tirant de son corsage son petit mouchoir brodé et parfumé, elle s'en battit le visage nonchalamment, en vrai mignon de Henri III ; ensuite, elle regarda les objets qui l'entouraient, tout en accompagnant la musique d'un petit mouvement de tête, comme si son esprit, à défaut de son corps, eût continué de danser. Ce mouvement se ralentit peu à peu, la bouche resta entr'ouverte, le regard indécis, la tête s'inclina sur un coussin, la respiration devint régulière, les petites jambes se détendirent, la main laissa tomber le mouchoir, les yeux se fermèrent, l'enfant s'endormit.

XXIV.

J'étais à la porte du boudoir dont je bouchais l'entrée. J'eusse voulu garder pour moi seul ce délicieux spectacle, d'autant plus que, depuis quelques instants, il me semblait reconnaître ce jeune visage? Je ne l'avais pourtant jamais vu, j'en étais bien sûr, car il m'eût étonné auparavant comme il m'étonnait à cette heure; mais il ressemblait positivement à quelqu'un que j'avais connu! A qui? Chose bizarre, quand mon souvenir évoquait cette autre figure, elle m'apparaissait sous le costume d'un jeune garçon, mais d'un garçon véritable, dont le nom voltigeait sur mes lèvres sans que je pusse le saisir. Il semblait se moquer de moi. « Comment tu ne me reconnais pas? me disait-il tout bas. Mais tu ne connais que moi; regarde-moi donc bien; vois comme nous nous ressemblons! On ne peut pas se ressembler davantage. » Et, comme un personnage de fantasmagorie, il s'évaporait dans le mur.

Je serais bien resté là toute la nuit, mais Iza (c'était le nom de la jeune fille, diminutif d'Izabelle), mais Iza ne pouvait pas quitter le bal sans qu'on s'en aperçût. Plusieurs jeunes filles vinrent la chercher;

je fis signe qu'elle dormait. On respecta ce doux sommeil que l'on finit par venir admirer, comme depuis deux heures on admirait tout ce qu'elle faisait. Les danses cessèrent, l'orchestre se tut.

— Prenez-en donc un croquis, me dit tout à coup M. Ritz.

Je l'aurais embrassé devant tout le monde pour avoir si bien deviné ma pensée.

J'allai chercher des plumes, de l'encre et une grande feuille de papier. L'encre seule pouvait donner les tons tranchés de cette jolie masse noire. Une jeune fille se mit au piano et commença *la Berceuse* de Chopin, qu'elle accompagna à mi-voix. Les uns regardaient, les autres écoutaient, tous faisaient silence. La respiration de l'enfant avait fini par suivre le rhythme de cette musique en sourdine qui pénétrait peu à peu l'atmosphère et nous enveloppait dans une même sensation, comparable peut-être à celle qui suit un bain maure, quand tous les sens se confondent dans un apaisement général, quand le corps, harmonieusement brisé, n'a plus d'autre volonté que le repos, et que l'âme, voyant toutes les portes de sa prison ouvertes, s'en va où bon lui semble, mais toujours vers le Bleu, dans le pays du rêve.

Quelques personnes groupées derrière moi encourageaient ma main, devenue aussi rapide que ma pensée, par des : « Bravo! c'est cela! c'est bien cela! » auxquels répondaient des : « Chut! taisez-vous! »

pour que la belle endormie ne se réveillât pas trop tôt. Pendant ce temps, le jour se levait, et le pâle rayon du matin, qui, si pâle qu'il soit, éteint toute lumière artificielle, se glissa par les interstices des rideaux, qu'un des invités, curieux de l'effet à produire, ouvrit complétement, tandis qu'un autre, sur un signe de lui, soufflait les bougies. Les femmes surprises se sauvèrent avec de petits cris, comme si leurs vêtements fussent tout à coup tombés de leurs épaules.

Quant à la jeune fille, réveillée par ce léger tumulte, elle ouvrit les yeux, regarda où elle était, rappela ses souvenirs, sourit, et se leva toute droite, sans s'inquiéter de ce jour tapageur qui donnait à tous les autres visages la teinte du tombeau, et qui ne demandait qu'à se jouer sur les fleurs de son teint. Il l'enveloppa comme une caresse, et elle ne s'aperçut même pas du triomphe de sa délicate beauté. Elle comprit que durant son sommeil elle avait été l'héroïne d'un événement quelconque. Elle s'approcha de moi pour voir ce que j'avais pu dessiner au milieu d'un bal. Elle se reconnut et parut charmée.

— C'est pour moi? dit-elle.

Et elle tendit la main vers le portrait avec l'impatience des enfants.

— Certainement, mademoiselle, c'est pour vous; mais il faut que vous laissiez sécher ce croquis. Il sera sec bientôt. Je le mettrai sous verre, ce matin;

et, si madame votre mère me le permet, j'irai le lui porter moi-même.

— Aujourd'hui ?

— Aujourd'hui.

La mère et la fille se regardèrent avec une certaine inquiétude.

— Je vous préviens que nous sommes bien mal installées, me dit la mère en rougissant encore sous son rouge qui, le jour venu, lui donnait l'apparence d'un vrai masque.

— Peu m'importe votre installation, madame. Si cependant vous préférez que je vous envoie ce dessin ?

— Non, venez, dit la petite.

On se sépara. Je suivais ce groupe des deux femmes. J'eus un serrement de cœur en considérant, au grand jour de la rue, leurs costumes en velours de coton éraillé.

Avant d'escalader le fiacre qu'on avait été chercher pour elles, la mère s'enveloppa d'un tartan à carreaux gris et rouges, tandis que sa fille se jetait sur les épaules un manteau de mérinos noir, dont la doublure de lévantine, usée aux entournures, laissait pendre la ouate intérieure. Sur l'injonction de sa mère, elle ôta son toquet, le lui remit et se couvrit la tête d'une fanchon de laine bleue qu'elle tira d'une des poches de son manteau. Marie de Médicis mit ses galoches, et, retroussant sa robe à queue, montra des jambes massives, des bas de gros tricot et des bottines de satin élimées par le temps. Elle poussa sa fille dans la voiture en lui disant :

— Va donc vite ! prends garde de prendre froid.

Elle monta derrière l'enfant, aidée de deux personnes. Malgré sa dignité royale, elle n'eût pas été fâchée, son regard le disait, que quelqu'un les reconduisît et prît le fiacre à son compte. Je mourais d'envie de m'offrir : je n'osai pas.

Deux ou trois gamins qui stationnaient là, le nez rouge, et grelottants, au lieu d'aller à l'école, jetèrent à la reine mère l'apostrophe traditionnelle du carnaval parisien. Le cocher à carrick noisette au triple collet, les oreilles prises dans son bonnet de laine chocolat, son chapeau de travers, ses grosses mains maladroites dans des gants de tricot, verts à bordure rougeâtre, fit mine de leur envoyer un coup de fouet que les chevaux reçurent. Les enfants se sauvèrent en riant; le petit page passa la tête par la portière en me disant :

— N'oubliez pas mon portrait.

La mère cria :

— Quai de l'École, n° 78.

Et le fiacre ridicule se mit en route, emportant ces deux femmes et, sans que je m'en doutasse, toute ma vie avec elles.

XXV.

Je revins de ce bal, comme j'y étais venu, avec Constantin. Je ne l'entretenais que d'Iza et je m'étonnais qu'il ne fût pas dans le même éblouissement que moi; mais il ne l'appréciait que médiocrement.

— C'est un bébé, me disait-il; ça ne peut servir à rien. Ne vas-tu pas être amoureux de ça?

— Je ne peux pas être amoureux d'une fille de treize ans, mais je l'admire. C'est le plus joli petit être qu'on puisse rêver.

— Sais-tu de quoi elle me fait l'effet? me disait-il, et sa comparaison était on ne peut plus juste. D'une statuette de Saxe; on a peur de la casser.

Et il ajoutait en riant :

— Ce n'est pas du grand art, comme dirait mon père.— A propos, cherche à qui elle ressemble, me dit-il tout à coup.

— Tu trouves donc aussi qu'elle ressemble à quelqu'un?

— Oui, et d'une manière extraordinaire.

— Dis-moi le nom bien vite. Il y a plus de deux heures que je cherche ce nom.

— A un de nos camarades, à qui tu as donné un si joli coup de poing.

— Minati ! c'est vrai ! m'écriai-je. Minati ! c'est cela ! Comment ne l'ai-je pas reconnu tout de suite ?

— Si elle lui ressemble au moral comme au physique, ça fera une drôle de demoiselle. Et la mère ! oh ! la mère ! quel type ! En voilà une qui a dû en avoir, des aventures !

Je changeai la conversation. Cette femme et cette enfant ne m'étaient rien ; mais je ne voulais déjà plus entendre mal parler d'elles.

Je ne me couchai pas et j'attendis, en retouchant au jour mon dessin de la nuit, le moment de me rendre au quai de l'École. Le temps ne marchait pas.

Cependant il m'eût été bien difficile de définir le sentiment auquel j'obéissais en éprouvant l'insurmontable besoin de revoir cette adorable Iza. Amoureux ! Je ne l'étais pas, évidemment. Je ne pouvais pas l'être d'une fillette que j'allais peut-être retrouver en robe courte, en souliers lacés, en costume de pensionnaire. Non. Cet être mixte m'avait fait comprendre l'amour par induction, mais il ne me l'inspirait pas. Il faut être en âge de ressentir pour inspirer.

Du reste, je ne savais rien faire à demi. Ou je restais absolument indifférent aux choses, et, par moments, le monde eût pu s'effondrer autour de moi sans que je détournasse la tête, ou je me jetais à corps perdu dans mes sensations, si petites qu'elles eussent paru à un autre, et j'y disparaissais tout entier. Nature extrême en tout, et qui ne m'a jamais permis de prendre la moyenne de la vie, nature nerveuse enfin, qui commande, passionne, emporte, abat celui qui l'a reçue, sans qu'il soit jamais capable de la guider. Les événements, les chagrins, les réflexions de mon enfance n'avaient fait que développer ces dispositions particulières, auxquelles je dois toutes les erreurs, mais aussi toutes les joies et tous les succès de ma vie.

Je subissais donc cette agitation vraiment maladive qui est comme un avertissement de la destinée. J'étais attiré au quai de l'École par une de ces affinités électives que Gœthe a découvertes et décrites un peu longuement, mais qui sont indiscutables. J'allais, — j'allais irrésistiblement, quoi faire? — voir une enfant que je ne connaissais pas la veille, qui devait partir dans quelques jours, que je ne reverrais jamais sans doute, mais que je ne pouvais me passer de revoir, et de revoir au plus vite.

Dans ma précipitation, j'avais brusqué toutes les convenances, et c'était à midi que je franchissais le seuil de la maison d'Iza; maison de piètre apparence, et où il eût paru étonnant à tout autre que moi que cet oiseau charmant eût fait son nid; mais les hirondelles nichent partout, et elles apportent partout le printemps et l'espérance.

XXVI.

La maison était, ce qu'elle doit être encore, mince et longue, avec deux fenêtres de façade à chaque étage, fenêtres aux jalousies disloquées et aux petits carreaux verdâtres que le soleil blafard de février brillantait comme des lames d'étain.

La loge du concierge, indiquée par ce mot *Concierge*, peint en grosses lettres sur la voussure de l'escalier, ne se trouvait qu'à tâtons, en contre-bas, à gauche, et l'on risquait, en la cherchant, d'aller se fendre la tête contre le vasistas derrière lequel végétait un être humain, homme ou femme, dont le vêtement seul trahissait le sexe, et qui, selon les demandes, répondait d'une voix sourde, sans bouger :
« Au premier, au second, au troisième. »

— Au troisième, dit cette voix.

Je montai, contraint, malgré la sûreté de mes jambes de vingt ans, de me tenir à la rampe de fer qui tournait de bas en haut comme un tire-bouchon dans une bouteille. A mesure que l'on avançait, l'obscurité devenait plus grande. Cette maison était un puits retourné. Le jour y venait d'en bas.

Arrivé au palier du troisième étage, je n'eus pas trop de mes deux mains pour m'orienter, et je me cognai littéralement à la porte où je devais sonner. Je repris haleine et je finis par découvrir la sonnette, que j'agitai à plusieurs reprises avant d'en tirer un son.

— Qui est là? dit derrière la porte une voix que je reconnus pour celle du page, et qui jeta comme des perles dans l'escalier.

— C'est moi, Pierre Clémenceau, répondis-je, qui vous apporte votre portrait.

— Ah! c'est que je suis seule et en train de m'habiller; attendez un peu.

Et j'entendis le flic-flac de deux petites mules battant les dalles de la chambre et s'éloignant de la porte.

J'attendis quelques secondes, et cette porte s'ouvrit sur une antichambre obscure. Je ne vis d'abord que la masse générale de la jeune fille, se découpant en noir sur la fenêtre de la première chambre. Sa silhouette se trouvait ainsi bordée d'un liséré de lumière; autour de cette petite tête, dont les traits s'estompaient dans l'ombre, rayonnait un nimbe pareil à celui des figures byzantines, simulé par ses beaux cheveux, que le sommeil avait ébouriffés, et qui brillaient, au jour frisant, comme une broussaille d'or.

— Maman est sortie, me dit-elle; mais entrez tout de même. Nous ne vous attendions pas de si bonne heure.

— On peut sortir à cette heure-ci, dis-je, puisque madame votre mère est sortie déjà.

— Oh! mais maman est sortie pour affaires. Entrez au salon.

La chambre qu'elle décorait du nom de salon donnait sur le quai, la rivière, la Samaritaine, l'Institut, les ponts et toute cette ligne de monuments que les différentes heures du jour colorent de teintes si variées. Je compris que l'on acceptât la maison noire, sale, pour la vue de ce large horizon, compagnon tantôt grave, tantôt souriant, toujours poétique du travail solitaire, confident infatigable des peines, des tristesses, des rêves de ceux dont la médiocrité enchaîne les pieds au sol et dont l'esprit a d'autant plus besoin d'espace. Le ciel devrait être usé en cet endroit par tous les jeunes regards qui l'ont sondé en lui demandant le mot de l'avenir; car c'est ce côté de Paris qui a vu, voit et verra le plus longtemps naître et travailler cette jeunesse inquiète, tourmentée, persévérante, dont le sang rouge et vivace renouvelle, à chaque génération, la vigueur intellectuelle de la France.

J'entrai dans le salon, tendu d'un papier gris à bouquets d'un gris plus clair, déchiré par places, taché par d'autres, et dont un grand portrait, ni bon ni mauvais, sans cadre, représentant un officier étranger avec de grandes moustaches et toutes ses croix, couvrait le panneau principal, au-dessus du piano chargé de cahiers de musique en désordre. Un guéridon en acajou, un sofa en damas de laine jaune, un fauteuil à la Voltaire en velours rouge, trois chaises sur le dossier desquelles il n'eût pas fallu s'appuyer sans les prévenir, une table à ouvrage placée près de la fenêtre, et chargée de pelotes de soie et de perles d'acier répandues dans une ancienne boîte à bonbons; un tapis, dont le dessin était devenu hiéroglyphique, jeté devant la cheminée, laquelle était ornée d'une pendule d'albâtre et de deux chandeliers argentés, époque Louis XVI, se reflétant dans une glace dartreuse: tel était, avec de petits rideaux aux plis rouillés par le soleil et l'humidité, tout l'ameublement de cette chambre. Sur chacun de ces meubles, je retrouvais un lambeau du costume noir dépouillé à la hâte par la jeune fille fatiguée; et, au milieu de toutes ces vieilleries, de tout ce désordre, de toute cette poussière, Iza, c'est-à-dire la jeunesse, la grâce, le printemps, la vie.

Elle était enveloppée dans une longue houppelande en cachemire bleu, à collerette de cygne, que, de sa main gauche, elle tenait croisée sur sa poitrine, tandis que, de sa main droite, elle la relevait sans cesse pour ne pas se prendre les pieds dedans. Il était aisé de voir que sous cette houppelande elle ne portait que sa chemise et un jupon, qui apparaissait de temps en temps, malgré le soin que la jeune fille prenait pour le cacher. Là où l'art serait impuissant, ce serait à rendre les fines et légères ondulations de ce corps dont la souplesse miroitait pour ainsi dire du dedans sur l'étoffe molle et impressionnable de ce vêtement bizarre, fait pour une personne plus grande qu'elle.

Iza touchait à cet âge où la pudeur commence à lutter avec l'innocence, et où l'innocence l'emporte encore par habitude. Aussi la curiosité de voir son portrait encadré lui faisait-elle oublier par intervalles les précautions indispensables à prendre avec un pareil accoutrement. Tout en retirant le dessin du papier qui l'enfermait, je vis donc, sans y tâcher, la naissance de ses petites épaules et de sa poitrine indécise. Dans un mouvement brusque qu'elle fit pour relever sa jupe, elle perdit une de ses pantoufles, où son petit pied nu rentra immédiatement comme un oiseau dans son nid. Lassée enfin de tant de précautions inutiles, elle saisit une écharpe sur une chaise, la roula autour de ses reins, fit un nœud, et ne s'occupa plus de sa personne.

— Voyons! voyons! me dit-elle en s'approchant de la fenêtre.

Et, après avoir examiné son portrait :

— Comme c'est joli! mais quel malheur que j'aie été endormie; on ne voit pas mes yeux!

En même temps, elle leva sur moi ses grands yeux bleus, bordés de longs cils bruns recourbés, les yeux de Minati!

— Nous en ferons un autre, lui dis-je, deux autres, dix autres, tant que vous en voudrez.

— Quand cela?

— Quand il vous plaira, tout de suite.

— Pas ici, on est trop mal; nous irons à votre atelier.

— Alors, je vous ferai aussi votre buste.

— Vrai?

— Vrai.

— C'est que nous partons bientôt, dans huit jours.

— C'est plus de temps qu'il n'en faut.

— En quoi le ferez-vous?

— En terre que je cuirai.

— Comment cela se fait-il?

Je le lui expliquai.

— Et vous me l'enverrez?

— Oui.

— En Pologne?

— En Pologne.

— Il se cassera en route.

— Non; ou bien je pourrais le garder jusqu'à votre retour.

— Je ne reviendrai plus.

— Jamais?

— Jamais; je me marierai là-bas.

— Vous pensez déjà au mariage?

— C'est maman qui dit cela; moi, je ne sais pas. Si vous pouviez aussi mettre mes mains, il paraît qu'elles sont très-jolies.

Et elle me montrait naïvement ses mains, qui, en effet, étaient des merveilles : potelées, courtes, effilées, aux ongles roses, aux doigts recourbés, et dont les articulations étaient disposées pour jouer en dehors comme en dedans; mains fondantes, dont le froid le plus vif n'altère pas la blancheur et dont il faut se défier plus que des griffes du tigre. C'est peut-être dans ces sortes de mains que la nature a mis l'indication la plus claire des goûts, du caractère et des passions d'une femme.

— Comme elles sont blanches! lui dis-je. C'est rare à votre âge.

— Je dors avec des gants. Oh! maman a grand soin de mes mains; elle dit que c'est une des beautés les plus importantes chez une femme, avec le pied.

Et elle fit un mouvement pour me montrer son pied, mais elle s'arrêta en chemin.

Quel mélange d'ingénuité, de coquetterie, d'orgueil! mais quelle grâce dans les défauts comme dans les qualités! Puis, tout à coup :

— Nous ne pourrons pas vous le payer, votre buste, parce que nous ne sommes pas riches; mais je vous ferai une belle bourse. Tenez, voyez comme j'en fais de jolies.

Alors, elle me montra ses petits travaux, qui étaient ce qu'ils devaient être en sortant de pareilles mains, et j'étais occupé à les considérer avec quelque distraction, quand la porte s'ouvrit bruyamment. Un mari voulant surprendre sa femme ne fût pas entré d'autre sorte. C'était la mère. Je ne pus m'empêcher de faire un bond ; Iza se contenta de retourner la tête.

— Ah! c'est toi, maman? dit-elle. Comme tu entres fort.

— La portière m'a dit qu'il y avait un jeune homme avec toi.

— Eh bien ?

— Eh bien, ce n'est pas convenable.

— Pourquoi?

— Parce que ce n'est pas convenable, et je ne sais pas pourquoi monsieur est venu à une pareille heure chez des femmes comme il faut, qu'il ne connaît pas, et pourquoi il reste avec une jeune fille quand sa mère est absente.

Je balbutiai quelques excuses.

Iza me coupa la parole et donna à sa mère des explications en polonais. La comtesse s'adoucit aussitôt et prit le portrait en disant à sa fille :

— Va t'habiller, mignonne. — C'est que vous comprenez, reprit-elle en reposant le portrait sur la table sans y jeter les yeux, qu'une jeune fille est bien vite compromise, il ne faut qu'une minute pour cela; et, dans notre position, la moindre médisance peut nous faire le plus grand tort, quand il s'agit d'Iza, bien entendu; car, de moi, il n'est plus question maintenant. Si je n'avais pas toujours bien surveillé mon autre fille, elle n'aurait pas fait le mariage qu'elle a fait, dont elle était bien digne parce qu'elle est d'une des plus vieilles et des plus nobles familles polonaises ; mais nous n'étions pas riches, et, dans tous les pays, en Pologne comme en France, la fortune, c'est le grand point.

» Mon mari a été ruiné par la dernière insurrection. Il était pour l'indépendance. C'était un fou ! L'empereur de Russie lui avait fait les plus belles propositions ; il les avait refusées. Son frère les a acceptées, et bien lui en a pris. Il occupe, à cette heure, une position des plus élevées à Pétersbourg. Il n'était que le cadet ; mais, depuis la mort de Jean (Jean, c'était le nom de baptême de mon mari), il est le seul représentant du nom. Nos biens ont été confisqués. Moi qui n'ai pas les mêmes raisons que Jean de faire la patriote (je ne suis pas Polonaise, moi, je suis Finlandaise), je me suis adressée à mon beau-frère pour qu'il intercédât en notre faveur auprès de l'empereur, et j'ai de bonnes nouvelles : c'est pour cela que nous allons partir.

» Ma fille aînée est mariée à un homme très-riche ; mais elle n'avait pas de dot, et vous savez ce que c'est que les enfants, une fois qu'ils sont casés ! Elle ne s'inquiète pas de moi. Elle m'écrit des lettres tant qu'on en veut, mais rien que des paroles dedans. Je ne puis donc pas compter sur elle. Elle est jolie, mais bien moins jolie qu'Iza. Quel succès elle a eu hier ! C'est comme ça partout où nous allons. Cette fille-là sera un jour sur un trône, je sais ce que je dis. Elle a des instincts de reine et j'ai mon idée.

» En Russie, les mariages de filles pauvres avec

des princes, ce n'est pas rare. Pierre le Grand a bien épousé une servante, et lui-même était fils d'une femme née loin du trône et choisie par son père dans la noblesse du royaume. Ma fille est noble, aussi noble que les Radzywill et les Czartoryski! Étant petite, elle a joué souvent avec un des fils de l'empereur pendant une de ses visites à Varsovie. Ce n'était que des enfants, mais il ne l'a pas oubliée, je le sais de bonne source, et, quand il va la revoir, il va se reprendre d'affection pour elle. Le reste la regarde, et moi un peu aussi. Il n'est pas le prince héritier, c'est vrai, mais il a des chances comme un autre ; on ne sait ni qui vit ni qui meurt dans les familles impériales russes, et, en attendant, pour un cadet, on sera moins scrupuleux et on le laissera sans doute se marier selon son cœur.

» Je n'élève Iza comme je le fais que dans ce but ; elle parle quatre langues, telle que vous la voyez : le français, l'anglais, le polonais et le russe. A propos, il faudrait me faire un joli portrait d'elle ; celui-ci est bien, mais ce n'est pas assez : un portrait que je pourrais faire mettre sous les yeux du prince. J'ai là-bas un ami autre que mon gendre, lequel serait le premier à s'opposer à mes projets s'il les connaissait, par jalousie, au lieu de voir son intérêt dans une pareille alliance, car Iza ne serait pas femme à oublier les siens. Elle est très-bonne, cette minette ; elle a du cœur, elle travaille comme une petite fée, elle accepte toutes les privations.

» Il n'y a pas de quoi en rougir. Je puis bien vous le dire à vous, jeune homme, qui travaillez pour gagner votre vie, nous avons vu des jours, depuis que nous sommes à Paris, où nous n'avions pas un sou. Eh bien, Iza chantait, et nous avons vécu souvent du travail de nos mains. Une Dobronowska vendre des bourses faites par elle-même ! Vous me demanderez alors pourquoi nous allons au bal ; il faut bien la distraire un peu, cette pauvre chère, et puis il paraît que cette madame Lespéron connaît de grands personnages. Tous ces gens-là peuvent nous être utiles.

» Nous avons vu dernièrement chez elle un directeur de théâtre, qui m'a offert une pension de quatre mille francs par an, si je voulais lui donner ma fille. Iza a une très-jolie voix. Il s'engageait à me payer cette pension jusqu'à ce qu'elle débutât, et à ne la faire débuter que lorsqu'elle aurait le talent nécessaire. Il répondait d'elle, il la défrayait de tout, sans compter les maîtres nécessaires. J'ai refusé, n'est-il pas vrai ? Le théâtre pour une fille comme elle ! Cependant il n'y avait pas à en vouloir à ce monsieur qui ne nous connaît pas. C'est seulement pour vous dire l'impression que produit Iza, à première vue. Entre nous, j'aimerais encore mieux la voir au théâtre avec du talent et gagnant deux cent mille francs par an, que mariée à un bourgeois qui ne la comprendrait pas ; admettez-vous cette fille-là femme d'un employé ? Elle est faite pour briller, n'importe où, mais sur un sommet; seulement, il ne faut pas qu'elle fasse parler d'elle auparavant, c'est pour cela que je la surveille. Elle est l'innocence même, et je puis bien dire qu'elle n'a jamais vu ni entendu la moindre chose qui puisse troubler son esprit.

» D'abord, moi, je n'ai jamais eu la moindre aventure, bien que j'aie été très-belle; et même maintenant, si je voulais, je pourrais me remarier, et très-haut, mais je ne veux pas. Voilà pourquoi, quand on m'a dit tout à l'heure qu'elle était avec un jeune homme... je ne savais pas que c'était vous : je l'aurais su, que je serais montée tout aussi vite, parce qu'enfin je ne vous connais pas, et les jeunes gens prennent leur bien où ils le trouvent.

» Tous les jours, nous sommes suivies dans la rue, parce que nous n'avons pas le moyen de prendre des voitures à tout bout de champ. Iza paraît plus que son âge, — quatorze ans moins deux mois, — songez donc; mais c'est une petite femme, elle est faite à ravir : un modèle comme celui-là, ce serait la fortune d'un artiste; mais vous ne pouvez pas trouver cela dans les basses classes où vous êtes forcé de vous recruter maintenant. Autrefois, les grandes dames posaient toutes nues devant les peintres et les sculpteurs. Aujourd'hui, on s'étonne de tout. Quel temps ! Du reste, il y a des beautés qui tiennent à l'aristocratie. Son père était magnifique, c'était un des plus beaux hommes qu'on pût voir. Voici son portrait, que j'emporte toujours avec moi, malgré l'embarras qu'il me cause, car il est grand; aussi j'ai vendu le cadre qui me gênait trop, et puis j'ai été forcée de vendre bien des choses. Tenez, savez-vous d'où je viens en ce moment? Ah! mon Dieu! je vais vous le dire : je viens du Mont-de-piété. Cela vous explique pourquoi j'étais sortie de si bonne heure ; j'ai été engager un bijou que l'ambassadeur d'Autriche a offert à ma fille, qui avait donné un de ses petits ouvrages à la sienne. Sans ce bijou, je ne sais pas ce que nous serions devenues. Ce que je vous dis là est tout à fait entre nous; je mourrais de honte si l'on connaissait notre position. Du reste, nous attendons de l'argent de Pologne; mais, en attendant, il faut bien vivre.

— Mon Dieu, madame, dis-je avec émotion, dès que je pus placer un mot, je ne suis pas riche, et je comprends mieux que personne la misère, car ma mère n'était pas heureuse; mais je gagne déjà un peu d'argent, et, si je pouvais avoir l'occasion de vous rendre service, croyez que ce serait un vrai bonheur pour moi.

— Vous êtes un gentil enfant, me dit la comtesse en me prenant les mains; mais, pour le moment, nous n'avons besoin de rien. Sur notre départ, si nous venions à manquer, je m'adresserais à vous, je vous le promets. Heureusement, nous n'avons pas de loyer à payer; cet appartement nous est prêté par un vieux monsieur que j'ai connu autrefois et qui l'a mis à notre disposition pendant qu'il est en voyage;

il est toujours souffrant et il passe l'hiver dans le Midi, chez son fils. Ce n'est pas beau, mais ç'a été pour nous une grande économie.

Iza reparut, tout emmitouflée dans des vêtements d'hiver.

La mère et la fille allaient sortir, et ce fut au tour de la mère d'aller s'habiller. Je restai de nouveau seul avec l'enfant, dont la physionomie mobile avait pris, subitement, je ne sais quelle expression de tristesse et presque de souffrance. Ses grands yeux s'étaient ouverts un peu plus, ses joues avaient pâli, et ses lèvres entr'ouvertes blanchissaient un peu. Elle s'assit en face de la fenêtre et elle regarda le jour blême, en faisant comme un effort pour ne pas se trouver mal.

C'est alors que sa ressemblance avec Minati me frappa bien davantage encore.

J'eus un abominable serrement de cœur à l'idée qu'elle pouvait mourir comme lui!

— Qu'avez-vous à me regarder ainsi? me dit-elle.

— Vous paraissez souffrante, lui dis-je, et je m'en inquiète.

— La tête me tourne un peu; cela m'arrive quand je n'ai pas assez dormi.

— Pourquoi allez-vous au bal? Cela vous fatigue.

— C'est maman qui le veut, et puis il le faut bien.

— Il le faut bien? pourquoi?

— Ah! voilà.

Elle ne répondit pas autre chose.

— Et puis, ce n'est pas tout, lui dis-je, vous ressemblez tellement à un de mes anciens camarades...

— A un garçon?

— Oui.

— Merci du compliment.

— Mais à un garçon qui était joli comme une fille.

— Et qu'on nommait?

— André Minati.

— Où l'avez-vous connu?

— Dans ma pension, chez M. Frémin, où il est mort.

Elle appela :

— Maman !

— Quoi? répondit la comtesse, de l'autre chambre.

Iza dit alors une longue phrase en polonais, en me regardant du coin de l'œil, pour bien s'assurer que je ne comprenais pas. Précaution inutile, je ne comprenais pas une syllabe.

La mère répliqua par un monosyllabe qui me parut signifier *non*.

— Eh bien, reprit Iza, revenant à notre conversation comme si elle l'avait interrompue pour faire part à sa mère d'une réflexion qui n'avait aucun rapport avec ce que nous disions; eh bien, je suis très-flattée de vous rappeler un ami. Vous vous souviendrez plus longtemps de moi.

La comtesse rentra.

— Allons, viens, dit-elle; nous allons marcher. Cela te fera du bien.

— Vous avez vu ses mains? me dit-elle.

— Oui.

— Regardez cela au jour.

Et elle leva la main de sa fille et m'en fit admirer la diaphanéité vraiment extraordinaire, en la plaquant, pour ainsi dire, contre la lumière; et, prenant cette main dans les siennes, elle la baisa avec une sorte de frénésie en disant :

— Tu es belle, va !

Ce mot fit sur l'enfant l'effet d'un cordial; ses joues s'animèrent, elle sourit, elle avait retrouvé toutes ses forces. Nous descendîmes.

— Tiens-toi bien à la rampe, disait la mère.

J'accompagnai ces dames, qui se rendirent aux Champs-Élysées. Il fallait que les promeneurs avec qui nous nous croisions, hommes du monde, hommes du peuple, fussent bien affairés pour ne pas rendre hommage à la beauté de ma jeune compagne. Presque tous, après nous avoir dépassés, se retournaient pour la voir encore. Deux ou trois s'arrêtèrent devant nous, immobilisés par l'admiration, et nous forcèrent d'incliner à droite ou à gauche pour continuer notre route.

Iza paraissait ne pas s'apercevoir du charmant émoi qu'elle causait; mais il était évident qu'elle se fût promenée ainsi à pied tout le jour, sans fatigue.

Nous convînmes qu'elle viendrait poser dès le len-

8

demain, et je les quittai à la place Louis XV, ayant cru comprendre qu'elles préféraient rester seules. Cependant je ne pus résister au désir de les suivre dans le sillage d'admiration qu'elles laissaient derrière elles.

C'était justement un dimanche. La foule était nombreuse et elles montaient doucement la grande avenue des Champs-Élysées ; tout le long du chemin, la même impression se reproduisait. Elles touchèrent à la barrière de l'Étoile, encore masquée par des échafaudages ; puis elles descendirent, gagnèrent le faubourg du Roule, arrivèrent à la rue Verte et disparurent dans une grande maison d'où elles ne sortirent plus. C'était là qu'elles dînaient.

Comme je ne les avais pas suivies par curiosité, une fois qu'elles eurent disparu, je rentrai chez moi ou plutôt chez ma mère, à qui je racontai naturellement ce qui m'avait occupé depuis la veille au soir. Iza avait quatorze ans ; elle partait dans huit jours ; ma mère, pas plus que moi, ne soupçonna le danger ; aussi lui faisais-je part de mes étonnements, car je ne me rendais pas bien compte de tout ce que je voyais.

Cette apparition en page, ce logement délabré, cette misère, cette coquetterie, ces innocences, ces ambitions, le trône, le Mont-de-piété, cet amalgame confondait mon entendement et m'intriguait autant que l'enfant m'intéressait. En effet, j'aurais compris l'une de ces choses avec sa conséquence directe, j'aurais compris la misère, le Mont-de-piété ;

le travail, la tristesse et la résignation dans le présent; des espérances, même vagues, dans l'avenir. Mais la misère et le bal, mais l'appartement du vieux monsieur et l'alliance avec le czar, mais le Mont-de-piété et le costume de page, mais les bourses pour vivre et les gants pour dormir, je n'y étais plus, comme on dit vulgairement, n'ayant jamais vu le monde où ces contrastes sont de mise.

Ma mère n'en savait pas plus long que moi et se contentait de me dire :

— Cette dame n'a ni ordre ni bon sens ; c'est bien malheureux pour sa fille, puisque tu dis qu'elle est jolie et qu'elle paraît bonne.

Quant à M. Ritz, à qui je racontai cette visite et l'impression qu'elle m'avait laissée, il se contenta de me répondre :

— La vie seule vous expliquera ces étrangetés. Faites un beau buste de cette fille, faites-en même une belle statue, si la mère vous le propose, comme c'est possible, et ne vous préoccupez pas du reste. Ce n'est ni votre sœur ni votre fille.

Le lendemain, la mère et l'enfant arrivèrent à l'atelier, à l'heure convenue. Je commençai ce buste, dont j'ai donné les traits à ma figure du *Premier Réveil*, qui a inauguré ma réputation. Trois jours après, il était terminé ; puis je moulai les mains de ce charmant modèle — puis ses pieds. Babouchka (petit nom familier, trop familier, qu'Iza donnait à la comtesse et qui signifie *vieille grand'mère*) avait une telle admiration pour la beauté et pour les beautés de sa fille, qu'elle me les eût, je crois, toutes dévoilées, selon la prévision de M. Ritz, si j'eusse insisté un peu, tant elle était heureuse de trouver une admiration au niveau de la sienne.

Le séjour des deux femmes à Paris se prolongea, et nous prîmes l'habitude de nous voir tous les jours.

Chez moi, Iza se considérait comme chez elle. Nous restions ensemble trois, quatre, cinq heures, qu'elle passait à rire, jouer, broder, chanter, dormir ; car elle suivait ses instincts en tout. Elle avait fini par faire partie de mon travail, de ma pensée, de ma vie. Le parlage incessant de sa mère ne m'était plus désagréable. Je commençais même à y prendre goût comme à ces mélopées orientales qui d'abord vous paraissent discordantes et fausses, et dont peu à peu le rhythme monotone vous enveloppe, vous berce, et ne laisse plus arriver à votre cerveau que des idées vagues et décomposées par cette harmonie rauque. Je ne cherchais plus à m'expliquer le sentiment que cette jolie fille m'inspirait ; je m'y abandonnais en enfant, en artiste. Je me trouvais bien auprès d'elle, comme on se trouve bien au soleil, dans les premiers jours d'avril. Sa présence me donnait cette plénitude de facultés dont on ne se sent en possession que bien rarement, et où tous les organes du corps et de l'âme fonctionnent dans un équilibre constant. Mon cœur et mon cerveau s'élargissaient positivement sous cette influence nouvelle. Dès que j'étais seul, j'éprouvais le besoin de sortir et de marcher pendant des heures.

Alors, j'allais prendre ma mère, et je lui faisais faire une promenade folle, au bout de laquelle nous entrions dans un restaurant. Je lui offrais à dîner, je lui versais un vin généreux comme à un camarade, je lui parlais de l'avenir, de l'Art, du Beau ; je la ramenais chez elle, je l'embrassais tant que je pouvais et j'allais me coucher et dormir tout d'une traite. A onze heures, Babouchka et sa fille arrivaient, et nous recommencions la belle journée de la veille. Deux ou trois fois la mère raconta des anecdotes de son pays avec l'accent d'une véritable bonne humeur. Elle avait de l'esprit quand elle s'oubliait. Ces jours-là, Iza et moi, nous riions à plein gosier, comme il convenait à notre âge. J'eusse vécu ainsi dix mille ans. Un jour, je ne pus m'empêcher de m'écrier devant ces deux femmes :

— Je passerais volontiers ma vie ainsi.

— Et moi de même, répondit Iza. — Maman, si nous restions à Paris.

— Tu sais bien que c'est impossible. Qu'est-ce que tu y deviendrais?

— Je grandirais et j'épouserais M. Clémenceau. — N'est-ce pas que vous voudriez bien de moi?

— Certes.

— Un joli ménage ! dit la mère ; vous n'avez d'argent ni l'un ni l'autre.

— Il en faut si peu, dit Iza.

— Et j'en gagnerai d'ici là, m'écriai-je.

— Écoutez, me dit Iza, si je ne trouve pas le roi ou le prince que maman me promet, je vous promets, moi, de vous épouser. Est-ce convenu ?

— C'est convenu.

— Ce serait amusant si ça arrivait.

Et elle se mit à rire.

—En attendant, dit la mère, nous partons demain, et il est probable que nous ne reviendrons plus.

A la fin de la séance, la comtesse me prit à part et me dit :

— Mon cher enfant, je ne me gêne pas avec vous, il me semble que vous êtes de ma famille. Je pourrais demander à d'autres le service que je vais vous demander, mais c'est à vous que je veux le devoir, parce que d'abord vous me l'avez offert, et qu'ensuite il faut aimer les gens pour leur avouer certaines situations... Ma fille a eu besoin de bien des petites choses pour le voyage; nous sommes à court. Pouvez-vous me prêter cinq cents francs, que je vous renverrai tout de suite en arrivant à Varsovie, où j'ai une somme importante à toucher ? Mais qu'Iza n'en sache rien.

J'aurais embrassé Babouchka pour le plaisir qu'elle me causait. Quelque chose de moi allait donc accompagner ces deux femmes, à qui je devais tant de jouissances depuis un mois; car, au moment de la séparation, mon cœur, confondant la vieille et la jeune, le ridicule et la grâce, n'en faisaient qu'un seul et même souvenir.

Je lui dis que, le soir, j'irais lui faire une dernière visite et lui porter la somme en question ; et, comme les préparatifs du voyage ne leur laissaient pas le temps de s'occuper de leur repas, je les invitai à dîner au restaurant ; elles acceptèrent.

Le rendez-vous était à six heures au Palais-Royal. En arrivant, je glissai mon billet de cinq cents francs dans la main de Babouchka. Je commandai les meilleurs plats de la carte, avec cette inexpérience ruineuse d'un pauvre garçon peu coutumier du fait. La mère se laissa aller à boire et parla plus que jamais. Dans cette demi-ivresse, un autre que moi eût découvert de nombreuses contradictions avec tout ce qu'elle avait dit de sang-froid ; mais je n'en étais encore qu'au plaisir de rester, le plus longtemps possible, avec ces deux personnes que j'allais le lendemain perdre à tout jamais. Iza était d'une gaieté folle. Au dessert, elle chanta comme un oiseau, entremêlant son chant de professions de foi qui débutaient ainsi : « Quand je serai riche, moi, j'aurai ceci, je ferai cela, » comme si elle ne doutait pas qu'elle ne dût être riche et très-riche un jour.

Je les reconduisis chez elles, je leur dis adieu ; je leur donnai parole de leur expédier le buste, les dessins, les médaillons qui n'étaient pas terminés. On convint de s'écrire, de se donner des nouvelles les uns des autres. La comtesse me promit de me faire faire des commandes par l'empereur de Russie, et finit par m'embrasser. Iza me tendit les deux joues à son tour, naïvement et spontanément.

— Au revoir, mon petit mari! me dit-elle.

— Au revoir, ma petite femme!

Et, me serrant la main comme si elle venait de prendre un engagement véritable, elle disparut dans l'allée du quai de l'École.

En réalité, Iza et moi, nous avions des larmes dans les yeux.

Le croiriez-vous, mon ami? ces mots : *mon petit mari, ma petite femme*, je les pris au sérieux, moi, et je me dis : « Pourquoi pas? » Ils devinrent le but possible de mon travail et de ma fortune. J'aimais, ce n'était pas douteux, de l'amour que l'on peut avoir pour une enfant, mais enfin j'aimais. Mon âme tressaillait sous le premier rayon de l'amour, comme la campagne sous les premières clartés de l'aube. Ce n'est pas encore le soleil, mais c'est déjà la lumière.

Je me fis tout de suite à l'idée de cet avenir juré entre deux éclats de rire. Dans une nature sentimentale et superstitieuse comme était la mienne, cet amour enfantin avait toute chance de devenir un sentiment véritable, comme ces graines qu'on a laissées tomber en jouant sur une terre fraîche, qui poussent un brin d'herbe d'abord et deviennent un arbre ensuite.

Du reste, cet engagement me fortifiait dans mes

résolutions secrètes, et, n'eût-il eu que ce résultat, c'était pour moi une raison de m'y fortifier. En admettant qu'il n'aboutît à rien, j'aurais eu en miniature ma Béatrix, qui m'aurait garanti des amours profanes. Telles étaient mes résolutions secrètes, je puis les avouer aujourd'hui que je ne crains plus le ridicule.

D'ailleurs, je m'étais fait à moi-même, depuis longtemps, le serment de n'épouser que la femme que j'aimerais et d'arriver à elle vierge de cœur et de corps. D'abord je ne voulais causer à aucune femme, quelle qu'elle fût, le dommage qu'un homme avait causé à ma mère, et je ne voulais pas non plus qu'une maîtresse, choisie parmi celles que je pouvais avoir, embarrassât ma carrière et troublât ma vie. Combien d'artistes ne voyais-je pas, autour de moi, arrêtés à mi-chemin par les catastrophes des amours faciles, qui semblent devoir être sans conséquence et qui traînent à leur suite le désordre, la misère et la stérilité d'esprit! Ce petit roman rentrait donc dans mon programme, et je me remis au travail, absolument comme s'il m'eût fallu en deux ou trois ans établir ma réputation et constituer ma fortune pour obtenir la fiancée de mon choix. Autant ce rêve qu'un autre. N'était-ce pas celui qu'on doit avoir à vingt ans?

Cependant ma chasteté, dans laquelle cet incident me confirmait de plus en plus, était pour mes confrères, beaucoup moins idéalistes que moi, un sujet perpétuel d'étonnement et de plaisanteries. On en vint à donner à cette continence, dont je n'avais expliqué les motifs à personne, une autre cause que ma seule volonté. Narcisse, Joseph et ce fils de Mercure et de Vénus que la nymphe Samalcis ne put séduire faisaient les frais de la comparaison. On me dépêchait les plus belles, les plus irrésistibles et les plus faciles créatures. Je les admirais, je travaillais d'après elles, et, quand leurs provocations devenaient trop évidentes, je leur disais simplement que je n'avais pas de temps à perdre.

J'avais, du reste, dans les anciens et dans les modernes des excuses si j'en avais besoin; j'aime mieux dire des exemples. Tout le monde sait que notre grand peintre S..., imitateur de Raphaël, sauf en cette matière d'amour, poussait la vénération de la nature jusqu'à s'agenouiller devant le corps de toute belle personne qui lui servait de modèle. Il baisait du bout des lèvres, comme une patène, la portion de ce corps qui lui paraissait la plus parfaite, traitait cette femme comme une déesse et remerciait Dieu de l'avoir créée. Il appelait cette adoration préalable la Messe de l'Art. J'étais de son école moins le baiser.

Je choisissais d'instinct mes sujets dans les légendes pudiques. J'ai eu et j'aurais toujours, si j'étais encore quelque chose, l'admiration du Nu; je crois que c'est l'art par excellence, le plus noble et le plus grand, mais c'est en même temps le plus dangereux. S'il ne se révélait qu'à des gens de goût ou même à des hommes faits, il n'y aurait rien à lui reprocher; mais, exposé à tout venant, dans nos musées et nos jardins, il devient un objet de curiosités prématurées, une source de renseignements trop précis pour de jeunes imaginations qu'il inquiète en les éclairant. L'Art est une des plus hautes expressions de l'intelligence humaine, mais la vertu en est une supérieure à lui. Respectons les enfants; ne contraignons les jeunes filles ni à baisser les yeux devant nos œuvres, ni à se cacher de leurs mères pour les regarder. D'ailleurs, la nature elle-même indique à l'art ce qu'il doit modifier ou voiler dans la nature, et ce que nous modifions et voilons n'est, en effet, ni beau, ni digne d'être montré.

J'étais plus que jamais dans ces idées quand j'exécutai, après le départ d'Iza, ma statue de Claudia, cette vestale soupçonnée, qui n'eut besoin que d'attacher sa ceinture au vaisseau qui portait la statue de Cybèle pour le faire entrer dans le Tibre, malgré les vents contraires. Influence traditionnelle des vierges! Jeanne d'Arc renouvela ce miracle, devant Orléans; seulement, la vierge chrétienne n'eut même pas besoin d'ôter sa ceinture, elle n'eut besoin que de prier, pour que les bateaux qui portaient son armée remontassent, contre le vent, le courant de la Loire.

Ma *Claudia* obtint un grand succès et plusieurs de mes amis se réunirent pour le fêter. On me donna un repas à cette occasion. Mais une conspiration que je ne pouvais soupçonner se cachait sous toutes ces fleurs.

Des hommes seuls étaient conviés au banquet, que l'on m'avait offert dans l'élégant atelier d'Eugène F... Je me rendis à l'invitation, plus heureux que fier de ce succès, qui m'ouvrait définitivement la carrière. La présence de M. Ritz éloignait de moi toute défiance. M. Ritz n'était pas capable de se prêter à une plaisanterie de mauvais goût; mais M. Ritz se retirait toujours de bonne heure, et la nuit était longue. On me grisa. La chose était facile; je ne buvais jamais que de l'eau.

Vous savez aussi bien que moi jusqu'où peut aller la licence du langage et des mœurs après un repas copieux entre jeunes hommes, artistes, indépendants, et n'ayant de comptes à rendre à personne de leurs actes et de leurs paroles. On me fit part des différentes accusations que l'on portait sur moi, toujours en riant, mais en me conseillant d'en finir au plus tôt avec cette indifférence en matière d'amour qui me compromettait à la longue ou me rendait ridicule tout au moins.

Eh bien, savez-vous quelle fut ma réponse à ces plaisanteries, à ces épigrammes, à ces provocations étranges? Tout à coup, pris d'ivresse et de folie, je me levai, je jetai de l'or sur la table, et, sans transition, aux applaudissements de tous les convives, moi, Clémenceau, le chaste, le pudique, l'innocent, je fis le pari le plus imprévu et le plus grossier, et je sentis le désir brutal, monstrueux, aveugle, père du viol et du meurtre, me monter au cerveau et me serrer la gorge à m'étouffer.

Quel était cet homme nouveau que l'ivresse venait d'éveiller tout à coup dans mon sein, au milieu de mes plus pures et de mes plus chères résolutions? Étais-je si peu maître de ma volonté, que deux ou trois verres de vin, rouge ou blanc, eussent le pouvoir de me transformer en une espèce de bête féroce, en un ignoble débauché, l'égal, pour un instant, des plus crapuleusement célèbres? Alors, je m'examinai, je m'étudiai et je compris.

On dit que Dieu a doté l'homme du libre arbitre. Qui dit cela? Ceux qui le croient; car Dieu n'a rendu compte à personne ni de son but, ni des éléments dont il a composé sa créature. S'il a donné ce libre arbitre, il ne l'a donné qu'au premier homme créé, à celui qui est sorti directement de ses mains, sans le secours d'aucun être humain, et nous savons, d'après la tradition, quel usage cet homme a fait de ce don sous l'influence de la femme, issue de lui. A partir de Caïn, le libre arbitre disparaît. Caïn n'est plus maître de tous ses actes; il subit son générateur. Le père a été coupable, le fils est criminel; la transmission physiologique commence, la fatalité héréditaire s'impose et ne s'interrompt plus. Tel père, tel fils.

Les médecins vous diront qu'ils constatent, très-souvent, chez un sujet, un mal étrange, foudroyant, chronique sans avoir été aigu, constitutionnel sans symptômes précurseurs, faisant partie de l'organisme même, et en désaccord, cependant, avec le tempérament, la constitution et les habitudes de l'individu. Alors, ils interrogent le malade ou ses parents, et, en remontant une, deux, trois, plusieurs générations, ils retrouvent chez un des ascendants le principe et la cause de cette manifestation subite. Il en est de même pour les maladies morales. Elles se lèguent; la folie en est la preuve. Depuis le second homme, nous ne sommes plus les créatures de Dieu; chacun de nous est le produit de deux organisations que l'amour, le plaisir, l'intérêt, le hasard ont mises en contact, et nous portons en nous, à doses équivalentes ou inégales, la double individualité que nous avons reçue. Si les deux producteurs sont sympathiques, congénères, parallèles, pour ainsi dire, le produit a toutes les chances d'être en harmonie avec lui-même, d'être équilibré, adéquat, comme disent les docteurs et les philosophes; s'il y a divergence de natures, antagonisme entre les deux types *père* et *mère*, l'enfant subit inévitablement ces deux influences contraires, jusqu'à ce que l'une ait triomphé de l'autre.

Eh bien, jusqu'alors, j'avais été dominé par la douce influence maternelle, sauf le jour où je m'étais rué sur André et où j'avais failli l'étrangler. Dans l'acte inqualifiable, monstrueux, que j'avais commis la veille, le *père* venait de se révéler de nouveau et de s'imposer à mes habitudes et à mes théories plus brutalement encore. Ce père qui ne s'était jamais fait connaître, que j'avais recélé en moi à l'état latent, se dénonçait par le mal, principe de ma naissance, et reprenait publiquement, avec la spontanéité de la foudre, les droits occultes de la transmission. Il était d'autant plus dangereux que je n'avais aucune notion sur lui et ne savais comment le combattre. Seulement, il s'était trahi par sa violence même, et, à dater de ce jour, chaque fois que je surpris en moi un mouvement mauvais, je me dis : « Voilà l'Inconnu. » Hélas! je devais être vaincu dans cette lutte, et je ne devais pas toujours le démasquer à temps.

Quand je me retrouvai seul chez moi, après ce pari gagné, avec toute ma mémoire, dégrisé et de sang-froid, je ne pus retenir mes larmes et je m'agenouillai devant l'image d'Iza, lui demandant pardon, en lui renouvelant, à elle, le serment que j'avais si mal tenu, en lui jurant de n'aimer qu'elle et de me garder pour elle seule. La honte de mon abominable action me fiança définitivement, dans ma pensée, à cette enfant qui déjà, peut-être, ne se souvenait plus de moi. Je fis d'elle ma patronne, mon ange gardien, ma vierge protectrice: je lui promis de lui rendre compte de ma vie quotidienne et de n'avoir plus rien à lui avouer dont elle dût rougir.

Le vice, pour ceux chez qui le vice n'est pas à l'état définitif et qui sont capables de repentir, produit un effet bizarre, qui est un des châtiments du vicieux : il change les plans absolus du Bien, et donne l'apparence de l'honnêteté positive à ce qui n'est honnête que relativement à lui. Ainsi, comparées à un très-grand nombre de femmes, Iza et sa mère m'eussent paru ce qu'elles paraissaient à d'autres ; ce que logiquement elles devaient être : deux aventurières, dont l'une avait fini et dont l'autre allait commencer. Comparées aux femmes dégradées et avilies chez lesquelles j'avais passé la nuit, elles m'apparurent comme deux saintes, et je m'en tins là. Je ne vis plus d'elles que leur côté lumineux ; je ne me rappelai d'elles que la bonhomie de la mère, la grâce, l'ignorance, la beauté de la fille ; nos journées de travail et de causerie, qui faisaient un contraste si flagrant avec le spectacle de la veille. Quel que soit l'état du ciel au moment où l'on s'échappe d'un cachot ténébreux et méphitique, tombât-il de la grêle ou de la neige, il vous semble plus bleu qu'il n'a jamais été. C'était fini ; Iza faisait partie pour moi de la légion céleste.

Cependant, malgré mes résolutions, malgré mon mépris pour cette *première femme*, malgré les souvenirs répugnants que cette scène soulevait en moi, cette *première femme* ne sortit pas de ma vie aussi vite que je l'espérais. La sensation nouvelle qu'elle m'avait fait connaître produisit en moi le même effet qu'un son tiré violemment d'un instrument à cordes produit dans l'air. J'eus longtemps dans tous mes sens la vibration de cette note aiguë.

Cette créature était belle, brune avec des cheveux abondants couleur d'encre, à reflets métalliques, le front bas, les sourcils épais. Ses yeux brillaient à travers ses longs cils comme ces beaux poissons moitié émeraude, moitié argent, qu'on voit reluire dans l'eau à travers les herbes de la rive.

Mes amis eurent honte de leur plaisanterie en voyant le dénoûment qu'elle avait eu. Ils vinrent m'apporter leurs excuses avec autant de gravité que le comportait la matière.

L'un d'eux me raconta que Claudia (le nom de la vestale était resté en surnom à cette fille) était folle de moi! Véritable triomphe, car elle n'avait pas plus de cœur que la belle Impéria, l'automate du conte d'Hoffmann.

Je ne sais quelle impression j'avais, de mon côté, laissée à cette courtisane, mais je la rencontrai deux ou trois fois depuis cette époque, dans un espace de cinq ou six ans, et, chaque fois, je me sentis trembler, et, chaque fois, je la vis pâlir. Il y avait entre elle et moi un lien inavoué, mais il y en avait un. Les sens ont leur mémoire.

Je me remis au travail avec plus d'acharnement encore, sans autre distraction que les lettres d'Iza.

Voici cette correspondance; je l'ai conservée tout entière (1) :

« Mon petit ami,

» Vous ne m'en voudrez pas si je ne vous ai pas écrit plutôt. D'abord nous avons été bien fatigués parce que la route est bien longue et très-mauvaise en cette saison. Malgré notre désir d'arriver promtement et de faire des économies, nous avons été forcés de coucher une nuit à Cologne et une nuit à Breslau, et les hôtels y sont très-cher. Nous sommes arrivé à Varsovie depuis longtems. Je suis bien ingrate, dites-vous. Tous les jours je voulais vous écrire, mais maman a été malade et nous avons eu beaucoup à faire.

» Ah! mon bon ami, combien je regrette Paris et nos bonnes journées dans votre atelier. J'ai bien pensé à vous. N'oubliez pas que vous êtes mon petit mari. Je ne plaisante pas, monsieur. Je reviendrai et nous nous mariront. Maman me défend de parler de ça, parce qu'elle dit que ça n'est pas convenable, mais je ne peux pas m'empêcher de vous dire que je vous aime de tout mon cœur et que je voudrais être auprès de vous ou que vous soyez près de moi.

» Avez-vous terminé mon buste. Quand me l'enver-

(1) Nous donnons ces lettres telles quelles, avec leurs fautes de grammaire et d'orthographe. Ce serait leur retirer une partie de leur originalité que de ne pas les transcrire exactement.

rez-vous. Je crois qu'il vaudrait mieux supprimer les fleurs qui sont dans les cheveux.

» Maman dit que mes cheveux sont assez beaux et assez longs pour n'avoir pas besoin d'ornement. C'est elle qui dis ça. Le vrai est qu'on m'a fait une coiffure à la grecque qui m'allait très-bien l'autre jour pour aller en soirée chez un chambellan de l'Empereur, où j'ai eu beaucoup de succès. Je me suis beaucoup amusée. Mais ce n'est pas aussi gai que chez madame Lesperon. Au revoir, mon petit ami. Écrivez moi souvent et ne m'oubliez pas. Maman me charge de vous dire mille choses. Elle vous écrira directement. Moi je vous fais ma plus belle révérence. Votre petite femme,

» Iza Dobronowska.

» *P.-S.* — Quand le buste sera fini, vous pouvez l'envoyer par l'ambassade en vous adressant au secrétaire. C'est un de nos amis. Ça ne coutera rien de cette façon. »

. . . .

Quatre mois après :

« Vous devez être bien étonné, mon petit ami, de n'avoir pas reçu de nos nouvelles depuis bien longtemps et que nous ne vous ayons pas remercié du buste qui est arrivé. Il y a un monsieur très-amateur qui l'a vu, et qui a dit que c'était très-beau. Il a dit encore à maman que si elle voulait le vendre il lui en donnerait deux mille francs. Maman n'a pas voulu. Nous sommes revenus hier seulement à Varsovie. Nous avons fait un voyage d'affaire à Pétersbourg. Maman espérait avoir une audience de l'Empereur, mais l'Empereur était parti pour Odessa, parce qu'à ce qu'il paraît, il y a eu des bruits de guerre, et notre Empereur, que Dieu garde, a été voir les villes du midi. C'était contre vous autres Français que nous devions nous battre. C'est cela qui aurait été joli. On ne parlait à Saint-Pétersbourg que d'exterminer définitivement la France, et je crois que vous auriez été vaincu. Nos soldats sont bien plus beaux et bien plus grands que les vôtres. Moi je ne pensais qu'à mon petit mari, d'autant que vous m'avez dit que vous alliez tirer à la conscription cette année. J'avais déjà trouvé un moyen de vous revoir. Si vous aviez été soldat vous vous seriez fait faire prisonnier bien vite, on vous aurait amené ici et nous nous serions vus tout à notre aise. Nous avons vu ma sœur à Pétersbourg. Si vous saviez comme elle est jolie; mon beau frère qui est aide de camp de l'Empereur était parti avec lui. Ma sœur a obtenu une audience pour nous du Grand duc héritier. J'était très-bien mise; mais il n'a pas eu l'air de me voir. Il paraît, du reste, d'après ce qu'a dit maman, que c'est un homme sérieux qui n'aime pas les femmes. Je ne comprends pas bien ce que ça veut dire. C'est pourtant joli à voir une jolie femme. Le Grand duc a dit à maman qu'il s'occuperait de nous. Ma sœur m'a donné des robes et un très-beau bracelet.

» Écrivez-nous souvent, dites nous ce qu'on fait à Paris. Nous nous ennuyons quelquefois bien. Au revoir, mon petit mari. — Votre petite femme qui vous embrasse.

» Iza.

» Août 18... »

. . . .

« Combien il est aimable à vous de vous être rappelé de mon jour de naissance, et de m'avoir envoyé une fleur dans votre lettre. Elle est arrivée juste le matin, comme je venais d'avoir quatorze ans. J'ai reçu des cadeaux, mais pas un ne m'a été aussi agréable que votre souvenir. Maman est plus gaie parce que nos affaires vont mieux.

» Elle a retrouvé ici un officier qui est le fils d'un parent à nous que je n'ai pas connu et qui est très-influent auprès du vice roi. Il est très-spirituel, il a des chevaux magnifiques, il nous a promis de nous faire rentrer dans nos biens. Maman m'a dit qu'il lui parlait de moi comme s'il voulait m'épouser; mais elle ne le trouve pas assez riche. Il a pourtant au moins deux cent mille livres de rentes. C'est joli, mais ma pauvre maman rêve toujours un trône pour moi. Il m'a donné une bague. C'est une turquoise très-belle, tout ce qu'il y a de plus bleu, avec un diamant de chaque côté. Elle vaut cinq cents francs.

et elle me va très-bien. Maman me charge de tous ses compliment pour vous. Adieu, mon petit ami.

» Iza.

» Novembre 18.... »

. . . .

« Je suis restée encore bien du temps sans vous écrire, parce que maman a été malade et puis nos affaires vont de mal en pis. Heureusement pendant la convalessence de maman nous avons été à la campagne chez la tante de ce jeune homme dont je vous parlais dans la dernière lettre, elle était absente pour toute l'année, et elle lui avait permis de disposer de son château. C'est très grand et très beau, avec des arbres qui ont plus de cent ans, et plein de fleurs. C'est tout à fait désert, en pleine campagne. On y voyait jamais personne, excepté ce jeune homme qui est venu plusieurs fois nous rendre des visites comme s'il n'avait pas été chez lui. Il m'a appris à monter à cheval. Cet exercice m'a fait beaucoup de bien, je toussais un peu, je ne tousse plus du tout et j'ai grandi au moins de deux pouces. Si nos affaires ne vont pas mieux, nous passerons l'hiver là, malgré le froid; mais il y a de grands poêles dans tous les couloirs comme à la ville, et puis il faut bien faire des économies. Au revoir, mon petit ami, ne m'oubliez pas.

» Votre Iza. »

. . . .

« Cher monsieur,

» J'ai mille excuses à vous faire de ne vous avoir pas encore envoyé la petite somme que vous avez si obligeamment mise à ma disposition. Iza a dû vous dire, dans cette correspondance que j'ai autorisée, et qui est une des distractions de la chère enfant, que nous avions eu beaucoup d'ennuis à propos de nos séquestres.

» Elle ne sait pas, la pauvre petite, quel mal je me donne pour qu'elle soit un jour riche et heureuse, comme sa sœur, qui pourrait peut-être se montrer plus reconnaissante. Nous n'avons jamais été si misérables que depuis notre retour. Je n'en rougis pas; il y a des noms que l'infortune illustre encore, et nous portons un de ces noms-là. Enfin le ciel commence à s'éclaircir, et je crois que, d'ici à peu de temps, nous verrons le terme de nos chagrins.

» En attendant, je vous envoie avec mille remercîments, cher monsieur, sur le premier argent qui me rentre, les cinq cents francs que vous m'avez prêtés et qui nous ont été bien utiles. Rappelez-moi, je vous prie, au souvenir de votre excellente mère; et croyez à tous mes sentiments d'affection et de reconnaissance.

» Comtesse DOBRONOWSKA.

» Nous avons vu ici, dans des journaux venant de France, que vous aviez fait une nouvelle statue, qui avait été fort appréciée, comme elle ne pouvait manquer de l'être. Recevez tous les compliments d'une femme qui, pour habiter le Nord, n'est pas tout à fait une barbare, et qui sait aussi bien que personne à quoi s'en tenir sur votre beau talent. Écrivez-nous désormais à Varsovie, place du Palais, n° 17. C'est là que nous allons nous installer définitivement. »

▪ • • • ▪ • ● ○ ● ● ● ● ▪ ● ● ●

Pas de lettre pendant un an, puis :

« Mon petit ami, soyez bien gentil ; répondez-moi poste pour poste. Demandez à votre mère combien elle ferait payer un trousseau complet de femme, tout ce qu'il y aurait de plus élégant, avec chiffres et couronnes, mais linge de corps seulement. Il faudrait aussi la chemise d'homme et la robe de chambre. C'est l'habitude ici que la mariée apporte ces deux objets. Ce serait payé comptant et même moitié d'avance si c'était nécessaire. Répondez-moi tout de suite. Votre vieille amie,

» Iza Dobronowska. »

▪ ● ● ▪ ▫ ▫ ▫ ● ▪ ● ▫ ▫ ● ▪ ● ●

« Je ne m'attendais pas, monsieur, à recevoir la lettre presque impertinente que vous m'avez écrite.

Le service que je vous avais demandé était tout simple, puisque votre mère était lingère encore quand nous avons quitté Paris, il y a deux ans. J'ignorais qu'elle ne le fût plus, et, dans les circonstances où je me trouve, il était tout naturel que je m'adresse à vous. Ce n'est pas déshonorant de travailler pour vivre, puisque ma mère et moi nous avons souvent vécu de notre travail. Je n'en suis pas moins heureuse d'apprendre que votre mère n'a plus besoin de cela, et je vous fais, monsieur, ma plus gracieuse révérence.

» Iza Dobronowska. »

. . . .

Encore une année sans nouvelles. Elle reprend :

« J'ai beaucoup de chagrin. Pourquoi êtes-vous la première personne à qui je pense à le dire? Vous souvenez-vous de moi? Me détestez-vous encore? Je ne vous demande pas si vous êtes vivant: puisque vous êtes célèbre, je saurais bien si vous étiez mort; mais dites-moi si vous êtes heureux, comme je le souhaite, et si vous avez encore au fond du cœur un bon souvenir pour votre méchante et malheureuse petite Iza, qui a bien besoin des conseils et de l'amitié de son petit ami.

» Ne m'écrivez plus place du Palais ; nous sommes déménagés. Adressez-moi votre lettre rue

Piwna, maison Herthemann, au nom de mademoiselle Vanda. Je vous dirai pourquoi il ne faut pas que maman sache que je vous ai écrit. Ma pauvre maman du reste est bien triste et bien mal portante.

« I... »

. . . .

« Que vous êtes bon et que je vous aime, mon bien cher ami. J'avais raison de ne pas douter de votre excellent cœur. J'ai été émue jusqu'aux larmes en recevant votre lettre. Vous me demandez ce qui s'est passé. Il s'est passé que maman a eu des espérances qui ne se sont réalisées ni pour elle ni pour moi, et que nous n'avons jamais été dans une position aussi triste qu'aujourd'hui. Vous connaissez maman : elle s'illusionne vite et elle croit à tout ce qu'elle espère. Il a été question pour moi d'un mariage qui n'était ni royal ni princier, mais qui était encore au-dessus de tous les rêves que je pouvais faire. Je me sacrifiais pour elle, car je n'aimais pas ce jeune homme, bien qu'il fût noble et riche, mais enfin je ne l'aimais pas. Il m'avait demandée, c'était convenu. Je ne sais pas ce qu'on a été dire à sa famille, mais il a été forcé de reprendre sa parole. Maman avait fini par me tourner la tête comme à elle-même ; nous faisions des dépenses ridicules, que mon mariage devait payer. Du reste, Serge, c'est son nom, nous y encourageait, et maman croyait l'engager plus fortement encore par ce moyen-là, puisqu'il connaissait notre état de fortune et qu'il devenait ainsi moralement responsable des dépenses qu'il nous faisait faire. Quand sa famille a connu ses projets et ses engagements, elle a fait feu des quatre pieds, et comme il était mineur et ne pouvait se marier sans le consentement de son père et de sa mère qui menaçaient de le déshériter du tout au tout, il voulait m'emmener à l'étranger et m'épouser en Angleterre; mais qu'est-ce que nous serions devenus tous les deux sans fortune. Son père, qui est très puissant, a été jusqu'à vouloir nous faire enfermer, ma mère et moi. Sans doute son fils l'avait menacé de partir. Nous ne pouvions pas lutter. Maman a cédé, à la condition que toutes les dépenses que nous avions faites lui seraient remboursées. C'était bien naturel; mais nous y avons encore perdu, parce que ma pauvre maman n'a pas d'ordre et qu'elle avait oublié bien des choses. On a fait partir Serge pour l'étranger. Il m'écrit toujours qu'il m'aime et que je l'attende, et qu'il m'épousera à sa majorité, mais je ne lui réponds pas. L'affaire a fait beaucoup de bruit. Maman a failli mourir de toutes ces secousses, d'autant plus que nous voilà, depuis cette histoire, brouillés avec ma sœur et mon beau frère, qui ne demandent pas mieux que de ne plus s'occuper de nous. Nos ressources s'épuisent tous les jours. Nous vendons peu à peu tous les bijoux que Serge m'avait donnés et qu'il n'a pas voulu que je lui rende. Sans cela je ne sais pas comment nous vivrions, et nous perdons beaucoup dessus. Conseillez-moi, mon petit ami ! Ah ! que vous êtes heureux d'être un homme et d'avoir du talent et d'habiter un pays libre. En France, on n'aurait pas pu me faire ce qu'on m'a fait ici. Heureusement j'ai une très-belle voix et je deviens de plus en plus jolie ; je pourrai donner des leçons de chant. C'est bien dur, mais il faut vivre. On est venu me proposer un engagement pour le théâtre de Saint-Pétersbourg ; on m'offre cinq mille roubles argent, vingt mille francs à peu près, mais maman ne veut pas que je monte sur les planches. Elle ne renonce pas à ses idées de mariage pour moi, soit avec Serge, soit avec un autre ; mais moi, je ne veux plus m'exposer à ces expériences-là. Conseillez-moi ! ce que vous me direz de faire, je le ferai. Serge est à Vienne ; il m'écrit qu'il va aller à Paris. Quand il y sera, il ira vous voir bien certainement. Je lui ai parlé de vous bien souvent, si souvent qu'il ne voulait plus que je vous écrive. Il était jaloux, il n'avait pas tort. Je vous aimais et je vous aime plus que lui. Pourvu que vous soyez à Paris et que ma lettre vous trouve ! Je vais attendre le courrier avec bien de l'impatience.

» Au revoir, mon bon ami, n'oubliez pas votre ancienne petite femme,

» Iza »

« Que voulez-vous que j'aie à me reprocher ? Je n'ai rien fait pour rendre Serge amoureux de moi ! C'est venu tout seul. D'ailleurs, maman ne nous laissait jamais ensemble. Il me parlait devant elle d'être mon mari, comme vous m'en parliez vous-même. Seulement, vous, vous plaisantiez ; mais, lui, ne plaisantait pas parce que j'avais deux ans de plus qu'à Paris, que je parais plus que mon âge, et qu'il est tout naturel qu'on m'aime, à quoi je ne pensais cependant pas. Maman laissait cet amour se développer chez Serge sans rien dire, et ce n'est que lorsqu'il lui a demandé ma main qu'elle m'en a parlé. Que vouliez-vous que je fisse ? Je n'ai pas de fortune, je n'ai même pas de quoi vivre. Si ma mère venait à mourir, qu'est-ce que je deviendrais ? Je n'ai pas le droit de ne penser qu'à moi ; il faut que je pense à elle, qui m'a élevée et qui a mis en moi toutes ses espérances de bonheur et de fortune, et pour elle l'un ne va pas sans l'autre.

» Croyez-vous que la vie que je menais depuis plusieurs années fût dans mes goûts. Me montrer toujours en public, être regardée comme une bête curieuse, m'entendre dire que je suis belle, sans que cela me mène à rien, ce n'est pas bien amusant à la longue. Ma mère le voulait. Que de fois nous sommes allées au bal sans avoir dîné ! Que de fois nous avons engagé nos objets les plus nécessaires pour m'acheter une toilette ! Que de dettes, que d'ennuis, que de scènes avec des créanciers sur qui cette beauté qui devait m'attirer des millions n'exerçait pas le moindre empire ! Serge devait avoir une immense fortune, en l'épousant je voyais cesser toutes nos peines. Je ne l'aimais pas d'amour, mais c'était un bon garçon et j'avais de l'amitié pour lui. A force de m'entendre dire par ma mère que je faisais un mariage magnifique, je trouvais tout simple qu'il se fît. Je n'ai pourtant pas d'ambition pour moi-même. Si je pouvais consulter mes goûts, je voudrais me marier modestement avec un homme que j'aimerais, et passer tout mon temps auprès de lui. Je vois bien que la beauté, ce n'est pas tout. Il y a des filles aussi belles, plus belles que moi, et riches en même temps. Ce sont celles-là que les gens riches épousent, et ils ont bien raison. Il ne faut donc pas me faire des reproches quand je vous demande des conseils.

» En attendant votre réponse, j'ai consenti à chanter dans un concert que donnait mon maître de chant; j'ai été très-applaudie. Il m'avait promis de partager avec moi, il ne m'a donné que cinq cents francs; mais c'est toujours ça. Si j'étais sûre d'en gagner autant toutes les fois que je chanterais, je chanterais tous les jours : cela ne me fatigue pas du tout.

» Quel malheur que vous ne m'entendiez pas, vous me diriez sincèrement votre opinion. Vous ne voulez pas que j'entre au théâtre. Il y a, dites-vous, trop de dangers pour moi. Quels dangers? Alors, trouvez-moi un mari, un homme qui veuille avoir une bonne petite femme et qui ne tienne pas à la dot. C'est le point essentiel. Dites-lui que je l'aimerai bien, et que je ne chanterai que pour lui; mais qu'il se dépêche, parce que voilà la bise qui vient et que les fourmis ne sont pas plus prêteuses en Pologne qu'en France. Si vous étiez bien aimable, vous m'enverriez votre portrait. Vous devez être bien changé aussi; moi, je vous enverrai le mien. Ce n'était pas pour vous que je l'avais fait faire, mais je suis bien sûr que je n'ai pas de meilleur ami que vous et c'est à vous que je le donne. Je vais chercher une occasion de vous le faire parvenir.

» Adieu, monsieur, je ne vous aime plus; vous êtes trop méchant et vous croyez trop vite au mal.

» IZA DOBRONOWSKA. »

. . . .

« Je n'attends même pas votre réponse, mon bien cher ami, pour vous crier de toutes mes forces : Sauvez-moi, je vous en prie, ne me laissez pas dans l'état où je suis! Ce que je pourrais vous dire, si vous étiez là, non, non, je ne puis pas vous l'écrire; c'est trop affreux et l'on ne doit pas accuser sa mère quoi qu'elle fasse; mais, au nom du ciel, venez à mon secours. Il faut absolument et le plus tôt possible que vous trouviez un moyen de me faire retourner en France, mais je voudrais y retourner seule. Rester avec ma mère me serait impossible. Si vous saviez quelle scène nous venons d'avoir et à quel sujet. N'exigez pas que je vous l'écrive. Pensez à ce que vous souffririez s'il vous fallait dire quelque chose contre votre mère ; mais vous êtes un homme vous. Par ce que vous avez de plus sacré, cherchez et trouvez un moyen de me faire venir. Ne pourrais-je pas habiter avec votre mère ? Je pourrais donner des leçons de chant, être institutrice ; je parle l'anglais mieux encore que le français, où je ne suis pas très-forte, mais j'apprendrai. Je ne demande pas autre chose que de gagner ma vie. On dira de moi ici ce que l'on voudra, que je me suis sauvée avec un amant, que je suis une fille perdue, peu m'importe. J'aurai ma conscience pour moi et votre estime. Si j'avais de l'argent, je partirais ce soir, je suis comme une folle. Une de mes amies me prêterait son passe-port, mais elle ne peut me prêter que ça, elle n'est pas plus riche que moi ; je ne vous demande qu'une chose, si vous ne pouvez venir à mon aide en cette circonstance, c'est de ne jamais parler de cette lettre à ma mère ni même à la vôtre, qui me désapprouverait, se figurant que toutes les mères sont comme elle. Que n'est-ce vrai. J'ai bien pensé à entrer dans un couvent, mais j'ai peur de n'avoir pas le courage d'y rester. Je me sens la force et la volonté d'être une honnête femme, mais en plein air, avec tout le monde. Si votre maman ne veut pas de moi, peut-être la fille de M. Ritz en voudra-t-elle? Elle a déjà un enfant de trois ans, qu'elle me prenne pour gouvernante! Ou bien madame Lesperon, chez qui je vous ai rencontré (où est cette soirée heureuse?), ne pourrait-elle pas, elle qui connaît tant de monde, me trouver un emploi ou me marier? L'argent ne doit pas être tout cependant, et une fille jeune, jolie, modeste, travaillant, car j'ai travaillé bien des heures déjà sans le dire à personne, et le pain que j'ai mangé le matin, je l'avais souvent gagné la nuit, une fille honnête enfin, je le prouve bien à cette heure, puisqu'il ne dépendrait que de moi d'être riche en sacrifiant cette honnêteté (devinez-vous? c'est affreux, mon Dieu!), une fille comme moi vaut bien une dot pour un homme qui a un peu de cœur. Enfin faites d'Iza ce que vous voudrez. J'ai la conviction que je n'ai pas de meilleur ami que vous, et vous pouvez être sûr que personne ne vous aime comme votre malheureuse petite femme,

» Iza Dobronowska. »

. . . .

« Vous êtes bon comme le bon Dieu. Je pleure de joie et de reconnaissance en vous écrivant cette dernière lettre. Vrai, vous m'aimiez depuis le premier jour? Moi aussi je vous aimais, c'est donc pour ça que je pensais toujours à vous. Il y a une destinée, je le vois bien. Embrassez votre mère pour moi. Je partirai demain, ce soir, si je puis. Que j'ai hâte de vous voir! Vous saurez tout. Je vous envoie la plus longue mèche de mes cheveux. Au moins, si je meurs en route, vous aurez quelque chose de ma vie, et vous saurez que je suis morte en pensant à vous. A partir du moment où vous aurez reçu cette lettre, ne quittez plus votre atelier et laissez la clef sur votre porte. Vous la verrez s'ouvrir tout à coup, ce sera moi! — Quel bonheur! je vous aime! je vous aime! je vous aime! Quel bien cela me fait de pouvoir enfin vous le dire. Ta vraie petite femme cette fois,

» Iza. »

. . . .

Elle était sincère quand elle écrivait ainsi. A cette heure, où j'ai tant d'accusations à porter contre elle, où j'ai si grand besoin de ses fautes pour diminuer la mienne, je le jure, elle ne mentait pas, elle m'aimait. N'en doutez pas, mon ami, n'essayez d'en faire douter personne. Respectez ce temps-là! Elle n'a rien prémédité. Elle a subi, comme moi, la fatalité héréditaire. Elle l'a même subie doublement, puisqu'elle était née de deux êtres complétement vicieux.

Le lendemain du jour où j'avais reçu sa dernière lettre, je reçus celle-ci :

« Vous me prenez mon enfant, monsieur, mon unique enfant, pour qui je me suis sacrifiée pendant tant d'années et qui m'en récompense si mal! Je souhaite que vous soyez heureux ensemble, mais je ne le crois pas. Celle qui est ingrate envers sa mère sera ingrate envers son époux. Elle emporte avec elle tous les papiers nécessaires à son mariage, auquel je ne veux pas m'opposer, puisque je n'ai rien à lui offrir en échange. Soyez tranquille, vous n'entendrez plus parler de moi. J'aurai fait mon devoir jusqu'au bout. Vous verrez un jour que j'avais raison et vous regretterez le mal que vous m'aurez fait.

» J'ai l'honneur de vous saluer.

» Comtesse DOBRONOWSKA. »

. . . .

Je me gardai bien de montrer cette lettre ni à ma mère, ni à M. Ritz, et, du reste, je n'avais encore parlé sérieusement d'Iza, ou du moins des intentions où j'étais à son égard, ni à l'un ni à l'autre.

J'étais à cette époque dans une situation pécuniaire exceptionnelle pour un artiste de mon âge. Je ne pouvais suffire aux commandes. Je gagnais net de trente à quarante mille francs par an. J'en plaçais les deux tiers, et nous vivions encore très-bien, ma mère et moi, habitués que nous étions tous les deux au travail, à l'économie et à la simplicité. D'ailleurs, j'aspirais à cette indépendance matérielle qui me permettrait de disposer de mon cœur comme bon me semblerait. J'étais robuste, gai, infatigable; je ne connaissais pas la limite de mes forces. Je ne doutais donc pas plus de l'avenir que du présent, et j'avais même hâte d'accepter une charge de plus. Je voulais non-seulement devoir tout à moi-même, mais je voulais que d'autres, et surtout la femme que j'aimais, ne dussent qu'à moi leur existence et leur bonheur. Puisque la nature me donnait le talent, la santé, la fortune, je me considérais comme ayant contracté une dette envers l'humanité, et je voulais partager avec de moins heureux que moi. Je m'entendais dire souvent : « Pourquoi ne vous mariez-vous pas? Dans la position où vous êtes, vous pourriez faire un bon mariage. Avec votre réputation et votre conduite, on peut, on doit arriver à tout. Entrez dans une famille honorable. Voulez-vous que je vous marie? etc., etc. » Je refusais. D'abord je ne voulais pas, dans la position que je m'étais faite, soumettre le passé de ma mère aux investigations d'une famille régulière à qui je demanderais de me recevoir dans son sein ; ensuite je me complaisais dans la pensée que je viens de vous dire.

Une pauvre fille, qui était ma mère, avait été trahie, abandonnée par un homme; il fallait qu'une pauvre fille, qui serait ma femme, pût dire qu'un homme l'avait prise sans fortune, sans protection, et qu'il avait fait d'elle sa compagne heureuse et respectée. Cela me semblait une pondération nécessaire, dans l'harmonie des choses, au profit de cette honnêteté dont j'avais fait la base et le principe de ma vie. Enfin, amour d'artiste, amour absurde, amour fatal, appelez ce sentiment comme vous voudrez, j'aimais Iza.

Elle avait pris place en moi par cette première apparition qui m'avait tant frappé, par cette beauté dont elle était une des expressions les plus exquises, par la crainte où j'avais été de la perdre, par la jalousie, par le regret, par cet appel spontané que la pauvre fille avait fait à mon affection, en me suppliant de l'enlever aux dangers qui la menaçaient, par le besoin qu'elle avait de moi, par sa misère enfin, qui était une cause d'éloignement pour les hommes vulgaires. Ajoutez à ces raisons la chasteté où je vivais, et le besoin d'aimer, de le dire, de le prouver, qui était de mon âge et qui me harcelait. Puis un charme de plus : aimer un être dont on se rappelle les traits d'enfant, dont on ignore les traits de femme ; qu'on se représente, qu'on se figure, qu'on s'imagine, mais qu'on ne saurait préciser ni traduire, qu'on attend de minute en minute, avec toutes les impatiences de l'âme, qui aspire à vous comme vous aspirez à lui ; qu'on sent se rapprocher peu à peu de l'air qu'on respire, qu'on entend venir avec son cœur, dans les bras duquel on va se jeter pour la vie entière. N'était-ce pas bien là cette attraction pure des âmes qui crée le véritable amour?

XXVII.

J'avais annoncé mes projets à ma mère, moins pour la consulter que pour l'avertir. Elle était, depuis longtemps, résolue à ne m'influencer en rien, me trouvant mille fois plus sage en toutes choses qu'elle n'eût jamais osé l'espérer. Ce que je faisais était bien fait. Elle me savait gré de ne l'avoir jamais questionnée sur sa vie; elle se croyait obligée, en échange, de ne pas scruter la mienne. Mon bonheur, telle était sa devise. Que toutes les femmes m'aimassent, cela lui semblait tout naturel. Que je prisse pour femme une fille sans fortune, cela lui semblait tout simple.

D'autre part, elle avait toujours vécu dans une telle médiocrité, qu'une foule de possibilités se trouvaient hors de ses soupçons. Elle avait souffert du mal, mais elle ne l'avait pas fait; elle ne le prévoyait donc pas. Peut-être aussi, en me voyant devenir célèbre, avait-elle craint que l'ambition ne vînt à me gagner et qu'une riche alliance ne la séparât de moi. Tout mariage où elle serait accueillie, nécessaire, comprise, lui souriait donc d'avance.

Elle prépara la chambre de sa fille, comme elle appelait déjà Iza, et elle l'attendit avec une impatience presque égale à la mienne.

Mon amitié et ma reconnaissance pour M. Ritz étaient restées les mêmes. Nos relations étaient devenues forcément plus rares. En apparence, rien n'était changé entre nous; mais, en cela, il avait plus de mérite que moi. En effet, à chaque succès que j'avais obtenu, quelques-uns de mes admirateurs, de ceux qui ne savent pas faire valoir l'un sans déprécier l'autre, avaient profité de l'occasion pour attaquer ses œuvres. On avait imprimé, maintes fois, qu'il était bien heureux d'avoir fait un élève comme moi; sans quoi, il n'aurait rien fait du tout. C'était déloyal, c'était injuste; mais il ne laissait rien paraître du chagrin que lui causait cette injustice. Plus je redoublais de soins près de lui, plus j'avais l'air de vouloir disculper ma renommée rapide; plus je me faisais petit en sa présence, plus je l'abaissais. Mon attitude à son égard en devenait parfois très-embarrassante. Je lui devais tout, j'étais incapable de l'oublier, et il m'était interdit même de lui donner un conseil ou de lui adresser un compliment, sous peine de le blesser par une apparence de supériorité. Il venait me voir; il me regardait travailler; je lui montrais mes études; je lui soumettais mes projets; je le consultais sur mon œuvre. Plusieurs fois, il m'arriva de lui demander assistance. J'avais l'air de ne pouvoir venir à bout de mon travail et je le priais de m'aider. C'était le plus grand plaisir que je pusse lui causer, et, l'œuvre achevée, j'avais soin, si l'on admirait un mouvement, une expression, une ligne auxquels il eût pris part, de dire devant lui :

— C'est mon maître qui m'a indiqué cela; c'est lui qu'il faut complimenter.

Il me serrait la main alors; mais je devinais, dans ce serrement de main, qu'il me comprenait, et qu'il avait la grandeur d'âme de me pardonner ma bonne intention.

Il vivait avec sa fille, son gendre et leurs deux enfants. Du côté de sa famille, il n'avait plus rien à souhaiter. Constantin était sorti de Saint-Cyr, dans les premiers, et il était déjà ce que la nature avait toujours indiqué qu'il serait, un des meilleurs officiers d'Afrique. J'étais en correspondance avec lui, et, dès qu'il venait à Paris, en congé, sa seconde visite était pour moi.

Dans les circonstances où je me trouvais, je devais faire part de mes résolutions à M. Ritz en même temps qu'à ma mère. J'allai le trouver. Je lui contai mon petit roman et le dénoûment qu'il allait avoir.

— Est-ce une nouvelle définitive que vous m'annoncez, me dit-il, ou bien un conseil que vous me demandez ?

— C'est une nouvelle.

— Alors, mon cher enfant, me dit-il en m'embrassant, recevez tous mes vœux et rappelez-vous que ma maison est la vôtre, que vous soyez marié ou non.

— Me ferez-vous l'amitié d'être mon témoin ?

— De grand cœur.

Pourquoi ne m'a-t-il pas dit alors tout ce qu'il prévoyait? Mais je ne l'aurais pas écouté.

XXVIII.

C'était le 2 mars, il était midi, lorsque Iza entra doucement dans mon atelier à pas étouffés, sans faire crier les portes, sur lesquelles j'avais laissé les clefs, suivant sa recommandation.

Le visage caché sous une écharpe de dentelle noire, roulée trois fois autour de sa tête et qui dérobait absolument ses traits aux regards les plus curieux, elle s'arrêta muette, immobile, impénétrable comme l'image de la Destinée, retenant, de ses deux mains croisées sur sa poitrine, les bouts flottants de ce voile bizarre. Je la contemplai un moment, sans pouvoir quitter ma place, tant mon cœur battait. Alors, elle déroula l'écharpe, arracha le chapeau, et, jetant le tout au hasard, elle découvrit son lumineux visage, qui éclaira un peu plus les clartés du plein jour. Comment ne s'était-on pas prosterné sur la route devant cette créature divine? comment l'avait-on laissée arriver jusqu'à moi? Était-ce bien réellement vers moi qu'elle venait? Cette grâce, cette splendeur, cette jeunesse, ces regards, ces sourires, cette intelligence, cette âme, tout cela était pour moi! Tout cela s'était combiné, développé, animé à cinq cents lieues de distance pour mon bonheur et pour mon génie. Quelle récompense! et comme j'avais eu raison de respecter l'amour et de me conserver pur pour ce premier épanchement! Elle connaissait bien sa puissance, et, en me voyant confondu d'admiration, elle me dit de sa voix d'enfant, que l'âge n'avait pas modifiée :

— Me trouves-tu belle ?

Je courus à elle, je la pris dans mes bras, je l'enlevai de terre, et je couvris de baisers ses cheveux et ses mains.

— J'ai cette muraille sur le visage depuis huit grands jours, continua-t-elle en me montrant son écharpe; je ne voulais pas que personne me vît; j'aurais cru te trahir en me montrant. Toi aussi, tu es beau, — oh! mais très-beau. Comme nous allons nous aimer! Est-ce gai ici! Nous n'en sortirons jamais. Que tu es bon de m'épouser! Qu'est-ce que je serais devenue sans toi? Et ta mère, où est-elle, que je l'embrasse? Ma chambre est-elle prête? Maintenant, je suis toute seule dans le monde. C'est bien plus commode pour t'aimer. Marions-nous au plus tôt, n'est-ce pas? J'ai tous mes papiers en règle; tiens, les voici. Ils avaient été préparés pour l'autre, Serge, tu sais. Il n'a pas eu le courage de résister à sa famille. Quelle bonne idée il a eue! Au dernier moment, j'aurais refusé. Qu'est-ce que je serais devenue, puisque je t'aimais! Vite, vite, ma chambre; je tombe de fatigue.

J'appelai ma mère. Iza se jeta à son cou avec une effusion filiale. Ma mère l'aima tout de suite. Elle la conduisit à son petit appartement, à côté du sien, au-dessus de mon atelier.

— Quand je me réveillerai, dit Iza, je frapperai le parquet du pied. Travaillez jusque-là, monsieur.

Elle m'embrassa sur le front et dormit jusqu'au soir.

Quelle douce vie je menai pendant deux mois! car il fallut deux mois pour régulariser tous les actes. Iza allait et venait dans la maison comme si elle y eût été élevée et n'en fût jamais sortie. Je respirais sa vie autour de la mienne. Elle avait des soudainetés d'oiseau. Tout à coup, elle m'embrassait en s'écriant :

— Il n'y a plus que tant de jours à attendre!

Ou bien, si elle se réveillait la nuit, elle frappait le parquet du talon de sa pantoufle en criant :

— Bonne nuit, mon petit ami!

Je répondais toujours, car je ne dormais que bien peu. Je pensais à elle sans cesse. C'était fini, l'amour était mon maître.

Elle m'avait raconté toute son histoire depuis notre séparation, et comment mon souvenir avait constamment plané au-dessus de tous les événements de sa vie. Sa mère l'avait menée à Pétersbourg dans l'espérance de rendre un des princes amoureux d'elle. Elle n'avait même pas été reçue au palais; alors, elle l'avait conduite dans tous les lieux publics, jusqu'à l'épuiser. Puis, de retour à Varsovie, elle avait voulu faire tomber Serge dans un piége, à l'insu de sa fille. On avait failli avoir un procès. Il avait été question de théâtre. Poussée à bout par la misère, cette femme avait voulu tout simplement la donner, disons le mot, la vendre à un vieillard immensément riche, qui lui assurait une fortune, et elle avait fait cette étrange proposition à sa fille.

A la suite de cet aveu, Iza ne voulut plus rien me cacher. Elle m'en fit un second qui me confirma définitivement dans cette idée que nous étions destinés l'un à l'autre de toute éternité et qu'il y avait déjà entre nous un lien mystérieux et providentiel.

— Te souviens-tu, me dit-elle, du jour où tu es venu nous voir, pour la première fois, au quai de l'École. Tu me regardais avec attention. Je t'ai demandé pourquoi, parce que, dans cette attention, il y avait autre chose que de la sympathie et de l'amitié. Tu trouvais en moi, m'as-tu répondu, une ressemblance extraordinaire avec un de tes anciens camarades, du nom de Minati, mort quelques années auparavant. J'ai adressé aussitôt quelques mots en polonais à ma mère ; je lui demandais s'il fallait te dire que nous avions connu le père de ce jeune homme. Elle m'a répondu : « Non. » Je ne t'ai donc rien dit à ce sujet. Je suis la sœur d'André Minati. Son père a habité Varsovie pendant trois ans. Il était très-beau, à ce qu'il paraît. Il venait souvent chez mon père, avant ma naissance. Tu vois que je n'ai pas de secrets pour toi. Que t'importe, d'ailleurs! mais c'est curieux, n'est-ce pas?

— Oui. Comment as-tu connu ces détails?

— Lorsque nous avons été ruinés, ma mère s'est adressée à M. Minati. C'était moi qui écrivais les lettres. Il ne nous a jamais répondu. Dans un moment de colère, elle a laissé échapper ce secret devant moi, et elle a fini par me tout dire. Depuis cette époque, nous avons appris que *ce monsieur* était mort.

La Fatalité jouait cartes sur table : c'était à moi de reculer ; je n'y songeais guère.

Je recevais deux ou trois lettres anonymes par semaine. Elles contenaient non-seulement sur la comtesse, mais sur Iza elle-même, les accusations les plus étranges. Je les lui montrais toutes, excepté celles dont elle n'eût pu comprendre les expressions brutalement techniques.

— Celle-ci doit venir de madame une telle, — celle-là de mademoiselle une telle, — disait Iza avec la plus grande tranquillité. Je ne leur en veux pas, je suis heureuse ; mais, si tu les crois (car elle me tutoyait toujours, et avec quelle grâce câline!), si tu les crois, ne m'épouse pas ; il est encore temps. Je resterai tout de même avec ta mère. Je suis bien ici. Je ne vous gênerai pas, et je ne vous coûterai pas grand'chose. Je serai ton modèle, si tu veux : que m'importe, pourvu que je te voie ! Veux-tu que je sois ta maîtresse pour te prouver que je t'aime?

— Ne parle pas ainsi, lui disais-je en lui mettant la main sur la bouche; ce n'est pas ainsi que doit parler celle qui sera ma femme.

— Que veux-tu! me répondait-elle, je sais qu'une fille peut vivre avec un homme sans être sa femme, et qu'elle est déshonorée pour cela; mais je t'assure que je n'en sais pas plus long, et que je ne sais même pas bien ce que le mot veut dire. Pourvu que tu m'aimes et que tu me gardes, le reste m'est bien indifférent.

Les bans publiés, on s'entretint de ce mariage, comme on s'entretient de tout, à tort et à travers, principalement dans notre petit monde d'artistes. Cette nouvelle inattendue donnait lieu aux commentaires les plus opposés. Selon ceux-ci, j'épousais une riche héritière que j'avais enlevée; selon ceux-là, une aventurière qui avait abusé de mon *innocence* bien connue. Pour les uns, Iza était une princesse étrangère à qui j'avais inspiré une folle passion, et qui devenait ma femme, malgré ses parents; pour les autres, c'était un modèle qui courait depuis longtemps les ateliers, et dont on nommait les amants antérieurs à moi.

A Paris, quand on possède un nom qui sort des rangs, on est à la disposition du premier faiseur de nouvelles venu. Heureusement, Paris est pressé, et rien ne l'arrête longtemps, pas même la calomnie. Par le fait, Iza était inconnue, invisible même, car je

ne l'avais montrée à personne avant mon mariage.
Il eût été inutile de la respecter, comme je le faisais,
pour la compromettre en dévoilant notre existence.
Nous ne restions jamais seuls, et, quand elle présidait à mes travaux, ma mère était toujours là.
J'étais trop épris et trop honnête pour escompter
mon bonheur. Je luttais cependant contre moi-même; car, du moment que l'amour s'emparait
d'une nature aussi ardente et aussi longtemps contenue que la mienne, il devait la brûler de ses exigences et de ses curiosités.

Quand nous entrâmes à l'église, il y courut un
frémissement d'admiration qui fût devenu un applaudissement général sans la sainteté du lieu. Vous
devez vous rappeler cette émotion, puisque vous
assistiez à mon mariage. Aventurière ou princesse,
grande dame ou grisette, Iza fut, pour tous, la plus
belle personne que l'on pût voir, et l'on salua en elle
le triomphe de la beauté, jointe à la jeunesse et à
une décence qui ne pouvait être feinte et qui ne
l'était pas. J'étais fier, je le répète, non pas seulement d'être aimé d'une personne aussi belle, mais
encore de l'acte que j'accomplissais. Je réalisais mon
rêve; je m'étais tenu parole. Je donnais ce rare et
noble exemple d'un homme honnête, laborieux,
célèbre, devant tout à lui-même, épousant librement, sans calcul, sans intérêt, sans convention
préalable, la femme de son choix, qui allait tout lui
devoir à son tour, et pour laquelle il avait, avec une

sorte de superstition, conservé intacts son esprit et son cœur.

Voilà comment je me mariai. Ce fut, de ma part, un acte absurde, mais loyal et sincère.

XXIX.

Nous passâmes notre lune de miel, tout seuls, à la campagne, dans un pavillon que le prince de R... avait mis à ma disposition. Ce pavillon était situé sur le bord de la Seine, un peu avant Melun, au pied des bois de Sainte-Assise. Il était gardé l'hiver par un jardinier, sa femme et sa fille, qui ne nous connaissaient pas et qui devaient se charger de notre existence matérielle tout le temps que nous resterions là. Être inconnus, quel bonheur! Nous étions, pour ces braves gens, des amis du prince, qui avaient besoin d'un peu d'air et de repos, après un long voyage. Nous échappions ainsi aux investigations dont deux nouveaux mariés deviennent l'objet, n'importe où ils se trouvent. Nous avions l'espace, la liberté, l'anonyme du bonheur. Là, nous trouvions, avec toutes les élégances du luxe intérieur, toutes les simplicités de la vie naturelle. Le domestique en livrée, cravaté et armorié, qui revenait l'été avec les maîtres, n'entrait pas encore dans les appartements tendus de cachemire, de perse ou de soie. C'est à peine si nous entendions le pas furtif et discret de la fille du jardinier, faisant, dès l'aube, son service accidentel de femme de chambre, sur la pointe du pied, pour ne pas réveiller ses hôtes fortuits, qui devaient être riches, et qui lui payeraient, à elle, l'hospitalité magnifique qu'ils recevaient. Sa mère nous préparait cette cuisine appétissante dont les femmes des jardiniers ont le secret.

Le cœur et l'estomac vivent en si bons voisins dans le temps des impressions pures et des jouissances saines! et puis la jeunesse égaye ce que l'amour ennoblit.

Nous touchions aux premiers jours de mai. O Printemps! quel est l'homme assez disgracié de Dieu pour ne t'avoir pas, au moins une fois dans sa vie, écouté revenir du fond de toutes choses? Qui de nous n'a senti, avec joie, remuer dans le sein de la terre l'enfant plein de promesses qui va être l'Été? N'avez-vous pas eu, en cette époque indécise, surtout si vous étiez amoureux, une sorte de vertige physique qui vous faisait croire que notre sphère se mettait à tourner plus vite pour arriver plus tôt aux baisers de son radieux époux? Et, lorsque les nuages légers, dernières vapeurs de l'hiver en déroute, se déchirent brusquement, comme une mousseline, et laissent apparaître le bleu, étincelant comme le saphir, doux comme le pardon, n'avez-vous pas vu distinctement le sourire de Dieu et ne vous êtes-vous pas retrouvé meilleur? Quel joli bouleversement dans toute la nature! Un rayon de soleil a tout transposé dans le concert universel : ce qui pleurait rit, ce qui criait chante. La pluie est gaie ; on ne la craint plus. Elle ne tombe que pour faire fleurir. Si quelques flocons de neige attardés voltigent, semblables à des plumes de colombe, on les suit d'un œil moqueur comme des masques en carême. On allume du feu et on ouvre les fenêtres. Tout est à la vie, et l'on est l'ami des choses et des êtres. Il semble que l'humanité va contracter enfin son alliance définitive avec le reste de la création, que c'en est fini du mal, du doute, de la guerre, de la douleur, et qu'on va voir venir un ange proclamant la réconciliation générale.

Ce printemps, qui me le rendra? Nous marchions, tout le jour, à travers ces adorables petits bois à peu près ignorés, et dont les sentiers interrompus nous menaient n'importe où, mais toujours quelque part où nous nous trouvions bien et où nous nous embrassions, sans déranger même les oiseaux, qui savaient que c'était la bonne saison pour nous comme pour eux.

Ces arbres de Sainte-Assise, je le les connais tous et je les aime encore. Ce n'est pas leur faute si j'ai été malheureux : ils ne m'ont pas trompé ; ils ont, de leur mieux, concouru à mon bonheur, et m'ont prêté gaiement leurs feuilles et leur ombre pour mon premier nid.

O Nature! tant qu'il restera un homme sur la terre

et une âme dans cet homme, il te demandera, comme moi, ce que tu as fait de tes promesses et de ses illusions. Pourquoi me souriais-tu alors ? Pourquoi m'approuvais-tu ? Pourquoi semblais-tu nous bénir avec toutes tes voix, puisqu'à cette heure, sans avoir changé d'aspect, tu ne veux plus me reconnaître et ne me consoles plus ? Pourquoi, lorsque, malheureux, désespéré, fou, je suis venu loyalement à toi, mère universelle, te demander un conseil, un encouragement, un sourire, pourquoi ne m'as-tu pas répondu, toi que j'avais connue si éloquente et si prodigue ? C'était cependant en la même saison, presque aux mêmes dates. Rien n'était changé en toi ni autour de toi. Les nuages couraient toujours sous le ciel, les oiseaux voltigeaient toujours de branche en branche, les insectes rôdaient toujours dans les herbes ; mais ce n'étaient plus les mêmes nuages, ni les mêmes oiseaux, ni les mêmes insectes ; et ce n'était même plus moi. Tu avais déjà vu passer des milliers de vies et de morts, sans que rien altérât ou modifiât ta face immobile ; et que t'importait une douleur de plus ou de moins !

Çà et là, le bûcheron avait abattu quelques arbres, des pas humains avaient tracé des chemins nouveaux ; l'herbe avait couvert les sentiers où nos pieds légers et rapides n'avaient pas laissé de traces, et toi, muette et indifférente, tu continuais ton œuvre sans te souvenir, sans te soucier. Ce n'est pas ta faute, après tout, si nous sommes insensés, et si

nous préférons les émotions, les dangers et les regrets des choses périssables à tes splendeurs éternelles. Sois bénie, sainte Nature; et toi surtout, petit coin de terre où je fus complétement heureux!...
Complétement heureux! Quel homme peut affirmer ces deux mots, en regardant en arrière? Le meilleur de ma vie est resté dans ce petit bois. Puisse un autre l'y retrouver!

XXX.

Un jour que vous serez libre, mon ami, et que vous aurez besoin de recueillement et de solitude, prenez, par une belle matinée du mois de mai, la route de Fontainebleau. Arrêtez-vous à Cesson; là, tournez à droite, et marchez, une demi-lieue à peu près, jusqu'à une grande avenue de marronniers. Enjambez la barrière de bois qui la ferme aux voitures. On ne vous dira rien; le maître est un grand seigneur hospitalier. Suivez cette avenue, jusqu'à l'endroit où le terrain s'abaisse. Voyez-vous, à votre droite, cette petite sente à moitié couverte par les faux ébéniers qui la bordent? Elle est coupée par une grille basse toujours entr'ouverte. Les enfants du village ont le droit de venir jouer dans le parc, sous les grands sapins qui le parfument. Cette sente, la grille une fois passée, va vous conduire à la maison, cachée derrière les grands chênes. Regardez cette maison, et dites-vous : « Ici, un homme a été complétement heureux! » La femme qui garde cette maison que personne n'habite plus, je ne sais pourquoi, c'est la femme du jardinier. Son mari, maintenant, travaille au château voisin. Sa fille est mariée. Elle a épousé un cultivateur de Beaulieu, le village que vous voyez en amont, à deux kilomètres à peu près. Parlez de moi à la jardinière; vous la verrez sourire, et elle vous dira : « C'était un bien joli ménage! Comme ils s'aimaient! Comme ils avaient l'air heureux! Qu'est-ce qu'ils sont devenus? » Vous lui répondrez que nous nous aimons toujours et que notre bonheur dure encore. Il ne faut décourager personne. On est si coupable de ne plus être heureux! Et puis pourquoi se faire plaindre par ceux qui nous enviaient?

Promenez-vous dans le jardin; la grande pelouse verte y est toujours. Il y avait là, de notre temps, un couple de perdrix qui ne se quittaient pas plus que nous ne nous quittions, et qui trottaient devant nous, plutôt par instinct que par peur. Y sont-ils restés ou revenus?... Tournez le dos à la maison et longez ces massifs de lilas qui cachent la rivière. Traversez-les. Il y a là, n'est-ce pas, penchés sur l'eau, et s'y reflétant, des saules trapus, noueux, les cheveux hérissés, semblables à des hommes en colère. Ils sont à cinq ou six mètres l'un de l'autre.

Adossez-vous au troisième, en comptant à partir du pavillon. Un matin du mois de mai, vers dix heures, nous étions là, elle et moi : elle étendue, ou plutôt couchée sur cet arbre incliné, les mains jointes derrière son col, moi étendu par terre et baisant ses petits pieds nus, qu'elle tirait, l'un après l'autre, de leurs mules de velours cramoisi, à bordure de martre, et dont elle me caressait le visage. Ses longs et lourds cheveux d'or étaient relevés au hasard, sans ordre. De longues mèches s'échappaient entre les dents du large peigne, comme les petites cascades qui filtrent entre les poutrelles d'un barrage, et roulaient sur sa robe et sur l'écorce du saule. Pour tout costume, elle portait une robe de chambre, en cachemire bleu, que j'avais fait faire pareille à son vêtement du quai de l'École, afin d'avoir, le plus possible, sous les yeux, le présent et le passé.

Dans la pose gracieuse qu'elle avait prise, ses larges manches, retombant sur elles-mêmes, découvraient ses bras blancs, arrondis autour de sa tête comme les anses d'une amphore. Elle laissait errer sur le ciel tout bleu ses yeux aussi bleus que lui; car sa beauté, n'est-ce pas? était faite des tons les plus francs. Les comparaisons banales, dont on n'ose plus se servir, étaient les seules qu'on pût lui appliquer. L'or des moissons, la neige des glaciers, le bleu des bleuets, les lis, les roses, les grenades et les perles : voilà ce qu'étaient ses cheveux, son teint, ses yeux, ses joues, ses lèvres et ses dents. Qu'y faire ? C'était ainsi; et le tout fondu dans l'harmonie de la jeunesse, du plaisir et de la santé. En dehors du marbre, de l'albâtre et de la cire vierge, vous eussiez cherché vainement à quoi comparer ce corps ferme, élégant et souple, connu de moi seul alors, que son vêtement me cachait, mais dont mes yeux insatiables devinaient les contours merveilleux. Pas un être vivant à deux lieues à la ronde! Rien que nous deux et l'eau fine et profonde, qui voyageait sans bruit. Une matinée splendide! une matinée d'août égarée en mai. Aux frémissements intérieurs qui animaient le silence, on sentait que la campagne allait se hâter de verdir, comme une jeune fille, qui a trop dormi, se hâte de se parer de ses plus beaux atours, pour rejoindre ses compagnes envolées vers la fête.

Les fleurs, avant d'être tout à fait écloses, donnaient déjà leurs parfums, semblables à ces aveux de l'âme qui se trahissent avant la parole. Un brouillard transparent, à teintes d'opale, dernier voile que le soleil allait détacher de la terre, honteuse d'être surprise sitôt, flottait encore sur les perspectives qu'il faisait onduler.

Tout ce luxe de vie convergeait à nous.

— A quoi penses-tu? lui dis-je tout bas.

— M'aimes-tu bien? répondit-elle.

— Tu le demandes!

— Mais bien — bien — bien?

— Oh! oui, bien, bien!

— Alors, va me chercher un grand drap de lit,

et apporte-moi du lait chaud dans une écuelle d'argent aux armes du prince.

J'obéis. Dix minutes après, je revenais, avec le drap plié sur mon bras, et l'écuelle remplie d'un lait fumant que j'avais fait traire devant moi. Iza n'était plus à sa place. Ses vêtements étaient suspendus au saule. Un frisson me couvrit tout entier. Je m'arrêtai, n'osant plus faire un pas, la voix étranglée dans la gorge. Un grand éclat de rire répondit à mon effroi.

— Tu as le temps, cria-t-elle. Je suis bien ici.

La voix venait de la rivière. Iza, complétement nue, nageait dans cette eau glacée, faisant mille cabrioles, battant l'eau de ses petits pieds, plongeant, écartant ses cheveux, comme une véritable naïade, dont elle avait toutes les grâces.

— Tu es folle! lui criai-je; — tu vas te tuer.

— Non; je suis habituée à ça.

— Si quelqu'un te voyait?

— Il ne serait pas malheureux! Mais, sois tranquille, personne ne me verra; et puis n'ai-je pas mes cheveux et la tradition?

— Sors de là, je t'en supplie.

— Encore une minute.

Elle plongea de nouveau; puis, nageant, à fleur d'eau, jusqu'à la rive, elle saisit une racine, et, d'un bond, fut sur la berge, la tête et les épaules couvertes de grandes herbes qu'elle avait arrachées en regagnant la terre, et dont elle s'était parée avec ce goût instinctif qui présidait à ses plus simples coquetteries. J'avais ouvert le drap pour l'envelopper.

— Non; — le lait d'abord, me dit-elle.

Et, saisissant la coupe, elle se mit, toute mouillée et toute rose, à boire lentement, à petites gorgées, cette jatte de lait, la tête portée en avant, les reins légèrement cambrés, tout en disant :

— Tiens, voilà un motif de statue. Regarde ! Est-ce que ce n'est pas joli ?

Elle vida l'écuelle jusqu'à la dernière goutte; puis elle la jeta, à toute volée, sur le gazon, au risque de la bossuer.

— Si tu avais abîmé cette pièce d'argenterie ? lui dis-je avec un petit ton de reproche.

— Qu'est-ce que ça fait? elle n'est pas à moi.

Ce fut le premier mot qui me choqua en elle. De ce mot, un observateur eût conclu tout un caractère. Je me le suis rappelé bien des fois, — trop tard.

Quand j'eus dépouillé Iza de ses herbes et que je voulus l'envelopper du drap, elle n'avait plus une goutte d'eau sur toute sa personne; la chaleur de son sang avait séché sa peau.

— Vois comme j'ai chaud, me dit-elle.

En effet, de son corps brûlant se dégageait une buée légère, parfum visible.

— Tu ne recommenceras plus de pareilles folies, lui dis-je tout en la rhabillant, et en regardant, autour de moi, si personne ne nous voyait.

Elle reprit :

— Si tu savais comme c'est bon, l'eau froide! Il y avait plus d'une heure que j'avais ces trois envies : me dévêtir, me plonger dans la rivière et boire du lait dans l'écuelle d'argent. Si je t'avais demandé ton avis, tu m'aurais certainement empêchée ; j'ai bien mieux aimé exécuter sans rien dire.

Et, me sautant au cou, elle me serra dans ses bras, de toutes ses forces, et me tendit ses lèvres rouges teintées de lait.

XXXI.

Je vous raconte cette scène dans ses plus minutieux détails, parce qu'elle contient, en germe, les trois vices qui devaient perdre cette femme d'abord, et me perdre ensuite : l'impudeur, l'ingratitude, la sensualité. Cependant, sauf l'étonnement que m'avait causé la réponse au sujet de l'écuelle, cette aventure ne laissa, longtemps, dans mon esprit, qu'un souvenir d'amour, d'innocence, de gaminerie. Iza recommença plusieurs fois cette équipée, ou plutôt nous la renouvelâmes ensemble, car je voulais partager toutes ses sensations. Elle m'appelait Daphnis, je l'appelais Chloé ; et j'avais fini par trouver naturel ce bain mythologique, exclu depuis longtemps des mœurs civilisées.

Ces exercices et ces luttes avec les éléments étaient

d'ailleurs dans mes goûts, et il n'y aurait pas eu grand mal à ces ébats solitaires, si nous nous en fussions tenus là; mais l'amour que j'inspirais à Iza était essentiellement physique; l'âme ne s'y mêlait guère, tout en croyant y prendre part. Iza ne s'en doutait pas plus que moi alors, et, comme le sacrement qui nous unissait lui donnait le droit de connaître et d'avouer tous les effets du mariage, elle ne se cachait pas des joies matérielles qu'elle y trouvait.

Ici se place un aveu délicat. L'acte d'accusation portera indubitablement, car on a fini par savoir ce qu'Iza a répété tant de fois pour se disculper, depuis notre séparation : que je m'étais servi de ma femme comme d'un modèle. On me reprochera d'avoir démoralisé, à plaisir, la jeune fille que la Loi me livrait en toute propriété et dont je devais respecter l'innocence et la candeur.

Le premier point est vrai, le second est faux. Hélas ! la démoralisation était d'instinct, le vice était d'origine chez cette vierge; et, si l'un des deux a été démoralisé par l'autre, c'est l'homme qui a été démoralisé par l'enfant. Oui, je suis né avec toutes les ardeurs physiques de l'amour, et plus, avant le mariage, je les avais immolées à mon travail et à mon amour idéal, moins je devais songer, l'idéal une fois incarné, le mariage une fois conclu, à contenir et à dominer ces ardeurs, d'autant moins que je trouvais dans ma femme une constitution avide de les connaître. Alors, nous n'étions coupables ni l'un ni l'autre. J'avais vingt-six ans, Iza en avait à peine dix-huit; elle était la Beauté, j'étais la Force, et nous nous aimions.

Je vous dirai cependant, puisque vous voilà devenu mon confesseur, que mon premier sentiment, quand j'avais eu le droit de dépouiller de ses voiles cette créature divine, contenait plus d'admiration et de respect que de désirs. Tel est le privilége de la suprême Beauté. Elle exalte l'esprit, elle pénètre l'âme avant d'appeler les sens. Dans son admirable tableau de *Vénus et Adonis,* Prud'hon a traduit cette impression avec la délicatesse d'un poëte véritable et d'un véritable amant. La plus belle des divinités de l'Olympe, absolument nue et absolument femme, s'offre aux caresses et aux baisers du plus beau des mortels. Celui-ci la contemple, plein de ravissement, mais il n'ose, ni de ses doigts ni de ses lèvres, effleurer ce corps céleste que semble devoir flétrir le plus léger attouchement. Cette émotion naturelle, je l'avais comprise comme le Maître, éprouvée comme Adonis. Cependant elle avait fait place, peu à peu, pour moi comme pour le fils de Cinyre, à un sentiment plus humain; mais longtemps encore, jusque dans la possession, je restai pudique et je le serais resté toujours, si je n'avais obéi qu'à mes seules inspirations. Malheureusement, réservée et décente à l'excès devant les étrangers, Iza était sans aucune pudeur devant moi. Fière de sa beauté, elle m'en donnait le spectacle à chaque instant, sous le premier prétexte venu, et la scène du bain n'est qu'un des mille tableaux qu'elle se plaisait à m'offrir.

Ce n'était pas tout. En me disant, pendant qu'elle buvait : « Voilà une statue toute faite, » elle revenait, pour la vingtième fois peut-être depuis notre mariage, à son idée fixe, qui était de voir représenter, fixer, éterniser par le marbre, ces formes dont l'élégance et la pureté me ravissaient à la fois comme époux et comme statuaire. Elle n'eut pas besoin d'une bien grande insistance pour me convaincre. De plus forts que moi eussent succombé. Aimer son art, en posséder dans la femme qu'on adore l'expression la plus parfaite, et de ces deux amours n'en pas faire un seul, c'eût été difficile, peut-être même au-dessus des forces humaines, surtout quand il n'y avait pas à implorer, quand il n'y avait qu'à consentir. J'en appelle à la sincérité des femmes, s'il existe réellement des femmes sincères. Quelle est celle qui, se trouvant dans les conditions d'amour et de beauté où se trouvait Iza, n'eût pas été prise du même orgueil et de la même ambition ?

— Puisque je t'aime, puisque je suis jalouse de toutes les femmes et que tu me trouves la plus belle qui soit, me disait-elle; puisque, par bonheur, tu cultives un art où ma beauté peut t'être utile, disposes-en pour ta gloire comme pour ton plaisir. De cette façon, je serai partout dans ta vie, et tu me retrouveras dans toutes tes pensées. Je suis jalouse;

je ne veux pas que tu t'enfermes seul avec d'autres femmes; je ne veux pas que tu puisses être heureux, je ne veux pas non plus que tu puisses être inspiré sans moi. Je vieillirai. Il te faudra bien alors la preuve que j'étais belle. Et, si je venais à mourir demain, que te resterait-il de ton Iza? Le souvenir passe, le marbre reste. D'ailleurs, qui le saura maintenant? Et, si on le sait plus tard, tu m'auras immortalisée; voilà tout. Est-ce que tu ne veux pas que nous traversions ensemble la postérité comme nous aurons traversé la vie? Ce n'est pas le hasard, crois-le bien, qui a donné pour compagne et pour amie une belle fille à un grand artiste, c'est la Destinée. Enfin, cela me fera plaisir, voilà la meilleure raison.

Que pouvait-on répondre à de pareils arguments?

XXXII.

La première statue que j'exécutai d'après elle fut *la Buveuse,* dont elle m'avait fourni le motif à Sainte-Assise, et dont la réduction seule fut connue du public. Vous vous rappelez le succès qu'obtint cette composition. Non-seulement je ne voulus vendre à aucun prix, mais je ne montrai à personne, excepté à M. Ritz et à ma mère, la statue en marbre, grandeur naturelle, que je plaçai, comme un éternel souvenir des jours heureux, entre les deux fenêtres de notre chambre nuptiale. Elle est la reproduction exacte d'Iza, que j'avais moulée des pieds à la tête, portes bien closes, pendant une nuit. J'ai fait venir ensuite, pour détourner les soupçons, un modèle qui avait une grande réputation alors, la célèbre Aurélie ; mais, en réalité, je ne travaillais que d'après le moulage, dont j'ai détruit le creux et l'épreuve unique que j'en avais tirée. Je le regrette maintenant. Là était la preuve, et l'on n'en retrouvera peut-être plus une seconde, que la Nature peut à elle seule, donner la perfection ; et l'art, au moins, eût profité de cette beauté qui devait faire tant de mal. Voilà toute la vérité sur ce point.

A partir de ce moment, je n'eus plus d'autre modèle qu'Iza. Je réalisai le rêve de Pygmalion. Celle que j'aimais devint femme et statue tour à tour. Cependant, comme je tremblais qu'on ne surprît notre secret, je changeai les dimensions de mes œuvres.

Mon succès s'augmenta peut-être, ma valeur s'amoindrit certainement. Je m'écartais de l'idéal, de l'art pur, du grand art enfin. Je l'abaissais aux proportions étroites du précieux et du joli. Dominé par l'amour et par les sens, malgré moi j'entrais dans l'école sensualiste des Bernin et des Clodion. Je ne pouvais suffire aux commandes. Mon atelier ne désemplissait pas. Je me modérais néanmoins dans ma production, malgré les conseils d'Iza, affamée de bien-être et de luxe. Ma mère s'était chargée de diriger notre maison, direction que ma femme lui abandonnait de grand cœur. Être belle, m'entendre le lui dire, m'aimer et me fournir des motifs plastiques, car l'ingéniosité ne lui manquait pas, voilà tout ce qu'elle savait faire. La moitié de mon talent était maintenant en elle. Si je l'avais perdue à cette époque, je serais mort de chagrin, comme l'auteur de *Vénus et Adonis* après le suicide de sa maîtresse, car il est assez fréquent, parmi nous autres artistes, que la femme nous tue. Infidèle, elle tue Giorgione; amoureuse, elle tue Raphaël; morte, elle tue Prud'hon.

Très-évidemment, malgré les précautions que nous prenions, on soupçonnait la vérité, et, dans le nombre des amateurs qui se présentaient, plus d'un, sans que je m'en doutasse, n'achetait que l'image de la belle personne qui faisait quelquefois les honneurs de l'atelier. Je bénéficiais ainsi d'une curiosité déshonorante pour moi, et je me déconsidérais, sans en rien soupçonner.

Ce que je soupçonnais encore moins, c'était le plaisir que causait à Iza cette dénonciation de sa personne. C'était elle qui avait voulu que je fisse, pour le commerce, une réduction de *la Buveuse*, et, dès ce moment, elle éprouva une véritable jouissance à se révéler, *incognito*, à l'admiration du public. Quand nous sortions ensemble, le soir, elle s'arrêtait devant les magasins où figuraient, en montre, les épreuves de *la Buveuse* ou de la *Daphné*, et elle me disait tout bas, au milieu des groupes qui regardaient :

— Ils ne se doutent pas que c'est moi.

Elle était enchantée des milliers de désirs qu'elle éveillait, et de l'hommage insolent qu'on rendait au bronze ou au marbre qui la représentait. Ce n'était encore que l'infidélité de l'esprit, mais c'était déjà l'infidélité. Cependant, elle ne me quittait pas d'une seconde, et même, lorsque nous avions des visiteurs, c'est à peine si elle modérait l'expression de sa tendresse pour moi. Elle affectait de se montrer mon esclave, ma chose ; elle tenait à ce que l'on sût bien qu'elle m'adorait et qu'elle était inattaquable. En effet, nulle n'était plus chaste qu'Iza en ses vêtements ; on eût dit, en la voyant, avec ses longues robes blanches, sans taille, qui ne donnaient issue qu'à ses mains, ses pieds et son visage, une figure du Pérugin ou une statue de Donatello. Cette affectation de modestie dans toute sa personne, qui démentait les confidences secrètes de l'art, l'impossibilité pour les curieux d'affirmer les ressemblances positives, causaient un plaisir inexprimable à cet esprit déjà en quête d'excentricités.

Comme c'était pour moi, pour moi seul qu'elle voulait être aimée et admirée, je me faisais le complice de cette dépravation. Quel trouble une femme née vicieuse peut jeter, innocemment, dans les délicatesses de l'homme qu'elle domine! Je dis innocemment, parce que le vice a son innocence et sa naïveté. Il est des êtres créés pour le mal, des êtres qui en ont l'instinct, le besoin, et qui l'accomplissent sans en avoir ni la préméditation ni la conscience. Le serpent donne la mort, le lotus rend fou. L'animal et la fleur savent-ils ce qu'ils font? Non. La nature veut qu'il en soit ainsi; leur mission est de détruire, ils détruisent. Pourquoi? Dieu le sait. Certaines âmes sont douées, comme eux, de ce privilége fatal. Iza était une de ces âmes, et elle ignorait elle-même, à cette époque, c'est-à-dire pendant la première année de notre mariage, où devaient la conduire ces dispositions primitives.

En attendant, j'étais heureux, cela est certain, entre ma femme, mon travail et ma mère; qu'aurais-je pu désirer de plus? Un enfant peut-être? Il ne venait pas; comme si la nature eût hésité, soit dans la crainte de détruire une de ses œuvres les plus parfaites en brisant les lignes harmonieuses de ce beau corps pour donner passage à une autre vie, soit qu'elle inflige à de pareilles créatures la maternité comme une punition.

Iza, en effet, redoutait cet événement possible; elle s'effrayait des dangers et des dévastations qu'il entraînait avec lui. Quant à moi, j'avais tant souffert étant enfant, que, bien que mon enfant ne dût pas redouter les mêmes conditions, je n'ambitionnais pas absolument d'en avoir un. Je savais que les en-

fants pouvaient souffrir pour quelque raison que ce
fût, cela me suffisait. Ce petit être absent ne me
manquait pas encore. De nous trois, c'était ma mère
qui le souhaitait le plus. Regardait-elle le bonheur
de mon fils, bonheur tout prêt, comme une compensation aux douleurs du sien? Voyait-elle plus loin
que moi dans l'avenir, et comptait-elle sur cette
naissance pour modifier le caractère de sa bru, dont
les tendances ne pouvaient lui échapper.

— Nous avons bien le temps, lui disais-je quand
elle me parlait de son désir. Iza est si jeune! Laisse-la
donc être un enfant elle-même pendant quelques
années encore. D'ailleurs, ceci regarde la nature.

XXXIII.

A ce propos, je mentionnerai une observation
incompréhensible pour la masse des gens, et absolument vraie : Les hommes qui vivent de leur cerveau, savants, musiciens, écrivains, sculpteurs,
peintres, sont rarement nés pour être pères. A ceux
que Dieu a dotés du don de création intellectuelle,
il n'a donné qu'incidemment le goût de la procréation physique. Ces hommes aiment souvent les enfants d'autrui, cet amour ne les engageant à rien,
plus qu'ils n'aimeraient les leurs, s'ils en avaient.

Ils ont quelquefois horreur de ceux qu'ils ont. De ces pères dénaturés Jean-Jacques est le type monstrueux.

Eh bien, ce sentiment contre nature est parfaitement explicable, je puis le dire, puisque je l'ai subi comme d'autres. Je l'expie aujourd'hui, sans cesser de le comprendre. Avouons-le tout de suite : le génie est égoïste et absorbant. Il ne demande pas mieux que de se répandre, mais là seulement où son caprice le pousse. Il a horreur de tout ce qui l'enchaîne, de tout ce qui l'assimile aux autres hommes, de tout ce qui entrave son développement et gêne son essor. La famille, telle que la société l'a instituée, est une de ces entraves. Aussi presque tous les grands hommes l'ont-ils éludée ou sacrifiée, et les femmes qui ont pu vivre légitimement, jusqu'à la fin, avec des époux vraiment illustres ont-elles dû immoler au dieu du foyer bien des espérances et bien des illusions, parmi les plus chères et les plus douces. Les lions ne sont pas d'un commerce facile, et, si l'on veut vivre avec eux, il faut courir la chance d'être dévoré.

Maintenant, voici l'excuse du génie, s'il en a besoin, car il ne relève que du ciel, et n'est pas justiciable des conventions qui servent à régir les vulgaires humains.

Créer est certainement pour l'homme le point culminant de la puissance ; c'est par là qu'il se rapproche de Dieu. Dans l'amour du père pour son enfant, l'orgueil domine en quantité supérieure. « C'est moi qui ai donné la vie à ce petit être ! » Voilà ce qu'il se dit, quand il regarde et qu'il admire le bambin né de lui. Mais cette vie, il ne l'a pas donnée seul ; il lui a fallu la complicité de la femme, complicité telle que la femme est plus la mère de l'enfant que l'homme n'en est le père. Très-souvent, les deux parents sont jaloux de ce qu'ils se doivent l'un à l'autre dans cette production commune, et ils disent, chacun de son côté, non pas : « Notre fils » ou « Notre fille, » mais : « Mon fils » ou « Ma fille, » comme pour se faire une propriété personnelle de cette œuvre indivisible. De plus, cette œuvre est périssable, soumise à toutes les éventualités matérielles, vouée inévitablement à la destruction, puisque la seule chose qu'on puisse affirmer ici-bas, c'est la mort. Les jouissances qu'elle donne peuvent donc, d'un moment à l'autre, se changer en des regrets éternels et inutiles. Quel bien autre et bien plus puissant orgueil doit souffler à l'homme l'œuvre de son esprit, qui, au contraire, n'émane que de lui seul, et contient en elle le principe d'éternité. Elle illustre à jamais celui qui l'a conçue, elle porte son nom à travers les âges, elle fait partie de ce monde indestructible, quoique fictif, que la pensée humaine a créé à côté du monde réel, pour nous consoler de celui-ci. Dans la production de l'esprit, c'est l'homme seul qui a enfanté, le hasard n'y est pour rien, et son enfant, issu non pas d'une sécrétion de son sang, mais de ce que l'âme contient de plus pur, la méditation, la volonté, la persévérance, la douleur quelquefois, sera un compagnon, un ami pour des milliers d'individus, pour l'humanité entière, le jour où celle-ci comprendra enfin tout ce qu'elle est appelée à comprendre.

Voilà des créateurs divins qu'on appelle Moïse, Mahomet, Homère, Virgile, Dante, Shakspeare, Raphaël, Colomb, Galilée, Michel-Ange, Molière, Pascal, Montaigne, Mozart, Voltaire, Newton! Quelle émotion, comparable à celle que leur cause l'enfantement par l'esprit, peut apporter à ces hommes la mise au monde d'un petit être vagissant et mortel, que le dernier des portefaix engendre aussi bien qu'eux? Va-t-il se réduire à la famille, ce chercheur à qui le monde visible ne suffit pas? Va-t-il se concentrer dans l'adoration d'un atome, ce géant qui veut escalader le ciel, et déserter le royaume sans limites des idées pour le domaine étroit des sentiments? Non. Jésus lui-même a été forcé de choisir, et, pour prouver qu'il était Dieu, de n'être ni fils, ni époux, ni amant, ni père. Aussi a-t-il enfanté la plus grande idée connue.

XXXIV.

Comme nous voilà loin de moi! car ce raisonnement, fait au nom des hommes de génie, ne m'est applicable en rien! Ils ne me reconnaîtront jamais pour un des leurs, moi, pauvre homme de talent, que la passion a terrassé. Cependant, je me suis cru longtemps de leur race; mais, en mettant la passion au-dessus de l'art, je me suis séparé d'eux. C'était à moi de ne pas aimer, ou de ne demander à l'amour que l'inspiration ou le plaisir. Pour les hautes intelligences, la passion ne doit être qu'un moteur, ce que le vent est pour la mer : il la soulève, il la rend furieuse et magnifique; puis il disparaît et elle demeure.

Moi, je ne voyais plus que par Iza. Elle redoutait d'avoir un enfant; je ne souhaitais donc pas d'en avoir un. Aussi je fus presque aussi consterné qu'elle lorsqu'elle vint m'annoncer, avec une sorte de colère, qu'elle était enceinte. Toutes les imprudences qui auraient pu détruire cet état, elle les avait déjà commises avant de me rien dire. Il n'y avait donc plus d'espoir : il fallait être mère. Elle n'osa pas me proposer un crime; elle y pensa, j'en suis certain.

Elle passait ses jours et ses nuits à pleurer. Je l'apaisais de mon mieux en lui disant qu'elle resterait belle malgré tout, et que les larmes et l'insomnie l'enlaidiraient encore plus que cet accident naturel. Mieux valait se résigner et prendre toutes les précautions qui lui permettraient de donner la vie sans y rien perdre. Elle était, du reste, de ces créatures privilégiées, tellement construites pour l'amour, tellement souples, tellement ductiles, que la maternité les traverse sans laisser trace de son passage.

Je ne voulais plus qu'elle marchât; je la portais, je la regardais continuellement. Je dessinais et je modelais des enfants, des anges, des Amours aux petits membres charnus, aux faces rubicondes, aux reins potelés, aux ventres rebondis, et j'en entourais Iza, comme eût fait un artiste grec, pour que la mère conçût selon le Beau. Pendant ce temps, elle m'entretenait de sa mort possible; elle y revenait toujours; elle en avait une peur effroyable. Un frisson parcourait tout son corps, à l'idée de la terre humide. Elle exigeait alors de moi le serment que je ne me remarierais pas, et que j'irais tous les jours au cimetière. Elle désirait être ensevelie dans de la dentelle et couverte de fleurs. J'exécuterais sa statue, de grandeur naturelle, en marbre, et je l'étendrais sur son tombeau, pour que sa beauté lui survécût, et interrompît, un moment, la douleur de ceux qui passeraient près de sa dépouille. Elle avait enfin toutes les lâchetés et, dans ces lâchetés, toutes les grâces de la femme.

Depuis notre mariage, elle avait correspondu assez rarement avec sa mère; depuis le commencement de sa grossesse, cette correspondance était devenue plus fréquente. Je n'ai pas besoin de vous dire que, seul, je subvenais aux besoins de la comtesse, que *l'injustice et l'ingratitude du Czar* laissaient toujours dans la misère.

Iza finit par me dire que sa mère voudrait assister

à ses couches; qu'après tout, c'était sa mère, qu'elle mourrait avec un remords si elle mourait sans l'avoir embrassée.

A tout péché miséricorde. J'envoyai à la comtesse l'argent nécessaire pour son voyage. Elle arriva. Elle pleura, se jeta à mon cou, me baisa les mains, expliqua, atténua les faits, conclut à un *malentendu* entre ma femme et elle, m'appela son fils et s'installa dans notre maison. Elle passait tout son temps auprès de sa fille, ne lui parlant que polonais devant ma mère, et plusieurs fois je surpris Iza prêtant aux récits maternels une attention qui n'était pas dans ses habitudes. Je lui demandai quel était le sujet de ces entretiens si intéressants : elle me raconta ce qu'elle voulut.

L'homme qui épouse une étrangère, et qui ne comprend pas la langue de sa femme, n'a qu'une chose à faire, c'est d'apprendre cette langue au plus vite, sans que sa femme s'en doute.

Le 30 avril, il y a quatre ans, à minuit, Iza mit au monde ce fils pour lequel aujourd'hui j'essaye de me disculper et de vivre.

L'enfant fut confié à une nourrice et à ma mère, car Iza avait refusé de nourrir. Elle n'avait eu qu'un souci, à partir de sa délivrance : les précautions à prendre pour que cette grossesse ne laissât aucuns vestiges. Elle voyait son fils à peu près une demi-heure tous les jours, et elle n'y pensait plus, le reste du temps. Ma mère m'offrit de partir pour la campagne avec la nourrice et l'enfant. Le grand air ferait du bien au petit, disait-elle, et cet enfant ne pouvait encore être bien intéressant pour nous.

Il était évident que ma pauvre mère ne parvenait pas à s'entendre avec la comtesse, et qu'elle aimait mieux s'éloigner que de me donner le spectacle de leurs dissentiments. Je ne devinai rien alors. La comtesse me paraissait toujours aussi ridicule, mais que m'importait? j'étais aimé, et elle était la mère de celle qui m'aimait. Elle avait eu de mauvais projets : l'amour les avait déjoués. Je ne voyais plus en elle qu'une femme qui avait besoin de nous. J'étais si heureux, que je lui eusse pardonné bien autre chose!

Je consultai Iza sur la proposition de ma mère. Elle la repoussa, en ajoutant, comme si elle eût compris, elle, la raison véritable de ce départ :

— C'est inutile, ma mère va partir.

En effet, la comtesse, rassurée sur sa fille, prit congé de nous ; ses affaires, ses éternelles affaires, auxquelles je ne croyais plus depuis longtemps, la rappelant de nouveau en Pologne.

Un mois après ses couches, Iza était debout, plus belle qu'elle n'avait jamais été.

Je ne vivais plus guère que dans ma famille. Nos relations étaient peu étendues. L'hiver, j'avais deux ou trois grandes réunions dans mon atelier. Chaque semaine, je donnais à dîner à quelques-uns des hommes remarquables de Paris. Vous m'avez fait, trop rarement, à cette époque, l'amitié d'être des nôtres. Vous vous rappelez ce qu'étaient ces réunions, à la surface du moins, car Dieu sait ce qu'il y avait dessous.

L'été, je louais à Auteuil une petite maison, avec un grand jardin et un vaste hangar transformé en atelier. Nous nous y établissions dès le printemps, et je n'en sortais que pour les travaux qui exigeaient ma présence à Paris. Iza semblait s'accoutumer à son rôle de mère. Si elle n'adorait pas encore Félix, du moins il l'amusait; il l'intéresserait sans doute plus tard.

En attendant, la maternité, tout en me la rendant aussi belle, plus belle peut-être qu'auparavant, semblait l'avoir faite plus chaste et plus pudique, même dans notre intimité. Cette sensation nouvelle lui révélait des devoirs nouveaux; elle le disait du moins. Il n'était plus question d'utiliser sa beauté, et je pouvais recevoir tous les modèles, sans qu'elle manifestât la moindre jalousie. Elle avait honte même de s'être prêtée à ces fantaisies d'art; elle en rougissait. Il fallait rejeter cette condescendance sur la passion, et sur l'ignorance de la jeunesse. Je l'aimais mille fois davantage quand elle parlait ainsi. Elle était aussi plus tendre pour ma mère qu'elle ne l'avait jamais été. Ah! qu'elle joua bien son jeu! Qui aurait pu soupçonner l'avenir, en la voyant se rouler, avec son enfant, sur les foins parfumés, pendant les belles soirées de juin, tandis que, couché sur le gazon, je me sentais me fondre dans la nature entière, à peine suffisante pour contenir mon bonheur !

XXXV.

Vers l'automne, je reçus une lettre de la comtesse, qui m'annonçait son prochain retour à Paris et sa résolution de s'y fixer définitivement. Elle me remerciait de mon hospitalité, et me remboursait l'argent que j'avais mis à sa disposition. Tous ses procès étaient terminés. Elle rentrait enfin dans une somme importante, et elle profitait de cette rentrée pour ne plus quitter sa fille, certaine qu'elle était de ne plus m'être à charge. Elle ne demeurerait pas avec nous ; elle ne voulait pas nous gêner ; mais, au moins, elle serait dans la même ville que ses chers enfants. Elle se faisait une fête d'aider ma mère dans l'éducation du petit.

Elle arriva et loua une maisonnette, avenue Marbeuf ; nous habitions, nous, la grande maison qui porte le numéro 71, dans la rue de Berry. Nous étions donc voisins. Iza allait, presque tous les jours, voir sa mère avec la nourrice et l'enfant. Quelquefois je l'accompagnais ou j'allais la reprendre. La comtesse venait dîner avec nous, quand bon lui semblait. Ces jours-là, elle apportait sa broderie, ou travaillait pour son petit-fils. C'était patriarcal. Elle avait abdiqué toute prétention ; elle acceptait la vieillesse sans résistance ; elle arborait bravement les cheveux gris. Elle avait de quoi vivre et bien vivre, elle était sûre de l'avenir, elle pouvait nous aimer sans être soupçonnée de calcul, elle ne demandait plus rien à Dieu. Nos meilleures soirées se passaient ainsi : moi dessinant ou modelant, ma mère endormant son filleul, la comtesse brodant et racontant ; Iza faisant de la musique, chantant, riant, mangeant des bonbons.

Cependant, ma mère devint tout à coup de plus en plus triste. A plusieurs reprises, je lui vis les yeux rouges. Je lui demandai la cause de cette tristesse subite ; elle la nia. « L'âge, disait-elle, sa vie inutile ; elle était peut-être trop heureuse. Elle avait toujours travaillé ; elle ne travaillait plus. C'était cela sans doute. »

Mes relations avec M. Ritz s'étaient espacées de plus en plus. Atteint d'une maladie de foie qui le rendait hypocondriaque et le condamnait à la vie sédentaire, il vivait tout à fait avec sa fille et son gendre. Il ne me traitait plus comme son enfant. Iza mettait ce changement sur le compte de la jalousie : l'élève éclipsait trop le maître. C'était possible. Et puis sa fille n'avait pas grand plaisir à recevoir Iza. Iza était plus jolie, plus élégante, plus admirée, plus enviée que madame Niederfeld. Rivalités de femmes ! Pourquoi pas ? On s'en tenait donc à la stricte politesse. On se rendait ses visites aux jours officiels, visites de vingt minutes chacune. Rien de plus. Cette attitude de M. Ritz et de sa fille eût dû m'éclairer. Je ne vis rien. Les raisons que me donnait ma femme me paraissaient excellentes.

Avec Constantin, c'était autre chose. Il avait fait plusieurs campagnes en Afrique ; après quoi, blessé, décoré, il était revenu en France, et restait à Paris, aide de camp du maréchal ministre de la guerre. Il menait joyeuse vie. Cependant, dès son retour, il avait pris ma maison en habitude, il y venait souvent; puis ses visites étaient devenues moins fréquentes, et finalement elles avaient cessé. Quand je le rencontrais, par hasard, et que je m'étonnais et me plaignais de son indifférence pour nous, il se contentait de me serrer la main et de s'excuser avec des phrases banales. La dernière fois que je le vis avant les grands événements qui se préparaient, il me dit, comme s'il eût eu la prévision de leur imminence :

— Tu es certainement un des hommes que j'estime et que j'aime le plus ; mais, tu le sais, on ne fait pas toujours tout ce qu'on voudrait faire. Un jour, cependant, si tu as besoin d'un ami véritable, compte sur moi. Je suis de ceux qu'on ne voit jamais et qu'on trouve toujours.

Je fis part, machinalement et sans aucune arrière-pensée, de cette conversation à Iza. Elle y répondit par un de ces sourires demi-confidentiels qui signifient : « Je connais la vérité, moi. Ce n'est pas ça. »

Je l'interrogeai.

— Jure-moi, me dit-elle, sur l'honneur, que tu ne parleras à personne, pas même à ta mère, et surtout pas à Constantin, de ce que je vais te dire.

— Je te le jure.

— Et que cela ne changera en rien ta manière d'être avec lui ?

— En rien.

— Sur l'honneur ?

— Sur l'honneur.

— Eh bien, Constantin m'a fait la cour très-vivement, et, s'il ne vient plus ici, c'est que je l'ai prié de n'y plus venir. Je ne t'en ai pas parlé, parce qu'il est inutile d'occuper son mari de ces questions-là. Une femme qui se respecte sait se faire respecter. Aujourd'hui, le fait est sans importance, et je puis tout te dire. Tu le crois ton ami; tu le crois un galant homme. Je ne suis pas de ton avis, voilà tout, et je le crois même capable de vilaines vengeances. Il ne t'a jamais mal parlé de moi ?

— Jamais.

— Cela m'étonne, il y viendra. Oh! les hommes blessés dans leur amour-propre, nous savons ce que c'est, nous autres femmes. Tu m'as promis !

— Sois tranquille, je ne dirai rien.

Mais je fus pris pour mon ancien camarade d'une haine instantanée, et, si je l'eusse rencontré ce jour-là, je l'eusse certainement provoqué.

Ce fut le premier de ces symptômes précurseurs

que j'ai laissés passer sans y faire attention et qui, plus tard, se sont dressés devant moi et démasqués en m'appelant imbécile. En effet, c'était à moi de voir.

Un autre jour, Iza me dit :

— J'ai un aveu à te faire et un pardon à te demander.

— Quoi donc?

— Le buste que tu as fait de moi quand j'avais quatorze ans, que tu m'as envoyé en Pologne...

— Oui, — eh bien?...

— Il était resté là-bas, en nantissement avec bien d'autres affaires à nous.

— Que j'ai offert souvent de dégager.

— Ma mère ne voulait pas, elle t'avait déjà bien assez d'obligations. Lors de son dernier voyage, elle n'a pas pu voir l'individu qui nous avait prêté de l'argent sur tous ces objets. Il était en voyage. C'est un juif qui fait le commerce des cachemires. Ma mère a laissé l'argent de notre dette à un de nos amis, et nous sommes rentrés, à distance, en possession du buste. Au lieu de le faire revenir, je l'ai envoyé à ma sœur; ai-je eu tort?

— Tu as eu raison, chère enfant.

— En somme, c'est ma sœur, et elle nous a toujours obligées tant qu'elle a pu. Tu ne m'en veux pas?

— Es-tu folle?

Deux mois plus tard, le jour de sa fête :

— Sais-tu que j'ai fait un beau placement, sans

m'en douter, en envoyant mon buste à ma sœur. Regarde.

Elle ouvrit un écrin contenant un collier de diamants et d'émeraudes qui valait de trente à quarante mille francs.

— C'est ta sœur qui t'a envoyé cette parure ?

— Qui veux-tu que ce soit ? Voici sa lettre. Elle est charmante.

— Ce présent est beaucoup trop important. Il m'embarrasse.

— N'aie pas de scrupules, ma sœur est riche et vaniteuse. Tant que je n'ai été qu'une pauvrette, elle m'a fait l'aumône ; maintenant que je suis la femme d'un homme illustre, elle est fière de moi. Il paraît que tu es encore plus célèbre en Russie qu'en France. Du reste, elle a bien fait les choses. Ce bijou vient du magasin anglais, perspective de Newski; et elle me montrait le nom et l'adresse en caractères d'or sur le satin blanc de l'écrin.

Puis elle me lut la lettre de sa sœur, lettre écrite en français, et remplie de remercîments et de compliments pour moi.

— Eh bien, moi, je te donnerai les boucles d'oreilles, dit la comtesse, présente à cette conversation.

— Mais, maman, des boucles d'oreilles en émeraudes et en diamants de cette qualité-là, c'est une affaire de dix à douze mille francs, presque une année de ton revenu.

— Et la terre de Starckau qui va me revenir !

— Vraiment ?

— Et pour laquelle j'ai déjà acquéreur. Tout cet argent-là est pour toi, ma chère fille, pour vous, mes chers enfants ; que je vous le donne en diamants ou en écus, peu importe !

Je ne voulais pas être en reste avec la sœur d'Iza, je lui offris un marbre qu'Iza se chargea de lui expédier.

Un mois après, Iza avait les boucles d'oreilles.

Six semaines plus tard, en revenant de la promenade avec sa mère, la nourrice et le petit, Iza me dit du ton le plus naturel :

— Devine qui nous avons rencontré aujourd'hui.

— Je ne sais.

— Cherche.

— Quelqu'un que je connais ?

— De nom seulement ; mais tu ne dois pas avoir oublié ce nom.

Je nommai différentes personnes.

— Tu ne trouveras jamais.

Elle prit un temps, comme on dit en termes de théâtre, pour bien s'assurer qu'elle pouvait jouer avec ma confiance et qu'elle n'avait rien à craindre ; puis, avec l'expression d'un enfant heureux que l'on n'ait pas deviné son énigme, elle me jeta ce nom :

— Serge.

Je pâlis, sans le moindre soupçon, sans le moindre pressentiment même ; mais ce Serge était le seul homme qui eût quelquefois troublé ma pensée, et je reçus ce nom comme une secousse.

— Il t'a parlé? demandai-je.

— Oui. Si tu avais vu sa contenance, tu te serais bien amusé. Un homme qui ne pouvait vivre sans vous, qui devait se tuer s'il ne vous épousait pas, et qu'on rencontre, tout à coup, se portant très-bien. Tu vois d'ici le tableau. Je n'ai pas pu m'empêcher de lui rire au nez. Ma foi, tant pis. Du reste, il a eu le bon goût de ne faire aucune allusion au passé.

— Tu ne l'as pas invité à venir nous voir, je pense?

— Non ; mais il peut venir ou ne pas venir, ce sera toujours tout de même. Est-ce que j'ai eu tort de te mettre au courant de cette rencontre? Est-ce que tu veux que j'aie des secrets pour toi? Tu n'as qu'à le dire.

— Tu as eu raison, au contraire. Embrasse-moi!

Et elle passa immédiatement au récit de sa promenade, de ses petites acquisitions, du temps qu'il faisait et du monde qui encombrait les rues.

XXXVI.

Environ un mois après cette scène, j'arrivai à Auteuil, à l'improviste. Au moment d'ouvrir la porte du salon, j'entendis la voix d'Iza ; elle était montée à un diapason que je ne lui connaissais pas.

— Ah! elle *m'embête!* disait-elle.

J'entrai.

— De qui parles-tu ainsi? lui demandai-je.

— Nous parlons de la femme de chambre, dit la comtesse.

— Mais tu n'en parles pas, chère enfant, dans les termes où une femme comme toi doit parler, même d'une inférieure; qu'est-ce que tu as à lui reprocher?

— Rien de grave; mais je suis mal disposée aujourd'hui. — Ta mère est souffrante.

— Ma mère! Est-ce qu'elle est couchée?

— Non, elle se plaint de maux de tête.

— Pourquoi n'es-tu pas auprès d'elle?

— Elle veut être seule.

Je courus à la chambre de ma mère, que je trouvai pâle et dans une agitation très-grande.

Certainement elle avait pleuré, et elle était près de pleurer encore, surtout depuis que j'étais entré. Il lui fallait une volonté comme celle qu'elle avait pour rester maîtresse d'elle-même.

— Iza me dit que tu es malade.

— Ce n'est rien, mon enfant; des douleurs à la tête.

— Tu as pleuré.

— Oui, la souffrance a été un moment intolérable.

— Pourquoi veux-tu être seule?

— Parce que le moindre bruit m'énerve.

— Est-ce que tu as à te plaindre de quelqu'un ici?
— De personne.

Elle ne put se contenir davantage et se jeta dans mes bras en fondant en larmes. Je commençai à m'effrayer.

— Il y a quelque chose, dis-le-moi.
— Rien.
— Il est arrivé un accident à l'enfant?
— L'enfant va bien; non, je t'assure, c'est moi qui suis maussade. Depuis quelque temps, je souffre; mais te voilà, je me sens mieux. Descendons au salon.

Elle fut calme toute la soirée. Pendant huit jours, je ne quittai pas la campagne, et, pendant ces huit jours, ma mère, ma femme et la comtesse furent au mieux.

Cependant ma mère changeait visiblement; elle s'affaiblissait de jour en jour. Je consultai un de mes amis, médecin, et lui demandai la vérité.

Elle avait une hypertrophie du cœur : la maladie de ceux qui ont trop aimé, trop travaillé ou trop souffert. Le mal datait de loin; on ne pouvait plus le vaincre, on ne pouvait que le surveiller. Surtout pas d'émotion trop vive, c'était la recommandation expresse.

Je vous laisse à penser dans quel ordre d'idées me jeta cette nouvelle. Je ne quittai plus ma mère, à qui la vérité n'échappait pas. S'il ne se fût agi que de la mort, elle l'eût acceptée vaillamment. Mourir n'est rien pour ceux qui ont lutté beaucoup; ce n'est que la dernière lutte. Mais elle était informée des intrigues qui m'environnaient, dont je ne soupçonnais rien, dont elle ne voulait rien me dire, car elle tremblait que cette révélation ne me tuât. Tant qu'elle serait là, elle pourrait se jeter entre les événements et moi; me servir de refuge, me fortifier, me consoler, si la vérité se faisait jour. Elle morte, qu'arriverait-il, en cas de malheur? Voilà quelle était la pensée persistante de cette mère à qui l'on avait défendu toute émotion.

Rien ne précipite la vie comme un secret qu'on ne peut dire, qui va mille fois par jour du cerveau jusqu'au bord des lèvres et qui retombe ensuite de tout son poids sur le cœur. Heureusement, ma mère avait un confident, Constantin, à qui elle me recommandait, et qui m'a tout répété plus tard. Elle allait le voir quand elle pouvait sortir; mais il ne put venir que rarement, quand elle fut condamnée à garder la chambre. Je lui savais gré de ses visites, et la cause qui l'amenait chez moi atténuait un peu mon ressentiment; mais la confidence d'Iza n'en était pas moins entre nous.

— Tu n'as pas de meilleur ami que Constantin, me disait ma mère. Promets-moi, s'il t'arrivait un de ces malheurs qu'il faut prévoir pendant les temps heureux, pendant ceux-là surtout, de confier ton enfant à sa sœur. N'oublie jamais qu'à cette famille tu dois d'être ce que tu es. Tout notre bonheur nous est venu de là. Défie-toi de l'ingratitude, si facile dans le succès.

Iza soignait ma mère avec toutes les apparences du dévouement; mais la maison devenait bien triste pour elle. Elle s'ennuyait visiblement. Je lui donnais toutes les distractions possibles; ma mère elle-même l'exigeait; mais avec quelles inquiétudes je l'accompagnais soit au spectacle, soit en soirée! Le plus souvent, je la laissais aller avec la comtesse, et, à mon plus grand étonnement, elle ne se faisait pas prier pour sortir sans moi. Il me semblait qu'elle eût dû partager mes angoisses et mes craintes. Elle était si jeune! j'avais toujours une bonne raison à son service.

Deux ou trois fois, ma mère, qui sentait sa fin prochaine, eut de véritables conférences avec ma femme, sans témoins. Celle-ci en revenait toute troublée.

— Épargne-moi ces scènes-là, me dit-elle un jour; elles me font beaucoup de mal.

Ma mère ne quittait plus son lit; les derniers symptômes ne laissaient aucun espoir. De toutes les manières de quitter ce monde, la maladie du cœur est la plus douloureuse à la fois pour celui qui meurt et pour ceux qui voient mourir.

— Il n'y a rien qui puisse la sauver? demandais-je au médecin.

— Il y a les miracles, me répondit-il un jour avec ce triste sourire de la science impuissante et positive.

Ce jour-là, je restai pendant deux heures dans une église. Je ne sais pas ce que je dis à Dieu, quel échange je lui offris de ma gloire, de ma santé, de mon bonheur contre la vie de ma mère, mais jamais certainement une créature humaine n'a imploré le ciel avec avec plus de ferveur et d'humilité.

Dieu ne répondit pas.

— Mon cher fils, me dit la douce et courageuse malade, la veille de sa mort, excepté de t'avoir donné le jour dans des conditions mauvaises, je n'ai rien à me reprocher à ton égard. Depuis ta naissance, je n'ai eu souci que de ton bonheur, et je m'en vais sans crainte et sans remords. Si la bénédiction de l'être qui t'a le plus aimé sur terre, je le dis avec confiance, si cette bénédiction peut te garantir, pendant le temps que tu as encore à vivre, je te la donne du plus profond de mon cœur. J'ai acquis le droit de bénir, à ce moment suprême. Oui, n'est-ce pas? Les fautes que j'ai commises, je les ai expiées. J'ai, pour preuve de cette expiation, l'amour et le respect de mon fils et le bonheur qu'il m'a donné; car il n'y a jamais eu de mère plus heureuse que la tienne, sache-le bien, et que ce soit ta consolation quand elle ne sera plus. Je me suis bien des fois demandé si, avant de mourir, je te révélerais le secret qui a pesé sur une grande partie de ta vie. A quoi bon? Pardonne, mon enfant, même sans savoir à qui tu pardonnes. Nous sommes tous bien faibles; nul ne peut répondre de soi; et, quand vient l'heure que j'entends déjà sonner, on se sent plus fort si l'on a été indulgent. Je te laisse plein de talent, de gloire et de santé, entre ta femme et ton fils, que tu aimes et qui se partageront peu à peu la place que je vais laisser vide. C'est tout naturel; ne te refuse pas à ce partage; ne m'oublie pas trop vite, c'est tout ce que je te demande. J'ai été, toute ma vie, une ignorante, mais je t'affirme qu'il y a un Dieu et que nous nous retrouverons quelque part. Embrasse-moi; ne me quitte pas jusqu'à la fin, et que je te touche encore quand je ne pourrai plus t'entendre ni te voir.

Je me rappellerai toujours l'air qu'un orgue des rues se mit à jouer sous nos fenêtres, au moment même où ma mère cessa de parler. Je voulus le congédier.

— Non; laisse cet homme gagner sa vie, me dit-elle, et donne-lui quelque argent. J'aime cette musique des pauvres, qui a si souvent accompagné mon travail.

Elle demanda un prêtre. Elle mourut le lendemain, à cinq heures du soir, après une longue agonie, peuplée de fantômes, hallucinée par le délire; mais la chère mourante ne laissa pas échapper un mot du secret qui avait accéléré sa mort.

Quand je la vis immobile et froide, cette mère qui avait été si longtemps tout mon cœur et toute ma pensée, il me sembla que j'allais tomber à la renverse, comme une masse inerte et désormais inutile. Ainsi c'était fini! Ces joies, ces baisers, ces tendresses, ces sacrifices sans nombre, ce dévouement sans relâche, nos chères gaietés, nos communes tristesses, les bons rires et les bonnes larmes d'autrefois, les souvenirs et les réalités, les espérances et les promesses de l'avenir : — rien. Un dernier souffle avait tout emporté. Des étrangers, des animaux vivaient, et ma mère était morte! Ce n'était pas possible! ce n'était pas moi!

XXXVII.

Je crus bien sincèrement avoir fait connaissance avec la plus grande douleur humaine. Hélas! pourquoi Dieu ne m'a-t-il pas laissé cette croyance? Iza pleura beaucoup : émotion purement physique dont toutes les femmes ont le privilége. Ce qui est noir les effraye. Le lendemain, elles n'y pensent plus. Je n'en fus pas moins touché, et je reçus un grand soulagement de ces larmes faciles.

Cependant, je restai plus de six mois sans pouvoir sourire même à elle, même à mon enfant. Tout à coup une image frappait mes yeux, une scène, un mot du passé traversait mon esprit; je me mettais à sangloter en baisant les mains d'Iza, et je restais ainsi des heures, sans dire une seule parole.

Je travaillais avec acharnement. Je commençai à mettre de l'argent de côté pour mon fils, à qui je n'aurais laissé que bien peu de chose si j'étais mort à cette époque. Nous dépensions tout ce que je gagnais. La mort me fit voir la vie sous son aspect sérieux, imposant des devoirs au delà de ce monde. La renommée, le talent, l'amour même, ne m'apparurent plus tout à coup que comme des jouissances passagères. Mon esprit fut saisi de préoccupations religieuses. Si j'avais été seul à la mort de ma mère, l'art n'eût pas suffi à me consoler ; je me serais probablement retiré dans un couvent, pensée qui ne pouvait me venir entre mon fils et ma femme. Je me plongeai dans l'art mystique. Durant une année entière, je fus véritablement un artiste du moyen âge. C'est alors que j'exécutai la statue de sainte Félicité, que je représentai, d'après la légende, marchant au supplice en allaitant son enfant, et à qui je donnai les traits de ma mère, dont elle était la patronne.

Comme tous les artistes, j'utilisai ma douleur, et je l'usai en l'utilisant. Elle s'évapora peu à peu et je la regardais, pour ainsi dire, flottant comme une vapeur blanche dans mon ciel redevenu bleu. Comme elle était de ces douleurs prévues, annoncées, conciliables avec la nature, mon raisonnement, aidé de mon travail, de ma femme, de la jeunesse et de ce besoin d'oublier et d'espérer qui est l'égoïsme humain, me familiarisa insensiblement avec elle. Je ne l'entendis bientôt plus que comme une sourdine un peu triste dans le mouvement et le bruit de la vie générale. Enfin, un jour, je me surpris à rire, comme si ma mère eût été là.

Pauvre humanité!

Iza avait voulu porter le deuil aussi longtemps que moi; je m'y étais opposé et je l'avais rendue, au bout de six mois, à ses ajustements joyeux. Elle avait refusé de les reprendre complétement.

— Laisse-moi faire, m'avait-elle dit, je dois bien cela à ta mère.

Un matin, je reçus une lettre anonyme ainsi conçue :

« Vous êtes un mari comme on n'en fait plus; vous ne vous apercevez pas que votre femme sort tous les matins, et qu'elle court les rues quand vous la croyez bien tranquillement dans sa chambre. Suivez-la donc, et vous en apprendrez de belles; mais ne lui montrez pas cette lettre, vous ne sauriez rien.

» *Un ami.* »

On dira tout ce qu'on voudra contre la lettre anonyme; elle ne manque jamais son effet. C'est une arme abominable, déloyale, infâme, mais c'est une arme sûre.

Je cachai, de mon mieux, mon émotion, tout le reste du jour. Vingt fois je fus sur le point de montrer cette lettre à Iza, et de lui demander la vérité. Je me contins.

Le lendemain, j'étais habillé avant le jour, et,

caché derrière les rideaux de ma fenêtre, je guettai cette sortie mystérieuse.

Vers huit heures, Iza, voilée, vêtue de noir, sortit de la maison, en regardant autour d'elle et derrière elle, si personne ne l'épiait. Vous devinez de quels battements de cœur je fus pris à cette vue. Elle monta dans une voiture qui passait. Je ne fis qu'un bond de ma chambre à la rue. Cette voiture, je l'eusse reconnue entre mille; je la rejoignis bientôt, ou plutôt je la suivis, à distance. Elle prit les boulevards extérieurs et gagna le cimetière Montmartre. Iza en descendit, entra dans le cimetière ; le jardinier la salua en la voyant, comme une visiteuse habituelle, et l'accompagna, avec des fleurs, jusqu'à la tombe de ma mère, que je n'avais pas visitée depuis quelques jours. Iza s'y agenouilla, et fit disposer les fleurs devant elle; après quoi, elle revint à la maison, par le même chemin, et en prenant les mêmes précautions.

A peine fut-elle rentrée, que je lui sautai au cou, et, lui donnant la lettre anonyme, je lui demandai pardon de l'avoir suivie.

— A quoi tient la confiance de l'homme qui nous aime! dit-elle avec un soupir.

A compter de ce jour, lorsqu'elle sortait vêtue de noir, je l'embrassais et je lui serrais la main, sans lui demander où elle allait.

. . . .

XXXVIII.

M. de Merfi, un des amateurs les plus connus de Paris, qui possède une grande propriété près de Chartres, m'avait invité souvent à venir chez lui ouvrir la chasse. J'avais accepté l'année dernière, et je devais partir, le 30 août, à six heures du matin.

J'avais accepté comme on accepte souvent ces sortes d'invitations, par pure politesse, en se disant : « C'est si loin, cela n'arrivera jamais. » La date fixée arrive, et l'on se voit menacé d'un plaisir bruyant, qui détonne dans les habitudes de travail, de solitude et d'affections qu'on a contractées ; qui appartient à à un autre monde, et qui va vous mettre en contact avec des curieux, des complimenteurs et des bavards. Le temps que vous allez perdre vous paraît être celui que vous auriez le mieux employé si vous étiez resté chez vous. Jamais vous ne vous êtes senti en pareilles dispositions ! Et voilà qu'il faut monter en voiture, abandonner une jouissance certaine pour un amusement douteux, et quitter ceux que vous aimez, à qui un accident, dont vous avez le pressentiment tout à coup, peut arriver en votre absence. Cependant vous avez promis. Le hasard ne vous tirera donc pas de là ? Comment faire ? Se dégager, trouver une excuse, mentir ! C'est bien embarrassant et de bien mauvais goût. On souhaite une indisposition véritable, un petit événement qui vous mette dans votre droit! Pourquoi n'a-t-on pas prévu la disposition d'esprit où l'on serait? On donnerait une bonne somme pour ne s'être pas embarqué dans cette mauvaise passe. On voit à distance le maître de la maison qui compte sur vous, qui prend ses mesures en ce qui vous concerne, qui dit: « Nous aurons un tel, charmant garçon, » à moins qu'il ne dise : « Si je n'avais pas invité celui-ci, j'aurais pu inviter celui-là, qui est bien plus amusant. » Le temps marche. Plus on tardera à se dégager, plus on sera impoli; mais aussi plus l'excuse viendra tard, plus elle paraîtra vraisemblable, et plus elle sera définitive. Enfin, à la dernière heure, la veille, presque avec la honte et le remords d'une vraie mauvaise action, on écrit qu'on est désespéré de ne pouvoir se rendre à cette partie dont on se faisait une fête, mais qu'une circonstance indépendante, etc., etc. On pense un moment à dire que cette circonstance est une maladie subite de la femme ou de l'enfant; mais l'amphitryon enverrait savoir des nouvelles, il apprendrait qu'on l'a trompé, il se blesserait avec raison. Et puis on est superstitieux! La maladie serait capable de venir.

Telles sont les réflexions que l'on fait et que je faisais, de huit heures à dix heures du soir, le 29 août, devant ma valise, qu'Iza avait voulu remplir elle-même, avec toutes les prévoyances de la meilleure ménagère. Je regardais mon fusil dans son étui de cuir, mes provisions de chasse et mon chien que j'avais acheté exprès, quelques jours auparavant, et que j'admettais dans ma chambre, pour l'accoutumer à moi.

— Décidément je n'irai pas, dis-je tout à coup; je vais écrire à M. de Merfi.

— Tu ne peux plus, me dit Iza, il est trop tard.

— Non, il n'est que dix heures, et il ne rentre jamais avant minuit.

— Ce sera bien impoli.

— Tant pis.

— Tu te serais amusé.

— Non.

— Cela te fera du bien. Va donc! une fois que tu y seras, tu seras enchanté d'y être.

— Donne-moi du papier et de l'encre.

— Je crois que le domestique est couché. On lui a dit qu'on n'avait plus besoin de lui, et qu'il vienne te réveiller à cinq heures, demain.

— Sonne-le.

Et je me disais :

— Si le domestique est couché, j'irai à la chasse.

A quoi tient la destinée! Si cet homme eût été dans son lit, rien de ce qui est arrivé ne serait arrivé peut-être.

Il veillait encore. Je lui remis ma lettre pour M. de Merfi, et je poussai un soupir de soulagement comme un prisonnier qui sort de prison. J'avais donné pour excuse de mon absence : que j'étais forcé de terminer un travail important dans les quarante-huit heures. La grande chaleur pouvait sécher *ma terre* et la détruire si je l'abandonnais pendant trois jours. M. de Merfi, en recevant ma lettre, aurait peut-être l'idée de venir insister gracieusement. Je résolus de travailler, pendant deux heures, afin qu'il me trouvât dans l'attitude d'un homme qui va passer la nuit. De cette façon, je n'aurais pas menti absolument.

— C'est cela, me dit gaiement Iza : travaillons; et, si M. de Merfi vient te relancer ce soir, ma foi, tu iras à la chasse demain. Tu lui devras bien cela, à ce pauvre monsieur.

— C'est dit.

Et, la conscience tout à fait libérée par cette transaction, je me mis à dessiner le sujet que je me promettais de commencer au point du jour. Je travaillais dans le silence, montrant mon dessin à Iza, qui m'embrassait, quand elle se penchait pour le voir.

Personne ne vint. A minuit, je rentrai dans ma chambre. Iza rentra dans la sienne. Je dormis assez mal, comme si j'avais toujours dû partir à cinq heures. Je me réveillai de grand matin, et je me mis au travail, sans bruit.

XXXIX.

Il était six heures à peu près quand Iza ouvrit, tout doucement, la porte de sa chambre.

Je vous ai dit que sa chambre donnait sur l'atelier. Dans la position que j'occupais, Iza ne pouvait me voir, caché que j'étais par un énorme groupe. Je la voyais, moi, dans une petite glace de Venise, accrochée à ma gauche, légèrement inclinée et qui trahissait ainsi tous les détails de l'atelier. Les cheveux défaits; vêtue d'une chemise qui tombait sur ses bras et d'un seul jupon, Iza, retenant son haleine, s'avançait sur la pointe de ses petits pieds nus, relevant d'une main son jupon de mousseline, cachant quelque chose dans l'autre main. Elle tournait les yeux du côté de ma chambre pour s'assurer que je n'en sortais pas. Elle s'y prenait donc au mieux pour ne pas me voir, puisqu'elle regardait justement du côté opposé à celui où j'étais.

Je me figurai qu'elle venait me rendre une de ces visites matinales si bien accueillies par un jeune époux, et que motivent et accompagnent, si gaiement, les premiers chants, les premiers rayons et les premières brises d'une journée d'été. Autrement, pourquoi aurait-elle quitté sa chambre de si bonne heure, dans un pareil négligé? Je retins mon haleine, et me fis immobile comme les figures qui m'entouraient. Elle passa devant ma chambre, en se retournant une dernière fois, pour ne pas être surprise, et se dirigea vers la porte de l'antichambre.

— Ah çà! où vas-tu? lui dis-je.

Elle poussa un cri inimitable, intraduisible, le cri d'une âme qui était à cent mille lieues de l'endroit où on la rappelle en une seconde; et, se retournant comme mue par un ressort, elle s'adossa au mur pour ne pas tomber, portant sa main à son cœur et blanche comme son linge.

Je courus à elle. Elle avait eu le temps de se remettre.

— Ah! que tu m'as fait peur! dit-elle en essuyant la sueur qui perlait à son front. Tu sais que tu pouvais me tuer avec une plaisanterie comme celle-là?

Et elle alla chercher sa respiration au fond de sa poitrine, en me souriant, en me serrant la main, comme pour ne pas tomber et me prouver, en même temps, qu'elle me pardonnait.

— Mais aussi qu'est-ce que tu allais faire par là? lui dis-je.

— J'allais chez Nounou (le nom que Félix donnait à sa nourrice), j'allais chez Nounou voir l'enfant. Il y a deux heures que je me suis réveillée en sursaut, et, je ne sais pas pourquoi, j'étais inquiète du petit.

En effet, la chambre de la nourrice se trouvait à l'autre bout de l'appartement.

— Et ces lettres que tu as à la main, — qu'est-ce que c'est?

Elle les examina, comme pour se rappeler un détail insignifiant.

— Ce sont deux lettres que j'ai écrites, ne pouvant pas dormir : l'une à ma mère, qui devait venir dîner avec moi, en ton absence, et que je contremande puisque tu restes, et qu'elle ne t'amuse pas toujours beaucoup; l'autre..., continua-t-elle en relisant l'adresse comme si elle ne s'était pas bien souvenue, ah! oui, — l'autre à une modiste nouvelle qu'on m'a recommandée; et je voulais prier Nounou de les remettre, en allant promener le petit ce matin. Tiens, prends-les, ces deux lettres, tu donneras la commission toi-même. Je tremble tellement, regarde comme je tremble, que je les laisserais tomber. Oh! Il ne faut plus me faire de ces peurs-là!

Et, toute tremblante en effet, elle laissa tomber sa tête sur mon épaule.

Je pris les lettres, et, les jetant sur la table, je m'excusai.

— Pour votre peine, monsieur, me dit-elle, vous allez me porter dans ma chambre, où je n'aurais pas la force d'aller moi-même, et vous allez me rendormir; car je comptais, quand j'aurais eu calmé mon inquiétude et donné mes commissions, faire un somme jusqu'à midi; ce dont je serai incapable, si l'on ne m'aide pas un peu.

Je la pris dans mes bras comme une enfant, et je la portai dans sa chambre en tenant son visage près du mien.

— Tu ne le mérites pas, disait-elle en se suspendant à mon cou avec mille provocations des yeux et des lèvres; mais, c'est égal, tu as bien fait de rester. Il ne faut pas que les gens qu'on aime soient trop loin par ces belles journées-là, et je t'aime comme aux premiers temps. Tu sais que je t'en aurais voulu si tu m'avais laissée seule pendant trois jours. Et toi, m'aimes-tu ?

Je la rendormis; et, quand je la quittai pour retourner à mon travail :

— N'oublie pas mes lettres, me dit-elle d'une voix languissante; je ne veux pas que personne nous dérange aujourd'hui, même ma mère. Si Nounou est sortie, donne-les à la femme de chambre.

Voyons, mon ami, un autre n'eût-il pas été pris comme moi, et, sans le hasard, sans la fatalité, j'ignorerais encore aujourd'hui qu'une de ces lettres contenait la plus infâme, la plus audacieuse trahison.

Comme cette femme me connaissait! comme elle était sûre de ma confiance, de mon aveuglement, de ma bêtise !

Je me rendis dans la chambre de Nounou pour embrasser mon fils, comme j'avais coutume de le faire tous les matins, et pour charger cette fille des deux messages en question.

J'avais passé du temps à rendormir Iza. Il était neuf heures. Nounou était déjà sortie. J'appelai la femme de chambre. Mon domestique, occupé à ranger le salon, ayant mis tous les meubles sens dessus dessous, me dit qu'elle venait de descendre à l'instant, qu'elle devait être à peine dans la cour. J'ouvris la fenêtre. Personne. Je ne vis que mon chien, à la porte de l'écurie. Il me regardait, en remuant la queue. Il faisait un temps magnifique; Iza dormait; je n'étais plus aussi en train de travailler que le matin; je pris mon chapeau de chasse, mon fouet; je descendis, j'appelai mon chien; et, en jaquette légère, souriant et orgueilleux comme un homme sûr d'être aimé, je me dirigeai vers l'avenue Marbeuf. Je n'avais pas fait dix pas, que je rencontrai la femme de chambre qui rentrait.

— Madame m'avait donné deux commissions pour vous, lui dis-je, mais vous n'étiez pas là. Si elle se réveille avant mon retour, vous lui direz que je suis allé les faire moi-même pour consoler monsieur mon chien.

Je plaisantais!

Je déposai la lettre chez la comtesse, et je me rendis ensuite rue du Marché-d'Aguesseau, n° 12 : c'était la suscription que portait l'autre lettre adressée à madame Henri, modiste. Pourquoi, au fait, ne monterais-je pas chez madame Henri, et ne ferais-je pas à Iza la galanterie d'une coiffure à mon goût?

— Madame Henri? dis-je au concierge, lequel, déjà endimanché, se tenait, tout debout, dans sa loge, comme s'il eût été invité chez lui-même.

Cet homme devait être occupé, pendant la semaine, dans quelque administration; et, le dimanche, il ne savait plus que faire de sa personne. Vous ai-je dit que ce jour-là était un dimanche?

— Madame Henri? me dit-il. Ce n'est pas ici.

— Comment, ce n'est pas ici? répliquai-je du ton le plus naturel. C'est pourtant bien ici le n° 12?

— Oui.

— Rue du Marché-d'Aguesseau?

— Oui; mais il n'y a pas de madame Henri dans la maison.

— Une modiste, insistai-je.

— Il n'y a pas de modiste chez nous, répliqua, d'un ton méprisant, cet homme, qui devait être homme de peine dans un ministère.

— Si fait, si fait, cria la portière, occupée à terminer sa besogne du matin dans son arrière-loge, et sans même regarder l'interlocuteur de son mari; si, il y a madame Henri dans la maison; tu n'es pas au courant; seulement, elle est à la campagne. Si c'est une lettre pour elle, qu'on la laisse.

J'avais demandé cette madame Henri d'un air si naturel, et tellement dans le ton d'un individu qui fait une commission banale, sans s'inquiéter de quoi il s'agit, que la concierge ne s'était même pas donné la peine de me regarder. Elle parut seulement après avoir parlé; et, me voyant en jaquette d'été, en casquette, accompagné d'un chien, elle me prit sans doute pour un de ces intermédiaires sans conséquence, comme en emploient ces sortes de correspondants.

Elle me dit donc :

— Votre lettre sera remise, soyez tranquille.

En même temps, elle faisait, en regardant son mari étonné, un petit mouvement d'épaules qui pouvait se traduire ainsi : « Je sais ce que c'est. »

Évidemment cette femme ne faisait pas à son mari

l'honneur de lui rendre compte de tous les bénéfices secrets de la place.

Au mouvement qu'elle fit, un éclair traversa, non pas mon esprit, mais mon cerveau ; j'eus un de ces éblouissements intérieurs qui doivent précéder l'apoplexie. Je ne distinguai rien, j'entrevis tout. La première lettre anonyme que j'avais reçue flamboya devant mes yeux, réelle cette fois.

Déjà la portière étendait la main pour prendre la lettre, que je remis dans ma poche, par un mouvement instinctif.

— Je reviendrai demain, dis-je, quand cette dame sera chez elle.

— C'est inutile ; on ne vous a pas dit de remettre la chose à la personne elle-même, n'est-ce pas? Laissez-la donc.

— Non.

— Ah ! comme il vous plaira.

Je sortis, tremblant de tout mon corps, les pieds glacés, la tête dans un étau, le cœur immobile. Arrivé dans la rue, je m'appuyai au mur. Dans une prière spontanée, qui dura un quart de seconde peut-être, j'adjurai Dieu que *cela* ne fût pas, comme si Dieu lui-même pouvait empêcher que le passé ne soit. Je brisai le cachet et je lus :

« Impossible de nous voir : il ne va pas à la chasse. Pense à moi. Je baise ta bouche adorée. »

Pas de signature. Il n'en était pas besoin. Je rentrai dans la loge de la concierge. Elle avait repris son occupation interrompue; elle essuyait une tasse. Je la vois encore, cette créature abominable qui, pour quelques pièces d'or, aidait un homme à me tromper, et trouvait cela tout simple. Oh! dans de pareils moments, la puissance de Néron! pour faire expirer, dans les plus horribles tortures, l'être qui a contribué à votre douleur, même sans vous connaître, même sans le vouloir; lui arracher les entrailles, lui briser les membres, l'entendre hurler, blasphémer, supplier et ne faire grâce ni à lui, ni au plus jeune et au plus innocent de ses enfants. Enchantement de la vengeance! volupté du sang! qui oserait vous nier? Oui, toutes les cruautés, toutes les trahisons, toutes les infamies même sont de droit naturel et de logique humaine contre l'individu qui porte à mon honneur, à mon amour, à mon âme enfin une atteinte irréparable. Il ne sait souvent pas tout le mal qu'il fait, c'est possible; mais cela ne me regarde pas. Il n'a qu'à le savoir.

Je rentrai dans la loge, en me demandant ce qui allait se passer. A tout hasard, je fermai la porte derrière moi.

— Vous allez tout me dire! fut mon premier mot, et si menaçant et si terrible, que cette femme devina la catastrophe.

— Quoi vous dire?
— A qui est adressée cette lettre?
— Vous le voyez bien.

— Ne vous moquez pas de moi, je vous étrangle!

Je ne me possédais plus. L'homme fit un mouvement.

— Nous sommes d'honnêtes gens, dit-il, et vous allez sortir.

— Vous êtes des coquins, vous êtes les complices d'un crime; et, si vous ne me dites pas tout, je vous fais arrêter tous les deux.

Ils se regardèrent.

— Je n'en sais pas plus long que vous, reprit la femme, et je vais vous dire ce que je sais; après tout, moi, je ne suis pas fautive. L'appartement du premier est loué à un monsieur.

— Qu'on nomme?

— M. Henri. Il ne m'a pas donné d'autre nom; et, comme il paye d'avance, et que l'appartement a des meubles de quoi répondre, je n'ai pas non plus à lui en demander plus long.

— Il habite cet appartement?

— Non, il n'y vient que de temps en temps.

— Seul?

— Seul.

— Mais pour y recevoir une femme?

— Je ne sais pas qui il reçoit; il reçoit qui il veut, ce n'est pas mon affaire.

— Et cela dure depuis?

— Depuis un an, deux ans; je ne sais pas.

— Montrez-moi cet appartement.

— Je n'ai pas la clef.

— Vous ne connaissez pas le véritable domicile de cet homme?

— Non.

— Alors, cette lettre était pour lui?

— Évidemment. Oh! moi, je n'aime pas toutes ces histoires-là. J'ai un locataire qui reçoit qui bon lui semble, qui s'appelle M. Henri, à qui je remets les lettres qui viennent pour madame Henri. Si ça ne vous suffit pas, allez chez le commissaire de police, la première rue à gauche. Je suis dans mon droit et je me moque du reste.

C'était juste; moi seul étais dans une position fausse et ridicule. Je balbutiai :

— Vous avez raison.

Et je sortis, comme un homme ivre, en chancelant. Il me sembla, non pas que j'allais devenir fou, mais que j'allais devenir idiot. J'eus peur de me mettre à rire et à chanter dans la rue; je pensais à des objets qui n'avaient aucun rapport avec ce qui venait d'arriver. Des faits historiques, des termes d'un livre de chimie que j'avais lu tout récemment, venaient tirailler ma pensée, comme dans le délire. Je ne les entendais pas seulement, je les voyais passer devant mes yeux. Pourquoi cela? Une minute de plus, et je tombais la face contre terre dans l'hébétement et la paralysie. J'eus peur de mourir là, sans vengeance; je m'imprimai une secousse, et je courus vers ma maison. Pourvu que le monde ne finît pas avant que j'arrivasse! Je vis, comme à travers un rêve, passer un de nos fournisseurs, qui me salua. Je le saluai machinalement. Mon chien, me voyant courir, courait gaiement à côté de moi.

— Qui est-ce? qui est-ce? me disais-je à travers ma fièvre.

Et tous les noms *de mes amis* passaient devant moi.

Au moment de pénétrer dans ma cour, je m'arrêtai. La certitude était trop près; je ne respirais plus. J'étais venu bien vite. J'aurais dû peut-être aller d'abord chez la comtesse. Cette lettre que j'avais remise avenue Marbeuf contenait certainement des détails. Si j'y allais? Non! Avais-je besoin de détails? Ces deux lignes qui brûlaient mes mains ne disaient-elles pas tout? J'entrai. Je me fis aussi calme que possible. Je stationnai même, un moment, dans la cour, comme pour m'assurer que mon chien me suivait. Je le caressai quand il me rejoignit, et, en me redressant, je jetai à la dérobée un regard sur les rideaux de *sa* fenêtre. J'en vis trembler un. La femme de chambre avait fait ma commission. Iza guettait sans doute mon retour, pour juger, d'après mon attitude, si elle avait ou non quelque chose à redouter. Elle fut trompée aux premières apparences. Déjà tout habillée, elle vint au-devant de moi; mais elle n'eut besoin que de voir mon visage pour comprendre. Elle s'arrêta et pâlit légèrement. Elle trouva la force et l'audace de me dire :

— Qu'est-ce que tu as?

— Le nom de cet homme?

Et je lui montrai sa lettre.

— Calme-toi, je vais tout te dire. Tu verras que je ne suis pas aussi coupable que tu crois.

Il n'y avait donc plus de doute. Elle avouait tout de suite que cette lettre était écrite à un homme! Avant qu'elle eût parlé, j'espérais encore, comprenez-vous! Je ne doutais plus; mais, dans les profondeurs le plus secrètes de mon âme, j'entrevoyais comme la possibilité que cette vérité ne fût pas la vraie.

Ma vie, je l'eusse donnée en souriant pour entendre Iza pousser devant cette accusation le cri involontaire de l'innocence calomniée. Hélas! tout était perdu! Elle expliquait.

S'être conservé jusqu'à vingt-cinq ans pour un amour unique, s'être donné alors en toute confiance et en toute liberté à une fille de dix-sept ans ; avoir été le premier à lui révéler l'amour que l'on n'a connu que par elle ; s'être fondu dans ce corps et dans cette âme, au point de ne plus savoir lequel des deux est l'autre ; avoir fait de cet être à la fois le centre et la circonférence de tout ce que l'on a pensé, senti, produit ; s'être dit qu'elle serait la consolation certaine de tous les désenchantements, de tous les mécomptes, de toutes les douleurs ; avoir, pour elle, supporté la mort de sa mère ; avoir, auprès d'elle, presque oublié cette mort ; avoir cru tout ce que cette créature disait ; l'avoir faite la confidente de ses illusions, de ses ambitions et de ses faiblesses ;

avoir pleuré librement et sans honte devant elle; avoir passé des nuits entières, roulé autour de ses petits pieds; s'être pâmé d'amour dans ses bras avec toutes les contorsions, toutes les extravagances, tous les ridicules de la passion que l'on croit partagée; avoir, le matin encore, possédé cette créature plus belle, plus ardente, plus expansive que jamais, et lire tout à coup une lettre comme celle que je tenais depuis une demi-heure, et voir la vérité apparaître et trembler sur les lèvres de cette femme! Cherchez-moi un désastre comparable à celui-là; je vous défie de le trouver.

Ainsi un autre a vu ces beautés que je croyais connues de moi seul; un autre a joui de ce corps que j'adorais, et mes lèvres y ont séché les baisers d'un autre; ces confidences mystérieuses et sacrées de l'amour, ces mots que le plaisir brisait entre les dents, ces soupirs, ces hésitations, ces appels, ces délires de la passion ont été entendus, provoqués, assouvis par un autre qui la contemplait à son aise. Elle a supporté les baisers d'un autre. Elle a senti dans son sein toutes les énergies d'un autre, elle m'a oublié, elle a ri de moi avec un autre! Justice divine! Qu'est-ce que je vais faire à cette femme et à cet homme?

Disons-le à la honte de la nature humaine, la jalousie est absolument physique. Nous pardonnerons à celle que nous aimons mille désirs adultères, pourvu qu'ils n'aient pas été suivis d'accomplissement; nous lui pardonnerons d'avoir idolâtré un homme qui n'est pas nous, pourvu qu'elle n'ait pas appartenu à cet homme; enfin nous excuserons l'âme si le corps n'a pas été complice. Aussi les femmes nient-elles le fait physique, non par pudeur, non par remords, non par honte, mais parce qu'elles savent bien qu'elles peuvent nous ressaisir, tant que nous croyons à l'innocence de la chair, et que là est la dernière limite de notre magnanimité, parce que là est la dernière concession de notre orgueil.

Si, malgré la preuve accablante que j'avais entre les mains, Iza eût pu me convaincre qu'elle n'avait jamais appartenu matériellement (oh! lâcheté de l'amour!) à celui dont *elle baisait sur le papier la bouche adorée*, je lui pardonnais, et, qui sait? je rejetais peut-être la faute sur moi. Elle le sentait, et elle se préparait à me convaincre, si difficile, si impossible que fût l'entreprise. Le psychologiste qui eût assisté, sans être vu, à la lutte qui s'entama entre nous, eût été, une fois de plus, émerveillé des ressources, des ingéniosités, des audaces de l'esprit féminin, épouvanté peut-être aussi de la cruauté de la femme, quand elle n'a plus rien à perdre, et qu'elle veut se venger de son humiliation et de sa défaite.

Elle avait dit : « Je ne suis pas aussi coupable que tu le crois. »

Je me cramponnais encore à ces dix mots.

— Avant tout, lui dis-je, le nom de cet homme?

— Serge.

— Il est votre amant?

— Non.

— Il l'a été?

— Écoute...

— Je n'écoute rien. Oui ou non?

— Non.

— Vous mentez comme une misérable! Pour qui me prenez-vous? Comment voulez-vous que je me trompe aux expressions de cette lettre?

— Laisse-moi parler. Veux-tu que je parle?

Je m'assis ou plutôt je me laissai tomber sur une chaise, et je la regardai en face.

— Tu sais bien que j'ai dû épouser Serge. Je ne te connaissais pas alors, ou, du moins, je ne savais pas que je t'aimerais et que je t'épouserais un jour. Je t'ai tout écrit, à cette époque. Qui m'y forçait? Personne. Sans moi, tu n'aurais jamais rien su. Ma mère rêvait ce mariage, qui était très-brillant; elle voulait compromettre Serge et le forcer de m'épouser malgré sa famille. Elle a été imprévoyante. Nous étions si jeunes tous les deux!

— Vous avez été sa maîtresse avant d'être ma femme!

— Tu sais bien que non. Est-ce que tu peux avoir des doutes là-dessus? Soupçonne-moi depuis notre mariage, tu es dans ton droit, et toutes les apparences t'y autorisent; mais ne flétris pas les commencements de notre amour. J'ai peut-être été imprudente depuis; mais, alors, je n'ai rien eu à me reprocher.

Le mot était dit. « Imprudente ! » pas autre chose. Les mots élastiques qui avouent sans expliquer, comme les femmes les connaissent ! Malheureusement, il y a des moments où la passion est plus adroite que la ruse.

— Laissez le passé, lui dis-je, répondez sur le présent.

Elle changea de manœuvre.

— Je ne dirai rien, fit-elle; tu ne croiras pas plus au présent qu'au passé.

— Soit. Je vais tuer votre amant, je vous en préviens.

— Que m'importe ! Est-ce que j'aime celui que tu appelles mon amant ? Tue-le, si bon te semble, ce pauvre garçon. Les remords seront pour toi.

Cette dernière riposte était un coup de maître.

— Alors, pourquoi ce tutoiement ? pourquoi ces expressions ? pourquoi ce baiser lascif ?

— Dans notre pays, cela ne signifie rien. Tout le monde s'embrasse sur la bouche.

J'ai entendu cela, mon ami, de mes deux oreilles; je l'ai entendu !

Les défaillances auxquelles j'avais été en proie tant que je n'avais pas été en présence de la coupable, avaient disparu. Je sentais monter de mon cœur à mon cerveau, régulièrement, bruyamment, comme une marée, la volonté de tout savoir et la force nécessaire pour pousser cette volonté à ses dernières ressources. Les habiletés d'Iza ne me détourneraient plus.

A quoi bon discuter? Punir, il n'y avait plus autre chose à faire. Mais quelle punition équivaudrait au crime? A ce moment, je me rappelai la recommandation de ma mère mourante : « Si, dans une circonstance grave, tu as besoin d'un ami véritable, fais appel à Constantin. Tu n'as pas de meilleur ami que lui. »

Je devins si calme tout à coup, qu'Iza eut peur, dans le sens positif du mot. Elle commença à pressentir ce que peut être la colère d'un homme. Elle chercha, du regard, si elle pouvait s'échapper, ou qui elle pourrait appeler à son secours.

Je sonnai.

— Qu'allez-vous faire? me demanda-t-elle.

Le domestique parut.

— Courez chez M. Constantin Ritz, et priez-le de venir à l'instant; j'ai absolument besoin de lui.

Quand nous fûmes seuls :

— Qu'est-ce que Constantin a à faire là dedans?

— Vous le verrez.

— Je ne veux pas rester avec vous deux. Vous m'assassinerez.

Et elle courut vers la porte.

Ce nom de Constantin l'avait plus épouvantée que toutes mes colères.

Je la saisis par le bras; je lui mis la main sur la

bouche, en lui disant d'une voix nette et froidement résolue :

— Si vous essayez de sortir ou d'appeler, je vous écrase sous mes pieds. J'ai toutes les preuves. Je suis dans mon droit. Asseyez-vous et attendez.

En même temps, je la poussais sur un divan, où elle tombait à demi morte.

— Je veux voir ma mère, murmura-t-elle.

— Priez Dieu qu'elle ne se présente pas.

— Vous avez porté la main sur une femme, balbutia-t-elle, sur une femme qui ne peut pas se défendre. Vous êtes un lâche.

Sa véritable nature allait enfin paraître.

Je ne répondis rien. J'étais décidé à ne plus rien dire.

Chose étrange ! tous les sentiments divers qui m'avaient agité depuis une heure faisaient place à un tel sentiment de mépris, que, par moments, il me semblait que ce n'était pas moi qui étais en cause, et que je n'avais jamais rien eu de commun avec cette créature qui me semblait changée, comme dans un conte de fées, en un animal repoussant.

Je pris mes ébauchoirs comme si de rien n'était.

Étant donnée une situation de ce genre, il fallait occuper le temps jusqu'à l'arrivée de Constantin, sous peine de ridicule. Machinalement, mes mains travaillaient. Tout à coup, la vérité me montait à la tête comme une bouffée de vapeur, les oreilles me tintaient et j'entendais distinctement ces mots : « Tue-la donc. » Ou bien je me disais : « Qu'est-ce que je vais faire à cet homme ? » Et je cherchais un supplice abominable, odieux, avilissant. Je ne voulais pas qu'il mourût. Ce n'était pas assez, je voulais qu'il survécût au contraire, mais désespéré par moi, me maudissant tous les jours, souffrant dans son honneur comme dans sa chair, objet de risée pour les hommes, de dédain pour les femmes, d'horreur pour lui-même.

— Vous voulez absolument faire un scandale ? reprit Iza après un silence de quelques minutes.

Je ne répondis pas.

— Il est encore temps d'empêcher un malheur irréparable, continua-t-elle : ce n'est pas à Serge que j'écrivais. Je l'ai nommé pour détourner vos soupçons ; je ne suis pas assez bête pour me trahir tout de suite.

Un silence. Elle reprit :

— Nous allons nous séparer, n'est-ce pas ? Après ce qui vient de se passer, nous ne pouvons plus vivre ensemble. Envoyez chercher ma mère ; laissez-moi partir avec elle, et je vous jure que je vous dirai le nom de mon amant.

« Mon amant ! » Était-ce bien elle qui disait ce mot ? Était-ce bien à moi qu'elle le disait ? Je n'articulai pas une syllabe, mais je crus que mon cœur allait voler en éclats.

— Eh bien, oui, j'ai un amant, et je l'aime, et je n'ai jamais aimé que lui. Si vous saviez qui c'est !

« Mais tue-la donc ! »

La porte s'ouvrit. Il était temps. Constantin parut. A sa vue, elle pâlit encore. Que s'était-il donc passé entre eux ?

— Je n'y suis pour personne au monde, dis-je au domestique.

Et, lorsque nous fûmes seuls, j'allai fermer la porte de l'atelier, où cette scène se passait, et je mis la clef dans ma poche.

— Qu'arrive-t-il ? demanda Constantin.

— Madame a un amant ; le savais-tu ?

Constantin garda le silence. Je lui tendis la lettre d'Iza.

— Je le savais, dit-il après avoir lu.

— Et tu connaissais son nom ?

— Oui.

— C'est pour cela que tu ne venais plus ici ?

Il fit un signe affirmatif.

— Je te demande pardon, je te soupçonnais. Madame prétendait que tu lui faisais la cour.

— Madame se trompait.

— Pourquoi ne m'as-tu pas tout appris ?

— Parce que ta mère m'avait supplié de n'en rien faire, et que je respectais ton bonheur, même illusoire. J'avais dit à madame, à ce sujet, ce que j'avais cru devoir lui dire.

— Qu'est-ce que tu me conseilles de faire ?

— Je te conseille de te séparer de madame le plus tôt possible.

— Et l'amant?

— Ceci me regarde.

— Toi?

— Moi.

Tout cela à haute voix. Iza, muette et immobile, passait la revue de ses ongles comme s'il ne se fût pas agi d'elle.

— Alors, je n'ai plus besoin d'être ici, reprit-elle en se levant et en affichant instantanément la plus grande indifférence; je puis partir?

— Quand vous voudrez.

Elle entra dans sa chambre et s'y enferma.

Constantin me serra les mains et nous nous embrassâmes.

— Qu'elle ne sorte pas avant mon retour, me dit-il; je ne serai pas longtemps, et il faut que je te parle. Je vais chez le Serge. Où demeure-t-il?

— Tout près d'ici : rue de Penthièvre.

— Quant à toi, pas de faiblesse, pas de pardon; tu as affaire à un monstre, je t'en préviens. A bientôt.

Je restai seul. Ces événements étaient si peu prévus, si précipités les uns sur les autres, si incompatibles avec ma vie réelle et ma vie rêvée, le choc avait été si rude, que j'étais tout étourdi; c'est le seul mot. Je sentais cependant qu'il n'y avait pas autre chose à faire que de suivre le programme que Constantin venait de me tracer d'un ton si mâle et si net.

De quel secours nous sont, en ces sortes d'aventures, la présence et la fermeté d'un ami! On a tout à coup l'ambition de se montrer digne de lui et de rester supérieur aux événements; on marche alors au-devant de l'adversité, comme les jeunes soldats que, la veille, l'idée de la guerre épouvantait, et que le son du clairon et le roulement du tambour exaltent, le lendemain, jusqu'à l'héroïsme. Je fus comme fier d'avoir à combattre. Je m'endormais depuis longtemps dans les félicités de la gloire et de l'amour. J'étais prêt. Ne pouvant arracher le trait qui m'avait blessé, je le retournais dans ma blessure, je m'enorgueillissais de ma souffrance, je m'enivrais de mon infortune. Je compris les délices de la douleur, la passion du martyre, les défis jetés au bourreau. Me séparer d'Iza, la mépriser, l'oublier, vivre entre mon travail et mon enfant, me parurent les déterminations les plus faciles à prendre.

Constantin reparut.

— Rien de nouveau? me demanda-t-il.

— Rien.

Sans doute Iza, par sa fenêtre, l'avait vu venir, car elle reparaissait, une minute après lui. Elle n'avait jamais été si jolie. Vêtue d'une robe de foulard écru, d'un mantelet de mousseline blanche, d'un chapeau de paille orné de bleuets, chaussée d'élégantes bottines de peau dorée, tenant dans ses mains bien gantées son petit sac de velours qui renfermait tous ses bijoux, sans doute, elle avait l'air d'une jeune fille partant pour la promenade. Que de fois je m'étais plu à l'habiller moi-même ainsi lorsqu'elle sortait seule, et à choisir les vêtements qui lui seyaient le mieux, pour que tout le monde la trouvât belle !

— J'enverrai prendre aujourd'hui tout ce qui m'appartient ici, dit-elle ; c'est préparé dans ma chambre.

Et elle s'achemina vers la porte, qu'elle ouvrit et qu'elle referma derrière elle, comme si elle eût accompli l'acte le plus simple du monde.

XL.

Mais ce n'était pas possible, je rêvais ! c'était ma femme, mon amour, mon nom, mon honneur qui s'en allaient ainsi ! Quoi ! elle trouvait tout naturel de quitter notre maison, son enfant et moi, et de ne plus nous revoir ! Une porte fermée, et c'était fini à tout jamais des serments, des devoirs, de la famille, du passé, de l'avenir, de l'amour ! Tout ce que nous nous étions dit n'existait plus. Elle se reprenait ! Elle était libre. On allait la voir passer dans la rue, l'admirer, la suivre, l'aimer !

— Où va-t-elle ? m'écriai-je quand elle eut disparu.

— Voyons, dit Constantin en me regardant fixement, il n'y a pas encore de scandale public. Si tu ne te crois pas la force de vivre loin de cette femme, dis-le, je la rappelle, et le secret de ce qui s'est passé restera entre nous trois. Tu ne seras pas le premier homme qui ait mis son amour au-dessus de sa dignité. Seulement, jamais de reproches! jamais de représailles! jamais de regrets! et, pour cela, il faut que tu saches bien à quoi t'en tenir. Ta femme a eu cinq amants, à ma connaissance! Il y en a peut-être davantage.

— Qu'est-ce que tu dis?

— Je dis que c'est la plus vicieuse personne que j'aie jamais rencontrée, supposée même, moi qui, pourtant, ai les femmes dans le plus fier mépris, surtout depuis que je connais celle-là.

Je pris ma tête dans mes mains, pour retenir ma raison.

— Cinq amants, répétai-je, cinq amants, qu'est-ce que tu dis là! Les noms de ces hommes?

— Tu ne vas pas te battre avec eux tous, n'est-ce pas? Tu serais ridicule; rien de plus. Tout le monde, autour de toi, connaissait la conduite de ta femme. Il n'y avait que toi qui ne te doutais de rien. Vingt fois, j'ai été sur le point de t'instruire; mais on ne dit pas ces vérités-là, à moins que les événements ne vous y forcent. Dans cette chambre même où nous sommes, j'ai traité ta femme comme la dernière des filles. Je l'ai menacée, preuves en main. Mon amitié pour toi me commandait cette conduite.

Sais-tu ce qu'elle m'a répondu, avec un cynisme inouï? « Il le verrait, qu'il ne le croirait pas. — Mais pourquoi le trompez-vous? Il est jeune, il est beau, il est célèbre, il vous fait riche et heureuse. — L'ai-je trompé avec vous? Non; eh bien, laissez-moi vivre comme je l'entends, ou dénoncez-moi, si vous aimez mieux, vous me rendrez peut-être service. »

— Depuis quand tout cela?

— Depuis que Serge est revenu; il a été le premier; et il a survécu à tous les autres; car Serge, ce n'est plus un amour, ce n'est plus un caprice, ce n'est plus même un libertinage, c'est une affaire.

— Va, continue, achève-moi.

— Oui, je t'achèverai comme je voudrais qu'on m'achevât, si j'étais mis à une pareille torture; parce que nous sommes des hommes, après tout, des hommes d'honneur, et que notre honneur, notre valeur et notre vie ne peuvent pas être éternellement à la merci des fantaisies de ces drôlesses, qu'elles soient nos maîtresses ou nos femmes; parce qu'il faut qu'un honnête homme puisse dire carrément, sans larmes, sans honte : « J'ai chassé ma femme, qui était une dévergondée, et je la laisse prostituer mon nom, parce que la loi est assez négligente, assez injuste et assez bête pour le lui laisser. Faites venir un sauvage du centre de l'Afrique, un Touareg quelconque, et dites-lui : « Nous sommes les civilisés du monde; nous pratiquons une religion proclamée par le fils de Dieu lui-même; nous avons accompli des révolutions au nom de la justice, de la morale et de la liberté ; nous avons donné des ailes aux corps avec la vapeur, aux faits avec l'électricité ; nous avons supprimé le temps et la distance ; nous avons coupé la tête au meilleur des rois, au plus vertueux des hommes, à sa femme et à sa sœur, parce que le progrès n'allait pas assez vite. C'est très-beau, n'est-ce pas ? Eh bien, quand nous avons donné notre nom à une femme, si cette femme nous trompe, si elle se donne, si elle se vend sur la place publique, elle est toujours notre femme. Ni elle ni moi ne pouvons reprendre possession de nos droits et de notre honneur respectifs ; les enfants qu'elle fera avec un autre, si je ne peux pas mettre l'Océan entre nous deux, seront mes enfants ; les enfants que je ferai avec une autre ne seront pas mes enfants. Je suis condamné au désespoir, à la solitude, à la stérilité tant que vivra cette femme, à moins que je n'aie eu l'esprit de la prendre en flagrant délit et de me faire bourreau. » Que dira le sauvage ? Il dira : « Gardez votre science, votre progrès, votre échafaud et votre Dieu ; je retourne là où l'homme n'est pas la chose de la femme. » C'est ainsi ! Nous n'y changerons rien.

» Bref, la comtesse Dobronowska a été réellement mariée à une espèce d'imbécile, noble et riche, qu'elle a ruiné en un clin d'œil, abandonné ensuite, et qui est mort abruti dans une maison de santé. Un général russe a succédé au comte. Un beau jour, il a planté là cette dame avec une volée de coups de canne, l'ayant surprise entre les bras de son cocher. Voilà ta belle-maman. Ah! quand les femmes se mettent à déchoir, elles n'y vont point de main morte, et il faut qu'elles finissent par manger la boue dans laquelle elles marchent. Le gendre de la comtesse, celui dont elle parle toujours, *le mari de sa fille,* de son autre fille, est, en effet, un très-galant homme qui s'est épris de la fille aînée, et qui l'a épousée quand même, mais en rompant toute espèce de relations avec la mère, à laquelle il a donné une somme de... qu'elle a dévorée comme le reste. Il a voulu prendre Iza avec lui pour la sauver, tout en la sachant fille du Minati, qui broche sur le tout et qui donnait le jour, comme tu le vois, à de petits êtres charmants. Le beau-frère voulait doter Iza et la marier, dans son entourage. La mère s'y est refusée. Elle comptait sur sa fille pour rétablir sa fortune. Quand elle a été à Pétersbourg après son séjour à Paris, c'était dans l'espérance de la vendre au prince héritier, qui l'a fait mettre à la porte. Elles ont battu la misère tant qu'elles ont pu, à Varsovie, jusqu'à ce qu'elles aient rencontré Serge, un naïf comme toi, et qui eût épousé Iza si sa famille n'eût employé les grands moyens, qui sont assez expéditifs en Russie. Vive le régime absolu dans ces cas-là! Iza était-elle complice de sa mère? Je n'en sais rien, je le crois. Que s'est-il passé entre les deux jeunes gens? Je ne saurais le dire. Tu dois le savoir, tout innocent que tu étais, à moins qu'on ne t'ait aussi bien crevé les yeux là-dessus que sur le reste. Le petit bonhomme a fourni tout l'argent dont il pouvait disposer; il a vendu ses chevaux, ses voitures, ses bijoux, ses meubles pour en fournir encore; il a écrit avec son sang; il a promis, il a juré de revenir; mais je ne sais pas ce qu'on a fait de lui, il n'est pas revenu et il n'a plus rien envoyé. Tu connais la suite.

» Tu écrivais, tu étais amoureux. La fille a-t-elle eu un bon mouvement? Lassée, honteuse de toutes ces entreprises qui n'aboutissaient à rien, a-t-elle résolu un beau jour de se marier et d'être une honnête femme, comme sa sœur, loin de sa mère? C'est admissible; tu vois que je fais bien les choses. Oui, elle était franche, quand elle a invoqué ton appui. Les femmes sont capables de tout, même du bien; et, si, au lieu de l'aimer avec confiance, tu l'avais aimée comme on doit aimer une fille aussi jeune, aussi belle et aussi mal élevée, c'est-à-dire en ne la quittant pas d'une semelle, tu serais peut-être venu à bout de vaincre ses mauvais instincts, puisque tu avais tout ce qu'il fallait pour la satisfaire. C'est douteux, cependant; la tradition de la race est là. Avec elle seule, tu aurais peut-être pu t'en tirer; mais elle et sa mère, c'était trop, pour un homme de cœur.

» Majeur, maître de ses actions, de sa fortune, le Serge est revenu à Varsovie, s'est enquis de son ex-fiancée, a connu son mariage, a reproché à la comtesse d'avoir manqué de patience, et lui a dit qu'il aimait toujours sa fille. La comtesse a vu ce qu'elle avait perdu; elle s'est mis dans la tête d'en ressaisir une partie et de prendre à l'adultère ce qu'elle ne pouvait plus demander au mariage. Elle n'était pas femme, devant une aussi belle occasion, à se contenter longtemps de ce que tu lui envoyais. C'est alors qu'elle a écrit plus souvent à Iza, en polonais, des lettres que tu ne lisais pas et que, d'ailleurs, tu n'aurais pas comprises. C'est ainsi que s'est nouée, à ton nez et à ta barbe, cette intrigue que tu as découverte ce matin, dont ta pauvre mère avait surpris tous les détails, dont elle m'a entretenu vingt fois, et qui la tuait. La comtesse s'est établie à Paris; sa maison a servi aux premiers rendez-vous de sa fille avec Serge, jusqu'à ce que celui-ci, honteux lui-même de cette ignoble complicité, ait loué et meublé magnifiquement l'appartement de la rue du Marché-d'Aguesseau. La restitution des biens du comte, — argent de Serge; les diamants et les émeraudes envoyés par la sœur, — présent de Serge; la lettre anonyme, dont tu m'as parlé un jour, qui te conseillait de suivre Iza, — invention de la comtesse, qui, ce jalon posé, était bien assurée de ta confiance et de ton aveuglement. Une tombe entremetteuse! c'est une bonne idée.

» Comment ai-je connu ces derniers détails? Par Serge, à qui j'ai trouvé moyen de les arracher tout à l'heure; quant aux autres, je les tiens de mon beau-frère, qui les tenait, lui, de ses collègues de l'ambassade russe.

« Tout cela t'explique la froideur de mon père et de ma sœur pour ta femme. Dans tout ce qui t'arrive, il y a beaucoup de ta faute, mon pauvre innocent. La continence et la chasteté ont du bon; mais il eût mieux valu, pour ton repos et pour ton travail, que tu eusses un peu couru les mauvais lieux comme moi. Ce sont les amphithéâtres de l'amour. Tu y aurais fait des expériences *in anima vili*, et tu te serais mis en garde contre les cheveux d'or, les yeux de saphir, les seins de marbre, et toutes les perfections physiques de la femme. Tu aurais appris que, lorsqu'on fait cette première folie de se marier, il ne faut pas faire cette autre folie d'épouser une femme exceptionnellement belle.

» Ces sortes de femmes ne sont pas sur la terre pour les joies intimes de la vie conjugale. Il faut les chanter, les peindre, les mouler, les aimer! Les épouser, jamais. Dignité, pudeur, conscience, intelligence du bien, sentiment de la famille, du devoir et de la maternité, amour même, lettres closes pour elles; tout cela est l'apanage des femmes ordinaires : à chacun son lot. Nées pour le plaisir, ces dames ne connaissent d'autres lois que leur caprice; elles sont ici-bas pour inspirer, non pour ressentir, et elles n'acceptent rien de ce qui peut asservir ou altérer leur beauté. Elles prennent le mariage comme tremplin; c'est de là qu'elles sautent bravement dans la galanterie. Peu leur importe le mari d'ailleurs, pourvu qu'il soit dans une position à mettre en relief leur beauté; l'amant leur importe encore moins. Elles ne se soucient, le plus souvent, ni de la classe, ni de l'esprit, ni de l'âge de l'adorateur. Briller et régner, voilà leur mission. Elles sont semblables aux souverains à qui toutes les acclamations sont bonnes, de quelque bouche que ces acclamations partent. Plus l'encens viendra de bas, plus quelquefois il leur sera doux. Si elles n'avaient sous la main qu'un laquais ou un maçon, il leur faudrait l'adoration de ce maçon ou de ce laquais. On en pourrait citer plus d'une qui est descendue jusque-là.

» La fable de Diane et du berger préféré aux dieux ne signifie pas autre chose. De là les audacieuses impudeurs et les scandaleuses amours de la plupart des beautés célèbres; amours dont la postérité s'étonne à tort. Ces anomalies sont logiques. La beauté, comme toutes les royautés, n'admet que des subalternes; or, pour une femme remarquablement belle un homme remarquablement beau n'est point un admirateur ni un amant; c'est un égal; c'est un ennemi. Si elle se donne à lui, elle n'accorde plus, elle échange. L'homme célèbre n'est pas non plus leur affaire, car elles ne viendront qu'à sa suite dans la glorification de l'avenir; aussi préfèrent-elles un imbécile bien ébahi, bien dominé, bien enchaîné. Elles ne veulent partager avec personne l'admiration qu'elles inspirent, pas plus qu'elles ne partagent la sensation qu'elles donnent.

» Où va cette admirable créature, vêtue de velours et de soie, dans cette calèche doublée de satin? Tout le monde, depuis le millionnaire jusqu'au mendiant, se retourne pour la voir passer. Elle s'arrête devant une église, dont elle monte majestueusement les degrés à l'heure où les fidèles la désertent; elle longe un des bas côtés et s'enfonce sous les voûtes. Arrivée à la hauteur de l'abside, elle prend de l'eau bénite, fait le signe de la croix, jette un regard derrière elle, disparaît par une porte basse qui s'ouvre et qui se ferme sans bruit sur un escalier de quelques marches, au bas duquel un aveugle officiel marmotte sa prière. Elle passe devant ce mendiant sans le regarder, s'assure qu'elle n'est connue d'aucun des passants, et saute dans un fiacre qui stationne là, depuis quelques minutes. Cette femme habite un palais; elle a un mari honorable, illustre quelquefois; le monde la choie, l'encense et lui laisse à peine une heure de temps en temps. Cette heure, elle va la passer dans une chambre d'hôtel, presque dans un taudis, où l'attend un homme obscur, laid et vieux peut-être, mais qu'elle honore et qu'elle éblouit, qui se prosterne devant elle et dont l'adoration va jusqu'à la stupeur, jusqu'à l'extase, jusqu'à la frénésie. Pour les siens, elle n'est que belle, la plus belle des femmes, si tu veux; pour cet homme, elle est déesse! C'est tout ce qu'il lui faut!

» Dans une pose voulue, étudiée, qui la fait valoir, sans voiles, souriante, elle se livre à ce mortel ravi et regarde d'un œil curieux comment il l'aime, en comparant l'expression de celui-ci avec l'expression de celui-là ; car elle est raffinée, cette femme ; car il faut à son esprit et à ses sens des réflexions, des rapprochements et des contrastes étranges. Ce soir, elle se donnera le même spectacle avec son mari ; demain, avec un autre amant. Un jour, sans leur dire pourquoi, parce que cela ne l'amusera plus, elle ne reverra plus ces hommes, elle ne les reconnaîtra plus, et, s'ils en souffrent, s'ils en meurent, eh bien, tant mieux ! Elle verra comment on souffre après avoir vu comment on aime. Telles sont ces pâles et muettes divinités de l'Inde qui exigent un culte de sang et qui, pendant que leurs fidèles jettent à leurs pieds les lambeaux de leur chair palpitante, regardent tranquillement l'horizon avec des yeux de pierres précieuses.

» Telle est la femme que tu as épousée, mon pauvre ami. Tu as naïvement développé sa sensualité naturelle ; tu as maladroitement livré aux regards profanes qui n'auraient pas dû les connaître les mystères de sa beauté, tu l'as immortalisée et perdue un peu plus tôt. Ton admiration ne lui a pas suffi. Après avoir passé de main en main, sous les espèces du marbre et du bronze, elle a tenu à se révéler aux croyants et aux incrédules. Galathée vénale, elle s'est animée pour le premier venu, et, non contente des offrandes de fleurs, d'amour, de larmes et de sang, il lui a fallu des diamants et de l'or. Tout le monde était au courant de sa conduite. Ceux qui ne t'en faisaient pas complice, t'en faisaient responsable. On n'admet pas qu'un homme de ta valeur puisse être ainsi trompé sans le savoir ou sans en profiter. Quand on apprendra ta douleur, on dira que c'est bien fait. Ta vie ultérieure prouvera que tu n'as été que malheureux !

« Quant aux noms de ces hommes, à quoi bon te les dire? Ils ne te devaient rien, et ils méprisent ta femme autant que tu la méprises toi-même. Tu es la victime d'un fait. Les individus ne comptent pas. Si ce n'eût pas été celui-ci, c'eût été celui-là. Maintenant, sais-tu pourquoi elle est sortie si calme tout à l'heure? Parce qu'elle a vu bien vite le bénéfice à tirer de sa situation. Elle t'a sans doute fait la politesse de se disculper un peu. Le premier mouvement, mouvement instinctif de la femme coupable, c'est de nier; mais, à cette heure, elle ne voudrait déjà plus de ton pardon. C'est pour Serge que tu la chasses, c'est sur Serge qu'elle retombe, et Serge est archimillionnaire. Tu comprends! C'est le déshonneur, c'est la prostitution, mais c'est le luxe ; et le bien-être où tu l'enfermais, que tu dorais de ton mieux, n'était pas un cadre digne de sa beauté. Elle rêve, en ce moment, la célébrité d'Aspasie, de Marion Delorme et de Ninon. Mais c'est là qu'elle va être punie ! Et c'est moi qui ai trouvé sa punition.

» Au lieu de provoquer Serge de ta part et de mettre en jeu ta vie et la sienne, je lui ai dit ce qui venait de se passer, et je lui ai appris comme à toi de quelle femme il s'agit. Je lui ai engagé ma parole que les choses en resteraient là, s'il voulait me faire le serment de ne jamais revoir Iza, et de ne jamais lui venir en aide, lui démontrant, chose facile, combien il serait ridicule à lui de risquer sa vie pour une pareille créature, et quels remords il aurait si le malheur voulait qu'il te tuât. Il a juré. Il tiendra sa parole. C'est un gentilhomme. L'honneur humain a ses nuances. On peut voler la femme d'un homme qu'on ne connaît pas ou qu'on connaît, désespérer cet homme et n'en être pas moins incapable de dérober un sou à quelqu'un, et de manquer à la foi jurée. Ce n'est pas moi qui ai fait l'humanité, et voilà comme elle est. Ton adorable petite femme va donc en être réduite à vivre avec sa maman, à qui Serge, du même coup, va supprimer ses ressources, et, quand elles auront vendu les quelques diamants qu'il leur a donnés, ce qui ne sera pas long, elles retomberont dans la pauvreté, qui est la honte, le désespoir et le châtiment des courtisanes. *Amen!*

— Et moi?

— Toi, tu donneras ton enfant à ma sœur, qui l'élèvera avec les siens jusqu'à ce qu'il soit en âge de te consoler, et tu partiras pour Florence ou pour Rome, et tu feras du grand art, comme doivent faire les grands artistes quand ils ont une grande douleur. Je t'accompagnerai pour que tu ne te brûles pas la cervelle dans un coin; et, quand tu auras besoin d'une femme, tu feras comme moi, tu la payeras ce qu'elle vaut, ce qui ne te ruinera pas. Une fois guéri, car tu guériras, tu viendras vivre parmi ceux qui t'aiment véritablement. Est-ce dit?

— Comme tu voudras!

— Tu coucheras ce soir chez moi. La nuit sera dure, mais je serai là. Nous partirons demain dans la journée. Rome, Florence et Venise, il n'y a rien de plus beau dans le mois de septembre. Et puis tâchons de ne plus penser à tout cela. Faisons les malles.

XLI.

Nous avons tous assez de force en nous, a dit un moraliste, pour supporter les malheurs d'autrui. A cette force et peut-être au plaisir secret que l'on éprouve à consoler, Constantin devait l'entrain et la bonne humeur avec lesquels il venait de me faire si longuement la satire de la beauté et le portrait d'Iza. Vérité de point en point, mais vérité qui brûlait ma plaie comme un fer rouge. Cette cautérisation était évidemment le meilleur topique pour le cas où je me trouvais, et sans doute, à la place de mon ancien camarade, je l'aurais appliqué comme il avait fait;

mais je vous laisse à penser si l'opération fut douloureuse. Je ne criais pas, mais seulement par effort de volonté, en me roidissant, avec la secrète espérance que cet effort allait rompre, en moi, l'organe mystérieux qui le supportait, et que je tomberais foudroyé. On ne sait pas ce que le cerveau de l'homme peut supporter!

J'étais marié sous le régime de la séparation de biens. Mon notaire prévoyant avait tenu à cette clause. Il en tirait, disait-il, un avantage, même pour ma femme, à qui elle assurait la disposition de cette fameuse fortune qui devait toujours lui échoir. D'ailleurs, je pouvais instituer Iza, si bon me semblait, ma légataire universelle. En réalité, il n'avait pas voulu que je fusse jamais, par la communauté, à la merci de cette fille étrangère, sans feu ni lieu, qui ne lui inspirait, à lui, homme pratique, qu'une confiance médiocre. Je n'avais donc pas de comptes à rendre à Iza, puisque son apport avait été nul. Je fis évaluer tous les meubles qui composaient sa chambre et que je ne voulais pas laisser se mêler à sa vie nouvelle. J'envoyai chercher la somme fixée par l'expert, et je la remis à Constantin pour la joindre aux objets qu'elle devait envoyer prendre. Chacun de ces objets était un souvenir et une douleur pour moi. *La Buveuse* souriait au milieu de ces ruines avec l'indifférence et l'impassibilité de tout ce qui se sait éternel.

Je payai et congédiai les domestiques, qui avaient

tous aidé ma femme à me tromper, depuis cette Nounou jusqu'à la fille de chambre. Solidarité fatale et inévitable entre ce qui est bas comme sentiment et ce qui est bas comme position. Je ne fis aucune allusion à leur complicité. Je donnai pour prétexte de leur congé la nécessité d'un départ immédiat, et je leur fis même de petits présents. A quoi ne faut-il pas penser; à quoi ne faut-il pas se contraindre pour sauvegarder cinq minutes de plus son honneur et sa dignité? J'expédiai l'enfant, avec ses petites affaires et ses jouets préférés, chez madame de Niederfield; et la grande solitude s'élargit encore autour de moi. Le jour allait finir; l'obscurité gagnait peu à peu les murs de ces chambres où j'étais si heureux, deux heures auparavant.

Constantin, le cigare à la bouche, rangeait les papiers, comme s'il eût été chez lui, me demandant de temps à autre : « Faut-il brûler ceci? Faut-il garder cela? » et mettant les clefs dans ses poches, au fur et à mesure qu'il en avait fini avec un meuble.

Tout à coup la sonnette retentit. Iza revenait! Elle avait quelque chose à dire! J'allai ouvrir la porte. Les commissionnaires venaient chercher les bagages d'une dame qui les attendait dans une maison de l'avenue Marbeuf. Je leur remis ce qu'ils demandaient, et je regardai passer les coffres comme on regarde passer la bière qui renferme un ami.

Quand ces hommes furent sortis pour la dernière fois, et comme huit heures sonnaient :

— Allons-nous-en maintenant, me dit Constantin, nous n'avons plus rien à faire ici ; j'enverrai prendre tes malles.

Je ne répondis rien, et je le suivis. Force me fut de tenir la rampe pour descendre l'escalier ; ma tête tournait, mes jambes étaient roides et froides ; je ne voyais plus où il fallait poser les pieds.

Nous entrâmes dans un restaurant. Mon compagnon me fit manger ce qu'il voulut, et manger beaucoup pour engourdir ma pensée et obstruer mes souvenirs ; mais je ne voulus pas boire. Je me rappelais ce dont j'étais capable, quand j'avais bu. D'ailleurs, l'ivresse n'est pas la consolation, elle n'est que l'ajournement du chagrin, qui reparaît ensuite, plus exigeant et plus aigu.

Le repas achevé, Constantin m'emmena chez lui à travers les boulevards. Je regardais les gens aller et venir autour de moi, comme si je n'avais plus rien eu de commun avec le reste des hommes. Il me semblait habiter un pays d'ombres, ombre moi-même. De temps en temps, le nom de ma mère frappait à mon cœur. Je lui faisais signe, pour ainsi dire, de ne pas entrer encore. Il venait m'aider à pleurer, mais je ne voulais pas pleurer devant tout ce monde. Il fallait avoir l'air d'un homme, jusqu'à nouvel ordre.

Constantin me donna son lit, se contentant, pour lui, du canapé de son salon ; et il commença ses préparatifs de voyage. Je ne me couchai pas, bien entendu. Je me promenais, de long en large, d'une chambre à l'autre. Le pauvre garçon voyait bien que je ne dormirais pas de sitôt.

— Si nous allions voir mon père? me dit-il.

— Non, pas ce soir; demain.

Il se mit à écrire.

Les bruits de la rue s'éteignirent peu à peu; on n'entendait que le battement de la pendule, qui laissait tomber le temps goutte à goutte. Je l'écoutais compter ma vie, dont je ne savais plus que faire. Je ne puis dire que je souffrais. La matière et l'habitude s'efforçaient de vaincre l'âme. Mon cerveau qui, tous les soirs, à pareille heure, se délassait des fatigues de la journée, semblait me dire : « Reprenons des forces d'abord. Demain, nous aviserons! »

Je m'étendis sur un divan; j'allumai un cigare, et je me contraignis à regarder toujours le même point du mur. Mes yeux se voilèrent, mon esprit s'immobilisa; je tombai dans une torpeur qui n'était pas le sommeil, mais qui était l'insensibilité.

Je restai ainsi jusqu'à cinq heures du matin. Je rouvris les yeux avec confiance, comme au sortir du sommeil quotidien; j'essayai même de me rendormir. Tout à coup je vis poindre la réalité dans un coin de la chambre! Elle grandit, s'approcha de moi et s'assit à mon chevet, bien déterminée à ne plus me quitter. Mon cœur bondit dans ma poitrine! Je me souvenais! Je me trouvai debout, sans savoir comment.

Aussitôt les effroyables événements de la veille,

avec des bruits assourdissants, se mirent à tourner autour de moi, comme des sauvages autour du prisonnier qui va mourir. J'appelai à mon aide les raisonnements de Constantin et les résolutions dont il m'avait animé. Ce n'était pas assez contre des furieux, dont les cris devenaient de plus en plus menaçants.

« Comment! hurlaient-ils à mes oreilles; comment! il y a un homme qui t'a pris ton honneur, ton bonheur, ton talent, et tu laisses cet homme tranquille, et tu te contentes de sa parole, qu'il ne tiendra peut-être pas? Le châtiment infligé à ta femme, bien que trouvé et conseillé par un des hommes les plus braves qui soient, n'est qu'une lâcheté. Il te suffit! Est-ce bien ainsi que Constantin eût procédé dans le même cas, lui, soldat? Ne te traite-t-il pas un peu trop en enfant, et ne se contente-t-il pas pour ton honneur d'un expédient qui révolterait le sien? Si tu lui avais pris sa sœur, ne t'aurait-il pas tué? Avant tout, du sang! Qu'est-ce que Serge doit penser de toi? Il en est quitte à bon compte. As-tu peur? »

— Ah çà! j'étais fou hier!

Et, sans m'inquiéter de l'heure, je courus à la rue de Penthièvre. On m'indiqua bien vite la maison du Russe élégant et prodigue à qui j'avais affaire.

Huit heures sonnaient, comme je me présentais chez Serge. Le valet de chambre ne voulait pas réveiller son maître; j'insistai, assurant qu'il s'agissait d'affaires de famille, d'intérêts graves. J'arrivais exprès de l'étranger. Le valet de chambre m'introduisit dans un boudoir tendu de satin bleu, rempli de fleurs comme le boudoir d'une femme.

Le premier objet qui frappa mes regards fut, entre les deux fenêtres, le buste en terre cuite que j'avais fait d'Iza, lorsqu'elle avait quatorze ans, et qu'elle m'avait dit être en la possession de sa sœur. A cette vue, je pris un chenet dans la cheminée, et je brisai ce buste en mille morceaux, après lui avoir labouré le visage dans tous les sens.

Serge parut, et vit cet étrange spectacle. Il me connaissait sans doute; il comprit et attendit au seuil de la porte. Peut-être craignait-il que je ne l'assommasse d'un coup de ce chenet que je tenais encore, et qu'heureusement je remis à la place où je l'avais pris.

Serge était un grand jeune homme, à la physionomie franche et ouverte, ni beau ni laid, grand seigneur dans toute sa personne.

Je me nommai d'une voix sourde.

— Ce qui a été convenu entre votre ami et moi ne vous convient donc plus, monsieur? me répondit-il du ton d'un homme qui, lui aussi, est près de perdre patience.

— En effet, monsieur; j'ai changé d'avis.

— Ce n'est pas une raison pour briser un objet qui ne vous appartient pas.

— Ce buste? m'écriai-je.

— Ce buste est ma propriété; je l'ai payé ce qu'il vaut, et je suis ici chez moi. Veuillez m'apprendre le but de votre visite, monsieur, et vous retirer.

— Je veux vous tuer, monsieur.

— Il fallait le dire tout de suite, c'était bien plus simple. Si vous êtes aussi pressé que moi, rendez-vous à onze heures, avec vos témoins, dans la forêt de Saint-Germain, à la grille de la terrasse. Votre arme sera la mienne.

Il sonna. Le valet de chambre parut, pendant que je prenais mon chapeau.

— Ramassez les morceaux de ce buste, lui dit Serge, et jetez-les.

Puis, m'ayant salué, il rentra dans sa chambre.

XLII.

Je m'étais placé dans une situation fausse et ridicule; mais j'avais, du moins, donné un aliment naturel aux mille passions qui m'agitaient depuis la veille. Je savais maintenant comment employer cette première journée, à la fin de laquelle, sans cet incident, il m'eût été impossible d'atteindre.

Je trouvai Constantin levé, me cherchant partout. Je le mis au courant.

— C'est insensé, dit-il; mais j'en aurais fait autant. Va serrer la main à mon père et embrasser ton fils, pendant que je vais, moi, chercher un de mes camarades.

A l'heure dite, nous étions au rendez-vous. J'avais choisi l'épée. Je tirais passablement; Serge tirait mieux que moi et me ménageait. Quand je m'en aperçus, le sang me monta aux joues, et, le bras gauche replié sur mon front, tenant de la main droite mon épée comme une lance, je courus à tous risques et à toute volée sur mon adversaire, qui ne put parer ce coup qu'il ne pouvait prévoir. Il tomba. Je lui avais traversé le côté droit.

— Le coup n'est pas très-régulier, me dit-il d'une voix ferme, mais il compte tout de même. Si j'en meurs, sachez, monsieur, que j'aurai été désespéré de vous avoir causé de la peine; si j'en reviens, recevez de nouveau ma parole qu'il n'y aura jamais aucune relation d'aucun genre entre moi et la personne pour qui nous venons de nous rencontrer. Du reste, elle en est déjà prévenue.

Là-dessus, il s'évanouit. On transporta le blessé au château du Val, dont Serge connaissait les propriétaires, et nous revînmes à Paris.

— Voilà une bonne besogne faite, me dit Constantin en m'embrassant quand nous fûmes seuls. Cela t'a soulagé un peu?

— Oui.

— C'est tout ce qu'il faut. Espérons que l'autre en reviendra. C'est un galant homme. Tu es la victime, il est la dupe. Vous n'avez rien à vous reprocher, et ma combinaison subsiste. C'est le point important. Quelle figure aura faite Iza quand il l'aura informée de sa détermination ! Franchement, elle aurait dû se contenter d'un mari comme toi et d'un amant comme lui. Il n'y a pas mieux.

En rentrant chez Constantin, je trouvai un commissionnaire qui m'attendait, porteur d'une lettre ainsi conçue :

« Au point où nous en sommes, autant ne plus nous cacher rien. Il est inutile que vous gardiez Félix à votre charge. Cet enfant n'est pas le vôtre. Donnez-moi l'autorisation de le prendre où il est, et vous n'entendrez plus parler ni de lui ni de sa mère.

» IZABELLE CLÉMENCEAU,

née DOBRONOWSKA. »

Je passai la lettre à Constantin.

— Elle ment, me dit-il, tu le sais aussi bien que moi. Elle est trompée dans ses petits arrangements ; elle veut s'en venger sur toi. Elle est complète. *Née Dobronowska* est un chef-d'œuvre. Toute la femme est dans ces deux mots. Il n'y a plus qu'à prendre la chose en gaieté.

Puis, se retournant vers le commissionnaire, et lui donnant une pièce de cinq francs :

— Vous direz à cette dame que c'est très-bien, que

nous gardons l'enfant, que nous partons et que votre course est payée. — Et toi, sois tranquille, ajouta-t-il en se tournant vers moi. Félix ne sortira pas de chez ma sœur, et ta femme n'y entrera pas. En route!

. . . .

Le mot dont Constantin s'était servi était le vrai mot. Ce mouvement de passion, cette colère, cette lutte, ce sang répandu m'avaient soulagé. J'eusse éprouvé le même soulagement en voyant couler mon sang à moi. J'avais besoin de faire acte d'homme, de mettre en dehors tout ce qui fermentait en moi. Si je n'avais pas provoqué Serge, j'aurais provoqué je ne sais qui, à la première occasion. La nature, en ces matières, est plus savante que tous les raisonnements et toutes les philosophies. Elle veut que nous nous jetions à corps perdu sur notre ennemi; nous tuons ou nous sommes tués, mais, quoi qu'il arrive, il y a soulagement.

Enfin j'étais content de moi. Je pouvais aborder plus franchement M. Ritz, sa fille et son gendre; ce que je n'avais pas osé faire, la veille. J'avais été au secours de mon honneur par les grands chemins. On ne pouvait m'accuser de faiblesse. On pouvait me plaindre, on ne pouvait me soupçonner. Je pouvais être malheureux, je ne pouvais plus être ridicule. Quant à Serge, je ne lui en voulais pas, et sa conduite sur le terrain me forçait de l'estimer. Je n'ai pas besoin de vous expliquer tous ces sentiments. Vous êtes homme, vous les comprenez. Bref, j'eus la sensation qu'Iza venait d'être expulsée violemment et à tout jamais de ma vie. Il me sembla même que je devais rester à Paris, que le voyage projeté était inutile, que je pouvais impunément rencontrer cette femme, que je ne penserais seulement pas à elle.

Il m'arrivait ce qui était arrivé à bien d'autres et à de plus illustres. Je n'avais pas été compris de celle que j'aimais. Étais-je le premier dans cette condition ?

Il me restait la santé, le travail, la gloire, la conscience, l'estime et l'amitié d'honnêtes gens, toutes choses dont une seule, à l'époque des ambitions, eût paru suffisante au bonheur de ma vie entière. Grâce à Dieu, il n'appartient pas à la faute d'une femme de bouleverser le monde autour d'elle. Le soleil, le printemps, les fleurs, l'art, la jeunesse, la beauté, l'amour même étaient toujours là. Si cette femme n'avait pas existé, il m'aurait bien fallu me passer d'elle ! Mon talent avait peut-être besoin d'une secousse violente pour devenir du génie. Qu'aurait fait Michel-Ange à ma place ? Il aurait haussé les épaules et il aurait fait un chef-d'œuvre. Sans aller si loin, que font les hommes les plus obscurs, en pareil cas ? Ils travaillent et ils oublient.

— A quoi bon déranger Constantin ? disais-je à M. Ritz ; pourquoi l'enlever à ses habitudes ? Je me sens fort, je vous assure ; je me sens en train même.

Je sors d'un rêve, voilà tout. J'ai été amoureux d'une belle fille; cela devait m'arriver tôt ou tard; je l'ai possédée, et elle est morte de manière que je ne la regrette pas. Est-ce là un malheur? Je reprendrai ma vie d'autrefois comme s'il ne s'était rien passé; je vivrai un peu plus avec vous. Ne suis-je plus de votre famille? Votre fille élèvera mon enfant auprès des siens. Je pourrai même travailler davantage, puisque j'aurai plus de liberté.

L'excellent homme m'écoutait avec attention; il me regardait avec tendresse, comme un médecin expérimenté à qui un malade veut persuader qu'il est guéri, et qui a l'air de le croire pour le tranquilliser jusqu'à une nouvelle crise.

— Vous êtes dans le vrai, me dit-il; mais le déplacement ne m'en paraît pas moins nécessaire. Après toute chute, il faut marcher quelque temps, ne fût-ce que pour s'assurer qu'on n'a rien de cassé. Allez toujours jusqu'à Rome. Ce voyage, que vous n'avez jamais fait, vous sera utile à tous les points de vue. Si je n'étais vieux et fatigué, je vous accompagnerais; mais la jeunesse et la gaieté de mon fils vous seront de plus agréables compagnes; et puis je n'ai pas besoin d'aller à Rome pour me convaincre que je ne suis plus bon à rien.

XLIII.

Nous traversâmes la Suisse, la Lombardie, la Toscane ; nous visitâmes Milan, Venise, Ferrare, Bologne, Pise, Florence.

Constantin était enchanté de moi. Il n'avait jamais voyagé si utilement. Je lui expliquais les époques, les architectures, les écoles des monuments et des *curiosités,* comme il disait. Il n'en revenait pas de me voir l'esprit si net et quelquefois si gai. Alors, je l'initiais à ma nature particulière, je lui apprenais quel homme j'étais au fond ; j'analysais mes sentiments, je faisais de la psychologie sur moi-même. On croit si bien se connaître ! Il n'en demandait pas davantage, puisque, dans une circonstance analogue, il eût agi comme moi, sans se donner, comme moi cependant, la peine de s'étudier.

Parlions-nous d'Iza (c'était rare), je parlais d'elle comme d'une personne étrangère. J'en arrivai à lui demander, presque en manière de conversation, et j'étais de bonne foi, le récit des différentes amours de ma femme et les noms de ses amants. Il me raconta les choses sans aucune précaution, tant il était sûr de ma guérison complète. Il ne pouvait répondre de l'ordre chronologique, mais il garantissait les faits. Il en tenait une partie des héros eux-mêmes, qui ne s'étaient pas crus obligés à la discrétion au sujet d'une personne de ce genre. Il n'y a pas de raison, en effet, d'estimer les femmes plus qu'elles ne s'estiment elles-mêmes.

Rousseau a dit : « L'imagination transforme en vices les passions des êtres bornés. » Ainsi l'amour n'avait bientôt plus été pour Iza que de la curiosité et de la dépravation. Le premier pas fait, sous l'influence de sa mère, elle ne s'était plus arrêtée. Pour les femmes, il n'y a que deux états : le bien et le mal. Une fois sorties du bien, elles ne sont pas dans le mal au tiers, à moitié, aux trois quarts; elles y sont complétement, irréparablement. Le nombre de leurs fautes ne signifie plus rien. La première seule compte; les autres sont de conséquence logique et fatale. Le plus difficile est de rompre avec la pudeur. Cette rupture une fois opérée, le reste va de soi. Chez Iza, les choses devaient marcher aussi vite que possible, le vice étant, dans son âme et dans sa constitution, un principe originel. Sur les cinq hommes à qui elle avait appartenu, un seul lui avait fait la cour, le plus jeune. Aux autres, elle s'était offerte, car il ne leur serait jamais venu dans la pensée qu'une femme de vingt ans, mariée à un homme de vingt-huit, pût avoir la moindre fantaisie pour eux.

En effet, le moins âgé, parmi ces élus, avait quarante-six ans, le plus vieux en avait soixante. Chacun d'eux, en raison même de son âge, se croyait l'unique possesseur de ces faveurs rares, et tous avaient été plus ou moins épris. Du reste, pas un de ces hommes qui n'eût une valeur personnelle, car on n'était admis que sur titres dans cette vivante galerie de Curtius. Iza ne collectionnait que des célébrités. Voilà un plaisir étrange, mais c'en est un, il faut en convenir, pour une femme dont l'imagination est déréglée, de pouvoir se dire, quand on parle devant elle d'un homme supérieur : « Je sais comment il est, ce grand homme. Je l'ai vu à mes pieds, bien modeste, bien humble, bien embarrassé peut-être. » Ce n'est pas tout. Elle se procurait quelquefois ce divertissement de nous réunir les uns et les autres à la même table, chez moi. Vous voyez d'ici le spectacle intéressant qu'elle se donnait. Et me voyez-vous aussi, moi, confiant et fier de mon bonheur, présidant cette réunion intime, pendant que Serge, qu'elle n'avait pas osé introduire dans ma maison, l'adorait un peu plus loin, en maudissant ce mari trop heureux !

Voici les noms de ces hommes. S'il vous est utile de les appeler au procès, ne vous en privez pas. Tant pis pour ceux d'entre eux qui ont une femme ou une fille !

Il ne faut pourtant pas que cette créature n'ait fait de mal qu'à moi.

C'était lord Affenbury, l'orateur anglais, célèbre par son esprit, son éloquence et son puritanisme; Gantelot, le savant helléniste, le faux bossu, comme on l'appelle, parce qu'il a une épaule plus haute que l'autre. Rappelez-vous qu'il s'agit ici de mon honneur, de ma vie, de mon âme, de l'être que j'ai le plus aimé dans le monde, pour lequel j'ai été chaste, vaillant, loyal, illustre et criminel. Par conséquent, je n'invente rien et ne m'amuse pas à faire de l'esprit; je raconte ce qui est. C'était ensuite Hattermann, le compositeur, Tardin, le peintre, enfin votre confrère Jean Dax ; bref, un échantillon de toutes les spécialités. Elle sacrifiait à toutes les muses et elle humanisait les plus sévères. Et quelle réserve, quelle retenue en public, quelle pudeur, quelle rougeur saine, dès qu'un mot d'atelier échappait, dans la discussion ou dans la plaisanterie, à quelqu'un de mes confrères ! Vous ne l'avez vue que deux ou trois fois, cette femme, car vous ne veniez que rarement chez moi ; mais enfin vous l'avez vue, et vous savez ce qu'elle était en apparence.

Gantelot, plus soupçonneux que les autres, la suivit un jour et la vit entrer chez Tardin. Désespéré de cette infidélité, il en fit la confidence à Dax, sans se douter quel confident intéressé il choisissait. Celui-ci, prenant la chose comme elle devait être prise par un homme de bon sens, et pensant bien que la dame ne devait pas s'en tenir à deux intrigues, la suivit, à son tour, et la vit entrer dans la maison d'Hattermann. Ce serait comique, n'est-ce pas, si ce n'était ignoble ? C'est Hattermann qui, le premier, a raconté toute cette histoire à Constantin, en lui demandant *s'il en était*. Constantin l'a supplié alors de se taire à cause de moi; mais il était trop tard. J'étais déjà, pour une foule de gens, un objet de risée, de commisération ou de mépris; et, chez moi-même, après le dîner, dans le fumoir, il était souvent question, à voix basse, entre amis, des désordres de ma femme, désordres à propos desquels Truchon, le médecin, dont le tour allait venir sans doute, ne manquait pas de faire un cours de physiologie animale.

— Si tu avais entendu comme ta femme était traitée, ajoutait Constantin, par ceux qui lui devaient le plus! Tu n'étais ridicule pour aucun de ces gens-là. Ta valeur s'augmentait encore, à leurs yeux, de l'ignorance où cette créature paraissait en être. Ils regrettaient de voir accolés ensemble un homme comme toi et une fille comme elle, et ce regret était un hommage volontaire rendu à ton talent, à ta confiance et à ta dignité. Bizarres contradictions du cœur humain! Pas un de ces individus qui, au plus fort de son amour, n'eût été disposé à te rendre le service le plus difficile, non comme une compensation offerte au dommage occulte qu'il te causait, non pas même pour atténuer, par cette transaction, les remords de sa conscience; mais parce qu'au milieu de ses plus violentes passions, l'homme, quand il n'est pas une brute, reste juste, quelquefois à son insu, et trouve au fond de son âme, au moment où il en a besoin, encore des sentiments d'estime, d'amitié, de solidarité pour l'homme qu'il considérait comme son rival, comme son ennemi, qu'il combattait enfin sous une forme quelconque.

» Dans l'amour, en dehors du mariage, il y a un fait curieux et vrai dont les femmes ne se doutent pas. Les gens qui croient à leur perfectibilité devraient le leur démontrer sans relâche. C'est peut-être le seul argument qui parviendrait à les retenir dans les évolutions de la chute. Ils devraient leur apprendre que, pendant la minute même où elles se donnent, l'amour meurt chez l'homme et le mépris commence, impondérable, invisible à l'œil nu, à l'état rudimentaire, comme tous les germes naturels que le temps doit développer, mais positif et indestructible. Si les sentiments humains pouvaient, comme les corps, être examinés au microscope, on verrait l'animalcule naître spontanément, armé de tous ses organes destructeurs, et commencer aussitôt son œuvre de dissolution.

» Ah! que les femmes sont bêtes! ajoutait Constantin dans son langage familier. Si elles se mettaient une bonne fois dans l'esprit que nous n'aimons véritablement que celles que nous estimons, et que la maîtresse la plus adorée de nous, nous ne la voudrions ni pour sœur, ni pour mère, ni pour fille, ni pour femme, comme elles nous riraient au nez quand nous leur parlons d'amour sans leur parler de mariage! Il n'y a qu'une façon de prouver à une femme qu'on l'aime : c'est de lui donner son nom et de travailler pour elle. En dehors de cette preuve : ruse, égoïsme et libertinage.

XLIV.

Plus j'approchais de Rome, plus j'avais hâte d'y arriver et plus je me sentais d'ardeur pour le travail. Jusqu'alors, je n'avais eu à lutter que contre mes contemporains, sur lesquels il n'était pas trop difficile de l'emporter, surtout dans un art aussi peu cultivé et aussi peu connu que l'est la sculpture, en France. J'avais étudié et admiré, de l'antique, ce qu'il m'avait été donné d'en voir dans nos musées, dans les reproductions et dans les gravures. De la renaissance, j'avais vu et je m'étais approprié de mon mieux ce qui la caractérise chez nous; et, dans quelques-unes de mes œuvres, on retrouve l'influence de Jean Goujon, de Germain Pilon et de toute cette école française qui passe par le Puget, les deux Coustou, et dont l'originalité indigène disparaît finalement, pour moi du moins, avec Clodion.

J'étais bien doué. Le travail et la persévérance avaient aidé en moi aux dons de la nature. J'avais eu autant de succès qu'il est permis d'en avoir à Paris. J'étais autorisé à me considérer comme un des premiers artistes présents et passés peut-être, surtout loin des points de comparaison que l'Italie venait de me montrer. Quelle distance, hélas! entre moi et ces hommes, dont mes admirateurs, mes amis ou mes obligés m'avaient appelé quelquefois le descendant, sans que ma modestie eût trop à s'émouvoir! Combien j'avais à faire encore pour me reconnaître, en moi-même, l'égal de certains artistes dont le nom nous est inconnu, et dont je rencontrais, tout le long de ma route, les abondantes et merveilleuses productions. Elles avaient poussé là comme sur leur terrain naturel, et une seule de ces œuvres eût, à bon droit, de notre temps, immortalisé son auteur. Mon cerveau, surexcité par mes récentes émotions, ne pouvait revenir au calme si les admirations de l'artiste ne lui donnaient un aliment égal aux jouissances de l'amour et aux tourments de la jalousie. Si je pouvais mettre au service de mon art et de ma gloire, comme avaient fait d'autres martyrs du cœur, la douleur que j'emportais avec moi, j'étais sauvé et je passais véritablement parmi les maîtres. Pour que le fer devienne plus solide et plus souple à la fois, il faut qu'il soit chauffé au rouge et jeté brusquement dans l'eau froide; quand il résiste à l'épreuve, il n'est plus fer, il est acier. Ainsi de l'âme. Jusqu'à l'épreuve de la douleur, elle est humaine; après l'épreuve, elle est divine.

J'avais donc hâte d'arriver à Rome, et de me plonger tout bouillonnant dans les eaux calmantes du recueillement et de la contemplation. Je commençais aussi à éprouver le désir d'être seul. Il arrive une heure, dans certains chagrins, où l'amitié, même de l'ami le plus sincère, nous devient inutile, faut-il dire le mot? onéreuse, lorsque cet ami n'est pas absolument ou de la même intelligence ou du même milieu que nous. On regrette, on rougit d'avoir eu besoin de quelqu'un que l'on reconnaît inférieur à soi. On le trouve parfois maladroit et brutal, bien que rien ne se soit modifié en lui : c'est qu'on croit tout à coup pouvoir se passer de son aide; c'est qu'on voudrait essayer de ses propres ressources, comme un convalescent qui cherche à marcher sans le bras qui l'a soutenu dans la faiblesse et qu'il repousse avec cette ingratitude qui est le symptôme de la guérison.

Nous arrivâmes à Rome, vers le milieu d'octobre. Vous ne connaissez pas la ville éternelle. A qui ne la connaît pas, inutile de la décrire. D'ailleurs, le jour baisse, l'ombre s'allonge sur la route, le vent souffle, les arbres se courbent, les nuages se heurtent, la poussière tourbillonne, le tonnerre gronde, l'éclair déchire l'horizon d'une lueur sinistre. Voici l'orage. Il faut que je hâte le pas, je n'ai plus le loisir de regarder le chemin et d'étudier le sol qui tremble sous moi.

Cependant, je puis dire que Rome m'apparut, tout de suite, comme devant être le refuge naturel des grandes infortunes, si le souvenir et la preuve des plus mémorables catastrophes peut consoler ou fortifier celui qui souffre contre le néant des choses humaines. En tout cas, à peine est-on entré dans Rome, qu'on est saisi, dominé, enveloppé par ces imposantes leçons de philosophie que donnent les ruines au premier passant venu.

Vous avez vu Versailles. Le grand siècle, en s'éteignant, a laissé sur la résidence royale, sur ses jardins déserts, sur son palais abandonné, sur ses rues sonores, sur ses divinités muettes, sur ses eaux impassibles et jusque sur ses habitants futurs, je ne sais quelles demi-ténèbres que le soleil ne percera plus. On y marche, pour ainsi dire, sur la pointe du pied, comme si l'on craignait d'y réveiller quelqu'un. Eh bien, Versailles, c'est Rome, avec la différence d'un siècle à vingt siècles, du grand à l'immense, du trône à la croix, d'un homme à un Dieu. Versailles est la momie d'une époque ; Rome est le squelette d'un monde. Seules, ces deux villes sont comparables entre elles dans les proportions que je vous donne.

Après quarante-huit heures de séjour dans la cité antique, je me crus sauvé. L'artiste absorbait l'homme. Il y avait, en effet, autour de moi, de quoi consoler le cœur, pendant une existence quatre fois plus longue que ne pouvait être la mienne. Ma douleur personnelle m'apparut tout à coup étroite et mesquine en présence de toutes ces splendeurs. Mon œil, étonné, ébloui, pouvait à peine la ressaisir dans ces vastes étendues, à travers ces lignes imposantes. Elle m'échappait. C'était une audace inouïe, un orgueil insensé d'oser souffrir à l'ombre de ce Colisée où des milliers d'hommes, de femmes, d'enfants livrés aux plus abominables supplices, étaient morts en souriant et en chantant.

J'écrivis à M. Ritz pour le remercier de son bon conseil et lui faire part de mes excellentes dispositions. Je l'invitais à venir me rejoindre. Je projetais comme à vingt ans; enfin, je me préparais sincèrement et résolûment à recommencer ma vie.

Du matin au soir, Constantin et moi, nous arpentions la ville. Il m'accompagnait partout, s'intéressait à tout, pourvu que, de cinq à six heures, je consentisse à me promener au Pincio et à la villa Borghèse, rendez-vous, à cette heure, des grandes dames romaines et des mourantes de distinction, qui viennent demander, pendant l'hiver, au climat de Rome, un sursis de quelques années. Il était d'avis aussi que son père vînt se fixer auprès de moi, avec sa fille et son gendre. M. de Niederfield en serait quitte pour changer d'ambassade, changement qu'il lui serait facile d'obtenir. Constantin arrangerait tout cela en arrivant à Paris, et reviendrait aussitôt avec la famille.

Il faut dire aussi que, depuis que j'étais à Rome, j'avais grandi beaucoup dans l'esprit de Constantin. A Paris, il ne m'avait jamais ce qui s'appelle pris au sérieux. J'étais un ancien camarade à lui, qu'il avait connu dans une situation inférieure; j'étais l'élève et l'obligé de son père; je faisais des *bons hommes* et des *bonnes femmes* en marbre auxquels il ne comprenait pas grand'chose; je les vendais bien; tant mieux pour moi; mais, à ses yeux, c'était un métier bien au-dessous du métier retentissant et glorieux qu'il avait embrassé; sans quoi, il eût tout aussi bien accordé la préférence à celui-là, puisqu'il pouvait choisir. Il y avait donc eu jusqu'alors, dans l'amitié de Constantin pour moi, un peu de protection, de bienveillance, de dédain.

L'appui que j'avais reçu de lui, dans les circonstances dernières, et dont il était convaincu qu'à ma place il aurait su se passer, en sa qualité de militaire et, par conséquent, d'homme fort, avait encore accru en lui la conscience de sa supériorité. J'étais de ceux qu'il faut soutenir! Je n'avais pas l'habitude des grandes luttes! — Eh bien, je lui apparus instantanément sous un autre aspect. Pour les artistes, le pays étranger, c'est la postérité contemporaine. C'est là qu'on les classe selon leur mérite véritable, en dehors des rivalités, des intérêts et des coteries. Il se trouva que mes travaux étaient plus connus, plus suivis, plus appréciés en Italie qu'en France. Dès mon arrivée à Rome, je vis venir à moi spontanément, avec les marques de la plus vive et de la plus sincère admiration, tous ces jeunes gens de l'École, pour lesquels j'étais déjà un maître, bien que je n'eusse pas fait les études officielles qu'ils étaient en train de faire, sans lesquelles il n'y aurait pas de salut, s'il fallait en croire les gardiens de la tradition, mais dont ils avaient hâte de s'affranchir. Se faire soi-même! telle est l'ambition de la jeunesse. Or, cette ambition, je l'avais réalisée ! Je ne relevais de personne. Je n'empruntais qu'à la nature ; j'étais original enfin, grande affaire en art.

On me donna de véritables petites fêtes. Je n'allais visiter les monuments, je ne faisais d'excursions qu'avec une escorte de disciples volontaires, tout fiers de m'avoir parmi eux. Ils s'occupèrent de mon installation, me trouvèrent un atelier salubre, central, sur la place du Peuple, comptant bien que ma maison deviendrait tout de suite un centre d'études, de progrès et de plaisirs intelligents. Ils me supplièrent de rester à Rome, m'assurant qu'à moi seul je pouvais tenir en échec cette froide et monotone Académie qui les étouffait, à qui, en effet, nous envoyons tant d'espérances et qui nous renvoie tant de déceptions. Sans être un adversaire, je pouvais devenir un exemple, un stimulant, et tout le monde, en définitive, pouvait gagner à mon voyage.

Constantin était étonné d'avoir pour ami un homme si remarquable. Je m'étais empressé de le présenter à mes jeunes confrères comme le fils de Thomas Ritz, à qui je devais tout ce que je savais ; mais à ce nom connu, sauf les compliments d'usage en pareille circonstance, ils n'avaient accordé que de médiocres éloges. Sans la présence du fils, ces esprits rapides et absolus, selon le propre de leur âge, eussent probablement fort maltraité le père. Constantin fut donc frappé de la différence qu'on établissait entre Thomas Ritz et moi. Il ne m'en voulut pas, et me témoigna une sorte de déférence. Il commença à comprendre les joies de nos gloires pacifiques, et, s'il ne regretta pas d'avoir préféré les armes, il regretta du moins, naïvement et sans jalousie, de n'avoir pas encore une notoriété égale à la mienne, qui eût attiré autour de lui, au seul énoncé de son nom, ces sympathies immédiates et touchantes dont il n'avait que le contre-coup.

Je vous laisse à penser de quel secours me furent d'abord ces satisfactions d'amour-propre. Les intelligents m'appréciaient donc à ma valeur, et la gloire allait me venger de l'amour. Tant pis pour cette femme qui n'avait ni vu ni entendu ce qu'il y avait en moi, et qui pouvait m'ignorer au point de me trahir. Je ne la sentais, pour ainsi dire, plus remuer en moi; elle y était morte et bien morte.

Mes nouveaux amis connaissaient-ils déjà la véritable cause de mon départ de Paris? Leur sympathie s'accroissait-elle du besoin que j'avais d'être soutenu et fortifié? Je le crois; car pas un d'eux ne me parlait de ma femme, et tous me savaient marié, comme nous savons tous, dans notre monde d'artistes, quel est le genre de vie intime de nos confrères. Étaient-ils au courant du fait par leurs correspondances de Paris, ou par des indiscrétions de Constantin? Peu importe! Ils les connaissaient; et, n'ayant pas encore atteint l'âge des rivalités sans miséricorde et des luttes à outrance, ils ne se faisaient pas de mon malheur une arme contre moi, et s'efforçaient, au contraire, par les soins les plus délicats, d'en détourner mon esprit.

Hélas! j'étais dans la main de la Fatalité. Malgré nos efforts communs, je ne devais plus en sortir. Constantin, rappelé par son service, se décida à quitter Rome, mais après le serment solennel d'y revenir dans un mois, avec ou sans sa famille. Il me laissait, du reste, tout à fait installé, m'apprêtant à de nombreux travaux, dont sa présence seule, dans ma pensée, retardait encore l'exécution. Je l'accompagnai jusqu'à Civita-Vecchia. Nous nous embrassâmes comme des gens qui se quittent pour l'éternité plutôt que comme des gens qui vont se revoir dans quelques jours; c'est toujours une bonne précaution à prendre en se séparant d'un ami; et, lorsque le bateau qui l'emmenait eut disparu à l'horizon, je repris la route de Rome à travers cette campagne verte, aux molles ondulations, semée de forêts de pins, peuplée de ces taureaux sauvages, trapus et vigoureux, qui, couchés sous les grands arbres, ressemblent de loin, dans leur immobilité, à des quartiers de roc détachés des montagnes voisines.

XLV.

Je rentrai chez moi, impatient de reprendre ma vie d'autrefois, si brusquement et si longtemps interrompue. Je préparai tous mes outils, je disposai ma terre et je retroussai mes manches, comme dans les temps faciles, alors que l'inspiration matinale me faisait sauter gaiement du lit où m'avait endormi l'amour. Hélas! le travail n'est pas un esclave, obéissant au premier appel; l'inspiration n'est pas, comme une courtisane, toujours prête à vous sourire.

Qu'un homme ayant consacré sa vie à une occupation, pour ainsi dire mécanique, ou même à l'un de ces arts libéraux que les incidents de chaque jour et les besoins d'autrui ont fait naître et font vivre, tels que la médecine ou le barreau, que cet homme demande une consolation au travail, le travail lui répondra immédiatement. Cette consolation lui sera imposée plus encore par les étrangers que par lui-même. On viendra heurter à sa porte, le matin, le jour, le soir, la nuit. On aura besoin de son attention, de son expérience, de son savoir, de son habileté, de sa personne. Sa pensée n'aura plus un moment pour regarder en lui. On le tiraillera, on le fatiguera, on l'obsédera, mais on le rejettera, bon gré, mal gré, dans le mouvement universel; et l'habitude finira par broyer sa douleur, comme une meule qui tourne toujours broie peu à peu les corps les plus durs qu'on lui oppose. Ces hommes, en outre, seront soutenus par la conscience de leur utilité.

Peut-il en être de même pour l'artiste, qui ne produit, au contraire, qu'en tenant toujours son imagination en éveil, qui est forcé de tout puiser en lui, de tout inventer ; qui arpente dans tous les sens le champ sans limites de l'idéal spéculatif, s'étudiant, se retournant, appelant vingt fois par jour son âme à l'extérieur, avec tout ce que cette âme contient ? La solitude et la réflexion lui sont indispensables. Or, à quoi nous ramènent la réflexion et la solitude, quand nous souffrons, si ce n'est au souvenir de nos souffrances ?

Les lignes, les mouvements, les gestes, les attitudes que j'avais trouvés si facilement dans l'enthousiasme impatient de la jeunesse, dans les joies fécondes de l'amour, me devenaient rebelles et hostiles. Mon œil ne voyait plus, ma main ne savait plus. Je regardais ma terre ébauchée sans y rien comprendre, et je restais, des journées entières, immobile devant elle, statue comme elle. Enfin je me heurtais pour la première fois contre ces trois mots : « A quoi bon ? » agents mystérieux de la Destinée qui attendent, à un moment donné, tout homme qui a demandé à la vie plus qu'elle ne possède, et qui le jettent meurtri et désespéré sur le revers de la route. Bref, le cœur avait vidé le cerveau, et, par l'abus de la sensation, j'étais arrivé à l'impuissance de l'esprit. Les jeunes gens qui s'intéressaient à mes travaux venaient en vain me solliciter.

— Eh bien, maître, me disaient-ils, qu'est-ce que vous allez nous donner ? Nous attendons. Nous voudrions vous voir bien vite à l'œuvre.

Je leur expliquais alors que j'avais le travail très-pénible; qu'il faut bien concevoir pour bien exécuter; je leur développais mes théories sur l'art; je me lançais dans l'esthétique. Je m'avouais intimidé par les grandes choses que j'avais sous les yeux; je demandais la permission de reprendre haleine devant tant de merveilles. Je leur dérobais autant que possible la vérité. Puis, à mon tour, j'allais les voir. Je les écoutais, me confiant avec timidité leurs projets; je regardais leurs ébauches, qu'ils me soumettaient avec émotion et qui me rappelaient ma jeunesse encore si près, déjà si loin. Leurs essais étaient incorrects, mais ils avaient la foi. Ils croyaient à l'avenir. Leur vie n'était embarrassée que de quelques difficultés matérielles. J'avais connu la misère. Je savais et je leur disais avec quelle agilité on la traverse, la volonté aidant. D'ailleurs, j'étais prêt à leur venir en aide s'ils le voulaient, et je leur ouvrais ma bourse qu'ils refermaient sans y puiser. Alors, je leur donnais des conseils, non plus seulement au profit de notre art, mais dans l'intérêt de leur vie privée. Sans me mettre en scène personnellement, j'essayais de les prémunir contre l'amour, qui est, leur disais-je, le grand danger pour l'artiste. Mon cœur, trop tendu depuis trois mois, avait besoin de se fondre. Je cherchais instinctivement une émotion étrangère à mes émotions personnelles où je pusse me répandre. Il me semblait qu'en se dégageant mon cœur eût dégagé ma tête et que je fusse ainsi rentré en possession de moi-même. J'aurais voulu crier, pleurer, tomber dans les bras de quelqu'un, et il me semblait qu'ensuite j'aurais repris à pleins poumons l'air que je voyais chacun respirer si facilement autour de moi et qui m'étouffait. Je voulais m'intéressser aux moindres récits de ces amis nouveaux, je leur parlais de leur mère, de leur famille; j'appelais les larmes, elles ne venaient pas, et, tandis que je m'efforçais d'être bon, ne pouvant plus être grand, je surpris tout à coup en moi un sentiment bas et vil que je n'avais jamais connu. Un de ces jeunes gens me découvrit une figure qu'il venait de terminer, chef-d'œuvre de grâce et de goût, de mouvement et de proportion. Vous la connaissez sans doute aussi bien que moi; c'est *la Fille aux grappes*, qui valut à son auteur le prix de Rome, et qui eut, à la dernière exposition de sculpture, un succès si unanime et si mérité.

Savez-vous quel fut mon premier sentiment en voyant cette figure? Un sentiment de jalousie, soyons franc, de haine contre celui qui l'avait exécutée. Un peu plus, je saisissais un marteau et je brisais le marbre, tant est prompt au mal cet être intérieur que je porte en moi. Un nuage passa sur mes yeux. J'eus la force de me contenir, et je tendis à ce jeune homme une main couverte de sueur, sans qu'il pût rien soupçonner.

— C'est une des plus belles choses que j'aie vues, même à Rome, lui dis-je, et je vous prédis un grand succès.

Pendant plusieurs jours, je ne pensai qu'à cette Bacchante. Si j'avais vu cette œuvre du temps que je produisais moi-même, j'eusse embrassé son auteur ; car il m'eût semblé alors que je n'avais rien à craindre de lui ; mais, dans l'état où j'étais, malheureux, exilé, condamné à l'inaction et à la stérilité, je ne vis plus dans ce confrère qu'un rival, un ennemi dont on allait se servir pour m'attaquer. Ce n'est pas aussi facile qu'on le croit, d'être impartial et bienveillant, quand on y perd quelque chose, et j'admirai d'autant plus, à partir de ce moment, ce que Thomas Ritz avait fait pour moi.

Je ne commençai à me calmer un peu que lorsqu'un des camarades du jeune sculpteur m'eut appris d'où celui-ci avait tiré sa statue : d'un camée grec trouvé à Pompéi et qu'il n'avait eu qu'à mettre au point. Travail de praticien. C'était une copie ! un plagiat ! un vol ! Il n'irait jamais plus loin. Je ne lui en voulais plus. Voilà ce que c'est que l'homme, mon ami, ce que c'est qu'un homme de talent. Quelle honte ! Cependant, je me demandai pourquoi je n'imiterais pas ce jeune homme, et pourquoi je n'escompterais pas à mon tour l'imagination des autres. On ne perd pas facilement l'habitude du succès, et l'on ne saura jamais, à moins de les avoir éprouvées par soi-même, les tortures d'un esprit qui se sent décliner, qui cherche le moyen de donner le change au public et qui veut qu'on parle encore et toujours de lui comme par le passé. J'en étais arrivé à vouloir surprendre la bonne foi de mes jeunes compagnons. Puisque mon imagination ne me répondait plus, j'interrogeais la leur, que je croyais féconde parce qu'elle était jeune, avec l'arrière-pensée de m'approprier leurs sujets.

Je parcourus les musées, les galeries particulières ; je fouillai les camées, les pierres dures, les médailles. Je n'avais jamais pu m'inspirer des autres : je le pouvais encore moins à cette heure. J'ébauchai dix sujets, je n en terminai pas un; ma pensée était autre part. Cette misérable femme m'avait décidément volé mon âme et mon génie.

XLVI.

Constantin ne revint pas.

Dans la première lettre que je reçus de lui, il témoignait toujours les mêmes intentions; puis la vie parisienne l'avait repris dans son engrenage. Les absents ont tort; tant pis pour les malheureux! Le *Væ victis!* sera de tout temps et de toute humanité. Toutefois, Constantin me tenait au courant des faits et gestes d'Iza. M. Ritz, ne sachant pas dans quel état je me trouvais, avait évité, en écrivant à son fils pendant notre voyage, toute allusion à ce sujet. Constantin, de retour à Paris, me renseigna avec sa franchise ordinaire. D'ailleurs, il me croyait absolument guéri, et je n'avais garde de le détromper.

Quand Iza avait eu connaissance de mon départ elle avait été furieuse; elle avait porté une plainte contre M. Ritz, qu'elle accusait de détenir son enfant, contre toute légalité. Elle avait voulu charger Me Dax, son ancien amant, du procès qu'elle comptait intenter. Il avait décliné cet honneur, et, tout au contraire, il avait éclairé le Président sur la conduite antérieure de la plaignante. Était-ce par un sentiment de rancune ou de délicatesse ou d'équité? N'importe, il avait fait ce qu'il devait faire; c'est déjà beaucoup. Elle avait alors essayé l'empire de ses charmes sur les juges; mais les juges étaient restés incorruptibles, et M. Ritz avait été autorisé à garder Félix, que sa mère, néanmoins, pouvait venir voir, une fois par semaine, en présence d'une personne de la maison. Iza était venue régulièrement, pendant un mois; puis elle n'était venue que de deux semaines l'une, puis elle n'était plus venue du tout.

Installée avec sa mère, elle vivait fort simplement, s'habillant comme une jeune fille, et paraissant avoir dix-huit ans au plus. Jamais elle ne s'était montrée si modeste et si décente. Partout où elle allait sans être connue, en compagnie de la comtesse, on l'appelait Mademoiselle. Constantin l'avait fait suivre et surveiller. Rien à dire.

Pour plus de sûreté, Serge avait quitté Paris dès

qu'il avait été hors de danger. Constantin l'avait revu deux ou trois fois, et ils avaient causé à cœur ouvert. Serge était très-épris d'Iza; il était presque aussi malheureux que moi; et, désireux de tenir sa parole, il jugeait plus prudent de s'éloigner. D'ailleurs, elle devait avoir de l'argent devant elle. Il lui avait donné des sommes assez importantes en dehors des présents : quatre-vingt ou cent mille francs qu'elle avait parfaitement placés. Désordre des sens, ordre d'esprit, ce n'est pas rare chez les femmes. Notre séparation avait eu du retentissement. J'étais si connu, et elle était si belle! La vérité s'était répandue assez vite, malgré les dires de la comtesse et de sa fille. Toutes les familles honnêtes leur avaient fermé leurs portes, il ne restait autour d'elles que des hommes. Les hommes ont toujours quelque chose à gagner à ces catastrophes conjugales, et ils prennent fait et cause pour la femme tant qu'elle est jolie ou jusqu'à ce qu'ils soient mariés à leur tour; après quoi, ils n'ont plus l'air de la connaître. Il fallait donner une raison à notre différend, de façon que la faute en retombât sur moi, c'était donc moi qui avais déserté le foyer conjugal et qui m'étais sauvé en Italie avec ma maîtresse.

« J'avais mangé d'abord la dot de ma femme, et j'avais gardé jusqu'à son trousseau, que j'avais donné à *l'autre;* du reste, je ne serais pas parti, qu'elle m'aurait quitté. Elle pouvait tout dire maintenant : je la forçais à me servir de modèle, j'avais voulu la faire mouler par mes praticiens : tout ce qu'elle avait pu obtenir avait été que je la moulasse moi-même. Je montrais à tout le monde ces moulages, et j'attirais des gens riches chez moi pour adjoindre à mon art une industrie secrète et lucrative. *La Buveuse* était sa reproduction exacte, etc., etc. »

Telle était à peu près la teneur des lettres de Constantin. Je n'ai pas besoin de vous en dire davantage. Vous voyez défiler d'ici le cortége des calomnies et des représailles. On écouta ces bruits, on les crut, on ne les crut pas, et l'on passa à autre chose. Paris n'a pas beaucoup de temps à donner au même individu.

Somme toute, grâce au duel qui fut connu, et aux affirmations de M. Ritz, le beau rôle me resta.

XLVII.

« Il y a du nouveau ! m'écrivait Constantin dans une de ses dernières lettres. Ta femme et sa mère ont disparu, *subito*, comme vous dites là-bas, après avoir vendu leur mobilier. Il paraît qu'elles ne comptent pas revenir en France. Bon voyage ! J'aime autant ça pour toi. Rien ne s'oppose donc à ton retour, car tu ne vas pas t'éterniser dans la ville éternelle. On ne sait pas où elles sont. On les croit en Angleterre, ou en Hollande, ou en Allemagne, ou en

Suède. En tout cas, elles ne sont pas allées rejoindre Serge. J'ai reçu une lettre de lui. Il est à Pétersbourg ; il doit se marier. »

A cette nouvelle du départ d'Iza, devinez ce qui me passa par l'esprit ! Je m'imaginai qu'elle se repentait, qu'elle ne s'était si bien conduite, depuis mon départ, que pour me convaincre de son repentir, qu'elle m'aimait encore, qu'elle était partie, sans rien dire à personne, pour venir me rejoindre, que j'allais la voir apparaître une seconde fois au seuil de ma porte, qu'elle allait me demander pardon, me dire qu'elle ne pouvait vivre sans moi, et m'expliquer (que n'explique-t-on pas en matière d'amour, quand on est femme !) le pourquoi et le comment de ce passé monstrueux, résultat d'une folie physique, d'une aberration à laquelle sa volonté n'avait pris aucune part.

Connaissez toute la bassesse du cœur humain !

XLVIII.

Je prétextai une chasse dans la campagne ; je me rendis à Civita-Vecchia, convaincu qu'Iza allait y débarquer par un des bateaux prochains. Pendant huit jours, je ne quittai pas le rivage, sondant l'horizon, avec l'impatience fiévreuse de l'âme et du corps, car voilà que mes sens se mettaient tout à coup à se souvenir et à souhaiter.

Quelquefois je prenais une barque et je m'en allais au large, dès qu'un vapeur était signalé, pour apercevoir plus tôt celle que j'attendais. Je me disais :

— Si elle a eu ce bon mouvement, si elle est venue spontanément et librement me retrouver, si elle m'aime enfin, j'oublie. Nous ne reparlerons jamais d'autrefois, nous nous serons rencontrés à partir d'aujourd'hui ; voilà tout. Le passé, c'est l'éternité morte. Qu'elle soit seulement à portée de ma main, et je l'emporte avec moi ! Le monde dira ce qu'il voudra ! Et, d'ailleurs, sommes-nous du monde, tous les deux ? Ne sommes-nous pas des êtres à part, issus de fautes, et ne devons-nous pas nous aimer autrement que les autres ne s'aiment ? Serai-je le premier qui, faible, aura pardonné à une créature faible ? L'humanité entière, n'est-elle pas faiblesse ? Toutes les légendes d'amour ne sont-elles pas les mêmes ? La femme a failli, l'homme a souffert ; la femme s'est repentie, l'homme a pardonné. L'important, c'est d'aimer, de se sentir vivre et de donner la vie à d'autres êtres, fictifs ou réels. L'amour, quel qu'il soit, est le premier élément de l'art ; c'est son air vital. Voilà pourquoi je ne puis plus rien créer loin de celle que j'aime. Elle vient ! Je la sens ! Je la vois ! Elle est là.

Elle ne vint pas.

Je ne vis descendre, aborder et passer devant

moi que des inconnus, des étrangers, des indifférents.

— Elle est peut-être arrivée par terre, me dis-je alors.

Et je retournai à Rome.

Rien !

Une seule lettre, de madame Lespéron, qui venait d'apprendre mon histoire, qui me plaignait, qui me félicitait de l'idée que j'avais eue de venir me fortifier aux sources de la grande poésie chrétienne, qui me criait : « Courage ! courage ! » qui m'adressait enfin une amplification française qu'elle terminait par ces mots :

« Oh ! des ailes ! des ailes ! qui me donnera des ailes ? »

XLIX.

Une fois de retour à Rome, je me reconnus à bout de forces. J'en avais fini avec l'étonnement, l'émotion, la jalousie, la colère, la vengeance, le travail, l'amitié, l'envie, le pardon même. Je ne demandais plus qu'à déposer, n'importe où, le fardeau décidément trop lourd dont le destin avait chargé mon cœur et ma pensée. La somme de résistance que j'avais emportée en moi était épuisée.

Vous avez vu, sans doute, un de ces nobles animaux, hôtes des forêts paisibles, surpris par le chasseur, bondir sous le plomb, franchir les haies et les ravins, et disparaître à travers les arbres. « Je l'ai touché ! » s'écriait le tireur ; et cependant, l'animal continuait sa course rapide, aux cris des chiens qu'il lassait et dépistait peu à peu. S'il vous eût été possible de le suivre, vous l'eussiez vu, après un temps plus ou moins long, s'arrêter et porter la tête, de minute en minute, avec des mouvements fébriles, vers une même partie de son corps, où quelques gouttes de sang commençaient à perler. Dominé par l'instinct persévérant de la conservation, il faisait encore quelques pas, puis ses jambes fléchissaient; il promenait autour de lui un regard fixe, déjà trouble, et, se voyant seul, se traînait jusqu'à un fourré impénétrable aux chiens, aux chasseurs, à tous ceux qui font le mal pour le plaisir de le faire. C'est là que, se reconnaissant mortellement atteint, il allait souffrir et mourir silencieusement, de cette blessure secrète, insensible d'abord et qui venait de s'ouvrir tout à coup.

J'étais comparable à cet animal blessé. Ce que j'avais pris pour de la force, dans la première chaleur de la lutte, n'était que de la fièvre. J'étais touché au plus profond de mes entrailles. Il ne s'agissait plus que de se résigner et de mourir aussi simplement que possible.

Je donnai pour raison le travail, et je fermai ma porte à tout ce qui était vivant et heureux ; à tout ce qui faisait partie de cette humanité avec laquelle je n'avais plus rien de commun. Je me celai même à ces jeunes gens qui, du reste, n'ayant pas trouvé en moi tout ce qu'ils cherchaient, s'éloignaient de moi par degrés. Il ne faut demander à la jeunesse que ce qu'elle peut donner : l'enthousiasme et l'oubli. Je passais des journées entières dans la même attitude, immobile et muet, le regard perdu dans ma pensée.

L.

« Où pouvait-elle être ? Pourquoi avait-elle quitté la France ? Vers quel horizon avait-elle emporté sa vie et la mienne ? Tant qu'elle avait respiré l'air que nous avions respiré ensemble, elle m'appartenait encore. De loin, je la voyais aller et venir, à travers les habitudes et les lieux que je connaissais. J'avais été trop clément. J'aurais dû la faire arrêter, condamner, enfermer ; j'aurais dû me venger, enfin. Sans doute elle avait attendu, pendant quelque temps, que je revinsse. Elle savait si bien que je l'aimais ; elle devait savoir que je ne pourrais vivre sans elle. Où la reprendre à cette heure ? Avait-elle un nouvel amant ? Encore un !

» J'avais eu tort de suivre les conseils de Constantin. Il se souciait bien de moi, à présent ! Il me faisait de temps à autre l'aumône d'une lettre ! Oh ! les hommes ! Je les connaissais cependant. Ils m'avaient prévenu, dès mon enfance, que je n'avais pas à compter sur eux. Mais ma mère m'avait dit de m'adresser à Constantin. Ma mère ! pourquoi m'avait-elle mis au monde ? C'était sa faute qui était cause que je n'avais pas pu épouser une honnête fille ! Une famille honnête ne m'aurait pas accepté ! Ma pauvre mère ! Elle était morte de chagrin ! Elle ne pouvait plus rien pour moi ! Elle était inerte et indifférente sous la terre. Ce n'est pas elle qui m'eût trompé ! Elle me trouvait si beau ! Quand elle faisait des reproches à ma femme, celle-ci, qui savait tout, devait lui répondre qu'elle n'avait pas le droit d'en faire. Comme elle a dû souffrir ! C'est pour cela qu'elle ne disait rien.

» Si je retournais à Paris ? Qu'y ferais-je ? J'élèverais mon enfant ; il me consolerait ! A trois ans, qu'est-ce qu'il peut pour moi ? Et que puis-je pour lui ? Je ne lui manque pas ; ses jouets lui suffisent ! Est-ce que je l'aime, d'ailleurs, cet enfant qui est la vivante image de sa mère ? Mieux vaut ne pas le voir. C'est peut-être ainsi que mon père m'a abandonné ! Je l'ai condamné trop tôt ! Qui sait s'il était plus coupable que moi ?

» Voilà donc ce que c'est que la vie ! Ainsi, malgré tous mes efforts, né hors du cercle social, je n'aurai pas pu y rentrer. Le Bien n'était pas fait pour moi. J'ai été un fils dévoué, j'ai été un homme probe, sincère et courageux; j'ai été un artiste patient et convaincu; j'ai aimé avec désintéressement, avec confiance, avec loyauté; je n'ai pas une seule mauvaise action derrière moi; et voilà ma récompense! Je suis trahi, abandonné, oublié! Et ce sera toujours ainsi; et je vais me traîner désormais, malheureux, envieux et méchant, sans talent et sans amour, à travers l'égoïsme et le dédain des hommes, en attendant la vieillesse, la décrépitude et la mort; car je suis jeune, car je suis vigoureux, et la mort se fera attendre.

» Pourquoi l'attendre? Pourquoi ne pas en finir tout de suite? On dit que le suicide est un crime; ce n'est pas vrai. C'est le droit le plus imprescriptible de l'homme, quand il souffre au delà de ses facultés. Si c'est un crime, tant pis pour le Dieu qui nous réduit à le commettre! Existe-t-il seulement, ce Dieu, dont les ministres, exempts de tous les devoirs, de tous les sentiments et de toutes les passions de l'homme, nous ordonnent, du fond de leur indifférence, la souffrance, la lutte et l'abnégation? Qu'a-t-il fait pour moi, ce Dieu qu'ils m'imposent? Les quelques heures de joie que j'ai connues, ne les ai-je pas achetées, avant, par toute sorte de combats avec la misère, les préjugés, l'injustice et le travail? ne les ai-je pas payées, après, par toutes les tortures du cœur, de l'âme et de l'esprit? Quand, avec des cris et des larmes, j'ai supplié ce Dieu de me laisser ma mère, lui a-t-il accordé une minute de plus? Quand, dans une prière muette, où j'avais mis toute mon âme, je lui ai demandé qu'Iza n'eût pas été infidèle, et que ce qui était ne fût pas, m'a-t-il donné cette preuve de sa puissance et de sa bonté? Quel avertissement, quel appui, quelle consolation ai-je reçus de ce maître qui, depuis des milliers d'années, assiste, impassible et sourd, aux crimes des uns, aux douleurs des autres, au triomphe éternel du Mal? L'humanité ne va-t-elle pas déserter bientôt cette soumission aveugle à des traditions, des légendes et des dogmes que peut détruire, avec un mot, la logique d'un enfant? Il a fait son temps, ce Dieu courroucé, punissant à tout jamais des milliards de créatures, pour la faute d'une seule, émanée directement de lui. Si ce Dieu existe, que l'humanité entière le renie et le chasse de sa pensée et de son cœur ; qu'elle le laisse seul, dans le mystère où il s'enveloppe, et qu'elle marche, sans lui, à la conquête de ses droits et de sa liberté. Si elle a besoin d'un Dieu, qu'elle en découvre ou en invente un qui soit intelligible, et qui fasse cause commune avec elle. En attendant, la vie est un malheur, et la mort est un droit. »

LI.

Ainsi, comme tous ceux qui souffrent, je faisais de ma douleur le point central de l'univers. Tout devait converger à elle, et je mettais en discussion les lois humaines et divines. Il ne fallait pas moins qu'un remaniement du monde entier pour me rendre la place que j'avais perdue. Ce qui avait été dit et fait jusqu'à moi par les plus grands esprits pour le bonheur et la consolation des hommes me paraissait incomplet, inique et faux, puisque rien de tout cela ne pouvait me consoler.

Je passais en revue les plus retentissantes et les plus lamentables catastrophes que l'histoire nous ait léguées, je les aurais toutes supportées héroïquement! Celle-là seule qui me frappait dépassait mes forces.

Ceci n'était pas dénué de vérité. Certaines infortunes immenses, en mettant leurs victimes au-dessus des autres hommes, font de ces victimes un éternel sujet d'étonnement et d'admiration pour chaque génération nouvelle; mais ces misérables catastrophes intimes, sans noblesse et sans poésie, dont le récit donne envie de rire à ceux qui l'entendent, que la gaieté humaine a chansonnée sur tous les tons, et dont on meurt lentement et obscurément, avec deux grosses larmes immobiles qui vous rongent les yeux; ces catastrophes-là exigent un héroïsme obscur et ridicule que n'auraient peut-être pas trouvé en eux le vaincu de Pharsale et le prisonnier de Sainte-Hélène.

Telles étaient les pensées et les réflexions que je ressassais du matin au soir; c'étaient les moins douloureuses. Celles de la nuit étaient bien autres, car je ne dormais plus guère, et, dans l'insomnie, les mêmes tableaux me poursuivaient. Je les avais perpétuellement dans le regard, comme ces points noirs qui interceptent le rayon visuel, que l'œil suit machinalement à travers l'espace, jusqu'à ce qu'ils se fondent avec l'éther, et qui, à peine effacés à droite, se reproduisent à gauche. Ces tableaux étaient ou grotesques ou lascifs, mais toujours empreints d'une abominable réalité.

Je voyais Iza tantôt avec l'un, tantôt avec l'autre, dans toutes les attitudes de la passion. Je n'avais besoin que de me souvenir, hélas! pour deviner ce que je n'avais pas vu. Alors, tremblant de la tête aux pieds, couvert d'une sueur froide, je sautais à bas de mon lit, prêt à tout briser autour de moi, pour épouvanter et chasser cette hallucination.

Que de fois j'ai ouvert ma fenêtre, la nuit, avec la résolution de me précipiter dans le vide! Que de fois j'ai approché mon rasoir de mon cou! Que de fois j'ai découvert ma poitrine, et, me plaçant devant une glace, cherché l'endroit où je devais me frapper! Dans ces moments-là, je poussais la sensualité jusqu'à vouloir assister moi-même à ma mort. L'artiste reparaissait encore, par habitude, à travers mon égarement; je cherchais une attitude pour mourir. Ou bien la mort que je pouvais me donner ne me paraissait pas suffisante: elle n'était pas assez douloureuse pour l'état d'excitation où j'étais arrivé. J'aurais voulu le supplice. J'aurais voulu voir broyer et entendre craquer mes os sur un chevalet ou sur une roue ! Peut-être trouverais-je une jouissance au bout de l'extrême douleur, comme on trouve la douleur au bout de la jouissance extrême.

Et cependant je ne me tuais pas. Je n'avais que la maladie, que la manie de la mort; état incompréhensible pour qui ne l'a pas traversé, où l'on vit, si l'on peut appeler cela vivre, entre le besoin et la terreur de l'anéantissement. On veut sortir, et sortir violemment, de ce monde où l'on étouffe, et l'on s'arrête toujours sur le seuil de l'autre. Ce n'est ni l'espoir secret de la consolation ni la crainte instinctive de la souffrance qui vous arrêtent, c'est l'impossibilité de mourir. On est sous la domination d'une excitation qui n'a pas de terme et qui se renouvelle sans cesse, sans s'assouvir jamais. On désire la mort jusqu'au spasme, jusqu'à l'exaspération, jusqu'à la frénésie; une main vous pousse, une main vous retient. On ne vit plus, on ne meurt pas ! C'est l'hystérie de l'inconnu, c'est le satyriasis de l'infini.

Qui croirait que la faute d'une femme peut jeter de pareilles perturbations dans le cerveau d'un homme ? Ah ! je vous assure que j'ai souffert ! Durant mes rares moments de lucidité, je comprenais bien que tout le mal venait de l'inaction de mon esprit; habitué, depuis longues années, au travail, à l'étude, à la production, et, depuis quelques mois, condamné à tourner toujours autour de la même pensée. Alors, je cherchais un aliment pour cet esprit affamé. Savez-vous ce que je trouvais? Les idées les plus insensées venaient s'offrir à moi comme les seules possibles : conspirer, incendier, violer! Être Brutus, Érostrate ou Tarquin! Faire servir enfin à quelque grand crime le dégoût que j'avais de la vie, et m'immortaliser dans l'odieux, puisque je ne pouvais continuer à m'immortaliser dans le noble. Lorsque vous verrez un homme frappé d'une grande douleur s'enfoncer et disparaître dans la solitude absolue, vous pourrez affirmer qu'il est sur le chemin de la folie. Ce ne sera qu'une question de temps.

LII.

Cependant il fallait prendre un parti : ou vivre, ou mourir.

Un soir, — il y avait près de trois mois que je n'avais vu un être humain, excepté mon valet, à qui je n'adressais pas quatre paroles par semaine, et des services duquel je me passais le plus possible; — un soir, je tentai un effort; je résolus de m'arracher à ma solitude et de me rejeter brusquement dans la vie des autres.

On donnait une représentation extraordinaire au

théâtre d'Apollon. J'y entrai. La salle était comble, ruisselante de lumières, de diamants et d'épaules nues. D'abord j'eus le vertige quand je me sentis dans ce bruit et dans cette foule. Où étais-je? qu'est-ce que c'étaient que tous ces gens-là? Ils me faisaient l'effet d'automates.

Je me promenai dans les corridors jusqu'au lever du rideau. Je rencontrai deux élèves de l'École; ils vinrent à moi. Je ne savais que leur dire; je les regardais d'un œil étonné, creux; je ne comprenais pas ce qu'ils disaient. Ils me semblaient être en bois; je voulais m'en assurer en leur tapant sur la tête. Je les quittai pour ne pas céder à cette fantaisie de fou.

Je me rendis à ma place, à l'orchestre. Aux premières notes de cette adorable ouverture de la *Somnambule*, je fus pris de l'envie de crier, puis d'arracher mes vêtements, de les jeter au hasard et de danser des danses obscènes, tout nu, au milieu de cette salle. Que m'arrivait-il? J'entendais mon sang rouler dans mes oreilles, comme si j'avais eu un torrent dans la tête. Je serrai les dents et les poings, employant tout ce qui me restait de volonté à retenir ma raison.

Devant moi se trouvaient placés un jeune homme et une jeune femme qui parlaient tout bas et qui se souriaient comme deux amoureux doivent se sourire en entendant cette musique pleine d'amour. Je ne les quittais plus des yeux.

— Je vais tuer cet homme, je le sens, me disais-je.

Et, en effet, tout mon être se portait, avec un rugissement intérieur, vers ce spectateur innocent, qui ne soupçonnait certes pas ma démence et qui continuait de causer tout bas. Pourquoi avait-il l'air si heureux?

Mon voisin de droite balançait sa tête en mesure, mon voisin de gauche lorgnait les loges. J'aurais voulu parler à l'un d'eux pour me remettre dans l'habitude et dans le bon sens. Je fus sur le point de leur tout avouer et de les prier de veiller sur moi; mais cet acte de raison eût dénoncé ma folie; et je continuais à me dire:

— Il faut que je tue cet homme.

Que faire? que devenir? Le *crescendo* de l'orchestre m'exaspérait. Je fis un effort suprême, je me levai, je murmurai à l'oreille de mon voisin, d'une voix étranglée qui tremblait de laisser passer d'autres mots que ces deux-là :

— Pardon, monsieur.

Et je traversai la salle, en me disant :

— Pourvu que j'arrive jusqu'à la porte sans accident!

Je marchais, n'osant pas regarder un seul des visages qui se penchaient pour voir ce monsieur qui dérangeait tant de monde; j'avais peur de leur faire la grimace et de les insulter.

Enfin, je fus en contact avec l'air; je l'aspirai à larges bouffées et je rentrai chez moi, longeant les murs, où je m'appuyais de temps en temps pour ne pas tomber. Une fois dans ma chambre, je me roulai à terre, en frappant ma tête, siège de pensées dont je n'étais plus le maître, et en criant à Dieu :

— Mais sauve-moi donc ! je ne t'ai rien fait !

Je restai là, sur le sol, jusqu'au jour. Quand je m'éveillai, j'étais grelottant, j'avais la fièvre; j'eus peur de la maladie dans la solitude. En somme, je n'avais jamais vécu seul ; j'avais toujours été aimé de quelqu'un ; je n'étais pas fait pour vivre ainsi. Je me mis à pleurer en appelant : « Maman ! » comme un enfant perdu. Mon mal était peut-être physique? les symptômes étranges auxquels j'étais en proie étaient peut-être ceux des fièvres de Rome, si familières aux étrangers ?

J'appelai un médecin. Il me tâta le pouls, le pouls était un peu agité, mais de fièvre, point. Il regarda ma langue, il examina mes conjonctives, il écouta mon cœur, il m'ausculta, il me questionna sur mes habitudes passées. Je lui dis comment j'avais été élevé, comment j'avais vécu, comment j'étais à Rome, par suite d'un grand chagrin qui avait désorganisé ma vie. Il me conseilla la marche, le travail régulier, une nourriture légère, la distraction et *la femme* de temps en temps, mais la femme seulement à l'état hygiénique, sans l'amour. Il m'expliqua comme quoi la santé, c'était l'équilibre dans les facultés et dans les fonctions; il ajouta que, si l'on demandait plus à un organe qu'à un autre, on détruisait cet équilibre, et que, dès lors, il y avait rupture d'équilibre, et maladie, par conséquent; que, depuis plusieurs années, j'avais telles et telles habitudes, qu'elles avaient été interrompues par une cause ou par une autre, qu'il s'agissait de reprendre peu à peu ces habitudes, dans un milieu autre, puisque les conditions de ma vie étaient modifiées, mais que les règles physiologiques n'en subsistaient pas moins et que nul ne pouvait s'y soustraire; que, du reste, j'étais en ce moment sous l'influence du sirocco, qui n'avait jamais été si fort, et que, dès que la tramontane soufflerait, je me sentirais beaucoup mieux. Bref, il me conseilla de prendre patience, d'oublier, de n'avoir plus d'âme, de me porter très-bien et de m'amuser beaucoup.

LIII.

Vous devez être étonné, comme je le suis moi-même, de la lucidité avec laquelle je vous raconte — trop longuement — cette période de mon existence. Il semble qu'elle devrait avoir dans ma pensée la confusion et l'obscurité d'un mauvais rêve dont on s'est réveillé en sursaut. Il paraît étonnant que le cerveau, ébranlé dans toute sa masse, ait pu conserver et retrouver à distance, si claires et si précises, des sensations qu'il subissait malgré lui, qu'il repoussait de son mieux et qui sont du domaine de l'aliénation. C'est ainsi cependant. Les moindres détails de mon séjour à Rome, je me les rappelle distinctement, et, avec un peu d'effort, je pourrais y joindre les dates correspondantes. Je m'étais pour ainsi dire dédoublé alors, et l'un de mes deux *moi* assistait avec un désespoir inutile aux agitations de l'autre. Celui-là, qui se souvient.

Aujourd'hui, d'ailleurs, chose plus étrange encore, je suis calme. Je vous le disais en commençant ce récit : mon esprit est moins troublé que je ne l'aurais cru. Au fur et à mesure que j'ai pu consigner les faits de ma vie, m'examiner et me juger, je ne sais quelle sérénité progressive s'est emparée de moi. Vous avez dû remarquer même, en maints endroits de ce mémoire, que je me complaisais dans la relation de certains détails et dans la peinture de certains tableaux, comme si j'avais tout simplement à raconter des faits dont j'aurais été le témoin, et non la déplorable histoire dont je suis le héros. Bien plus, je n'ai ni les craintes ni les remords d'un criminel. Je me suis séparé, par le seul moyen qui fût définitif, d'une réalité qui torturait ma vie et altérait ma raison. Il me paraît tout simple, à cette heure, d'avoir agi comme je l'ai fait. Cependant, avant d'en arriver là, j'ai combattu, je me suis adressé de bonne foi au travail, à la prière, à l'amitié, à la solitude, au suicide, à la science, à

la loi, enfin au repentir de celle qui m'avait offensé
et meurtri; je leur ai demandé un dérivatif à des
maux que je ne pouvais plus supporter; rien ne
m'a répondu. La nature, dans un mouvement spontané, irrésistible, meurtrier, m'a délivré tout à coup
du démon qui m'obsédait. Le crime m'a exorcisé,
calmé, assaini. Je suis rentré, immédiatement après,
en possession de cet équilibre dont la physiologie
fait la base de la vie physique et morale. J'ai reconquis ma volonté, non plus pour quelques jours,
comme après ma rencontre avec Serge, mais définitivement, comme vous le prouve ce récit, que je
reprends tous les matins, depuis un mois, sans fièvre, sans lassitude et sans dégoût, après cinq ou
six heures d'un sommeil que je ne connaissais plus.
Je suis prêt au travail, et, s'il m'est donné de
vivre, je crois que j'oublierai complétement cette
désastreuse partie de ma vie qui n'était pas faite
pour moi. Bref, quand je m'examine, quand je me
juge, je me considère comme absolument innocent.

Le cas de légitime défense n'existe pas seulement
au physique; il existe au moral. Tout à coup, à l'improviste, j'ai été attaqué, insulté, blessé dans mes
sentiments les plus sincères et les plus respectables
par un être à qui je n'avais fait que du bien. J'ai d'abord été tout étourdi du choc, puis je me suis défendu
et j'ai terrassé mon adversaire. Parce qu'il ne s'était
servi dans l'attaque ni d'un pistolet, ni d'un couteau,
ni d'un bâton, était-il hors de cause? Je ne saurais le

croire, ni vous, ni aucun juge consciencieux, puisque vous m'avez tendu la main dès mon arrestation, puisque M. Ritz, son gendre et les hommes les plus honorables viennent me voir et me fortifier.

Voulez-vous une autre preuve? De cette créature que j'ai aimée jusqu'à la rage, mon âme, mon cœur et mon esprit n'ont pas gardé la moindre trace. Quand j'aurai jeté sur le papier le dernier mot qui la concerne, elle sera tout à fait sortie de mon passé, et je ne me la rappellerai même plus. Chacune des pages que j'ai tracées et que vous venez de lire a détaché de moi une parcelle de ces terribles événements. Je les vois tomber à mes pieds, comme ces scories blanches qui succèdent aux brûlures et sous lesquelles se forme un derme nouveau. C'est ainsi que je vois reparaître et même apparaître, pour la première fois, dans mon cœur des sentiments dont cette femme empêchait pour ainsi dire la circulation, en s'interposant entre la création et moi. Je me reprends à sourire à la nature, au travail, à l'amitié, à la vie, à la Divinité que j'ai blasphémée si souvent; j'aime mon fils, qui m'était indifférent et qui allait me devenir odieux; je respire, je comprends, je suis guéri, en un mot, depuis que j'ai brisé la tête du serpent qui m'étreignait. Il y a du vrai dans le proverbe populaire : « Morte la bête, mort le venin. »

Des raisonnements que je formule à cette heure et des effets qui se sont produits, il est bien certain que je n'avais aucun pressentiment avant mon crime ; ils sont un résultat et non un principe, une conséquence et non une cause. Mon action n'a pas été préméditée, elle a été toute machinale, toute d'instinct, comme celle d'un homme qui, surpris par l'asphyxie, brise une vitre pour avoir de l'air et revient aussitôt à la vie. J'ai été sauvé par l'assassinat ; j'aurais mieux aimé être sauvé d'une autre façon : cela n'était sans doute pas en mon pouvoir.

Peut-être le crime était-il dans ma destinée ; peut-être, étant né en dehors des règles sociales, ne pouvais-je me protéger qu'en dehors des moyens sociaux ; peut-être suis-je un criminel de nature et de naissance, comme un descendant d'Atrée ou de Thyeste, et je développe peut-être ici, sans m'en douter, des arguments monstrueux qui, à eux seuls, constitueraient un crime. C'est possible ; mais, en ce cas, je suis un aveugle, je n'ai pas conscience de mes actes, je subis décidément la fatalité héréditaire ; et, dès lors, ce n'est plus moi qu'il faut rechercher, juger et condamner ; ce n'est plus moi qui ai commis ce meurtre, c'est l'être mystérieux que je porte en moi ! c'est mon père ! c'est l'Inconnu !

LIV.

La visite et les conseils du médecin que j'avais appelé à Rome ne devaient en rien modifier mon état.

Ils m'étaient aussi inutiles alors qu'ils me paraissent rationnels aujourd'hui. A peine cet homme m'avait-il quitté, que je reçus de M. Ritz la lettre suivante :

« Mon cher enfant, je vous écris, chargé de deux commissions fort agréables à remplir. Plusieurs de mes collègues pensent à vous pour l'Institut, et c'est justice, malgré vos trente ans. On vous aime, on vous estime, on voudrait vous donner, surtout dans les circonstances où vous vous trouvez, un témoignage public de toutes les sympathies qui vous sont dues. Je n'ai pas besoin de vous dire, mon jeune maître, combien je serais heureux de vous voir remplacer notre dernier mort, vous qui pourriez remplacer la plupart des vivants qui sont là, à commencer par moi. Ma démarche est tout officieuse ; mais répondez-moi que vous l'accueillez avec plaisir, et je me charge du reste. Tenez-vous donc prêt à revenir si vous acceptez. Vous connaissez la maison où il y aura fête à votre retour.

» Autre chose :

» On est venu, de la part d'un étranger, me demander si le modèle en marbre de *la Buveuse* existe réellement et si vous consentiriez à le vendre. On en offre quarante mille francs ! C'est une jolie somme ! Je crois cependant que j'obtiendrais cinquante mille. L'œuvre vaudra davantage plus tard. Elle est de premier ordre; mais enfin, cinquante mille francs, contre un morceau de marbre, quand on a un enfant, ne sont pas à dédaigner. Si oui, envoyez-moi un mot avec lequel je puisse prendre la statue chez vous.

» Je vous embrasse comme je vous aime. Mon gendre et ma fille vous font toutes leurs amitiés. Constantin est en mission, il revient ces jours-ci. »

Et, en grosses lettres mal tracées :

« J'embrasse mon petit père.
» Félix. »

C'est-à-dire une larme, une goutte d'eau dans ce désert.

Mes idées, comme vous avez pu le voir, étaient loin des ambitions académiques. Mon royaume n'était plus de ce monde. Je refusai donc sur ce point. Je consentis à vendre *la Buveuse*. Ce serait cinquante mille francs de plus pour Félix ; et, puisqu'un honnête homme comme M. Ritz ne trouvait rien à objecter contre la vente de ce souvenir, je n'avais pas à m'y opposer.

J'écrivis longuement à mon maître. Je lui dis tout ce que j'avais sur le cœur. Cet homme étant mon seul ami, je ne devais rien lui cacher, et puis j'avais besoin de me répandre en quelqu'un dont je me savais aimé. Je lui faisais part de la résolution que j'avais prise, de la nécessité, pour ainsi dire, où j'étais d'en finir avec la vie. Je m'étendais sur l'inutilité des choses humaines et divines en présence de certains malheurs; je niais la Providence; je rappelais le nom de tous ceux qui avaient injustement souffert; j'en tirais des arguments contre le ciel, et, m'excitant moi-même, je terminais cette lettre en priant M. Ritz de vouloir bien être mon exécuteur testamentaire et de se charger de mon fils. Bref, je lui faisais toutes les recommandations d'un mourant qui ne peut pas répondre du lendemain, sans m'apercevoir qu'une pareille lettre était moins une confidence qu'un appel, et qu'elle pouvait se résumer ainsi : « Empêchez-moi de mourir! »

La réponse ne se fit pas attendre. La voici. Ces lettres-là sont de celles qu'on garde.

« Pour vous détourner de vos projets de mort, je ne vous ferai aucun des raisonnements inutiles qu'on fait, en pareil cas. Je ne vous dirai pas que, Dieu vous ayant donné la vie, Dieu seul a le droit de vous la reprendre. Je ne vous dirai pas que le suicide est immoral, impie, ridicule, qu'il n'attendrit personne, qu'il est une preuve de lâcheté plus que de courage, et tous les lieux communs que vous connaissez. Je ne vous dirai qu'un mot : Votre mère a-t-elle souffert autant que vous? Oui, cent fois plus certainement. S'est-elle tuée? Non. Vous a-t-elle élevé, malgré la misère, malgré l'abandon, malgré les souvenirs, malgré les insultes, malgré la honte? Votre enfant qui est déjà privé d'un de ses deux soutiens naturels, comme vous l'avez été vous-même, a-t-il doublement besoin de vous, comme vous avez eu doublement besoin de votre mère? Toute la question est là. Vous n'avez pas le droit de mourir.

» Je puis vous remplacer auprès de votre fils, dites-vous dans votre lettre; — qu'en savez vous? Et pourquoi m'imposeriez-vous, à moi étranger, une charge que vous ne voulez pas pour vous-même? Certainement, si vous succombiez loyalement dans la lutte avec la vie, frappé en pleine poitrine sur le champ de bataille commun, certainement votre enfant deviendrait le mien, et je l'élèverais dans la vénération de son père. Mais, si vous désertez, si vous passez à l'ennemi, si vous combattez contre nous, que voulez-vous que je lui dise plus tard, et de quel exemple lui sera votre défaillance, quand il aura lui-même à lutter?

» Combien de fois ne vous ai-je pas entendu, avec raison, accuser et maudire celui qui vous avait abandonné; et cependant vous pouviez encore compter sur votre mère! Allez-vous donner à votre fils ce double droit de mépriser sa mère et de condamner son père? Vous savez bien que l'indulgence et la pitié envers les parents coupables ne sont pas faciles à l'enfant qui pâtit de leurs fautes. Enfin votre enfant, le connaissez-vous seulement, pour lui attribuer si peu d'importance? Pourquoi n'êtes-vous pas déjà auprès de lui? Il grandit, son cœur s'éveille, son intelligence se développe! Pourquoi donnez-vous à d'autres ses premières paroles et ses premiers sourires ? Pourquoi est-ce nous qui jouissons de lui ? Pourquoi n'expérimenteriez-vous pas d'abord ce secours naturel ? Pourquoi, vous qui prétendez subir fatalement l'influence mauvaise d'un père inconnu, n'armez-vous pas à l'avance votre fils contre l'influence maternelle que vous ne connaissez que trop ?

» Vous souffrez ! comme c'est nouveau ! Croyez-vous donc être le premier ? Est-ce que l'humanité tout entière ne souffre pas ? On vous trahit, on vous trompe ! la belle aventure ! Vous n'avez plus de génie ! vous n'avez plus d'amour ! Vous les avez eues, ces deux ailes de l'archange qui emportent l'homme dans les sphères célestes ! Combien de vos semblables rampaient sur la terre pendant ce temps-là, vous admirant et vous enviant ! Se tuaient-ils, pour ne pouvoir vous suivre ? Si vous n'avez plus l'amour de votre femme, ayez celui de votre enfant, acquérez-le, rendez-vous-en digne. Si vous n'avez plus de génie, ayez le travail. Si vous ne pouvez plus faire des chefs-d'œuvre, faites tout ce que vous pouvez faire. Si vous n'êtes plus un artiste, soyez un ouvrier. Si vous n'êtes plus un créateur, soyez un copiste. Faites des rampes d'escalier, des moulures de plafond, des groupes pour les pendules ! Sciez des pierres de taille et maniez la truelle comme un maçon ; mais, à trente ans, vigoureux, honnête et respecté, ne désertez pas un monde où vous avez eu besoin des autres et où les autres ont besoin de vous. Le suicide ! C'est bon pour les joueurs, les beaux fils ruinés, les libertins paralytiques, les caissiers infidèles. Et encore, ils n'en abusent pas !

» Quant à ce Dieu que vous blasphémez et niez parce qu'il ne veut pas vous dire son secret, commencez par admirer ce qu'il vous montre, et vous n'aurez plus le temps de chercher ce qu'il vous cache. Ne le réduisez pas aux proportions étroites de votre bonheur ou de votre orgueil. Laissez-le procéder comme il lui plaît. Il sait pourquoi il a créé l'homme, il sait bien aussi où il le mène. Sachez, vous, que vous lui êtes utile, puisque vous êtes là, et aidez-le de votre mieux, puisqu'il veut bien vous donner un rôle dans son œuvre. Plus tard, il vous dira le reste. Il existe; que cela vous suffise. Vous pouvez être assez malheureux pour en douter quelquefois, vous ne pouvez être assez aveugle pour en douter toujours; et, à mesure que vous avancerez dans la vie, vous le verrez plus distinctement.

» La religion qui se sert de son nom pour commettre des injustices, des erreurs et des excès, ne vous offre ni consolation ni refuge; elle ne satisfait ni votre raison ni votre cœur; vous ne pouvez croire à la sincérité de prêtres vêtus de satin, d'or et de pierreries, promenés dans des palanquins, habitant des palais et jouissant, à la face de ceux à qui ils prêchent l'abstinence et l'humilité, de tous les biens de ce monde, sans en excepter l'amour. Qu'est-ce que ça vous fait? Ces gens-là, pour être prêtres, n'en sont pas moins des hommes, comme vous et moi, faibles par conséquent. Pardonnez-leur! ils ne savent ce qu'ils font. Séparez l'idée chrétienne des hommes qui l'exploitent et des formules qui la dénaturent; regardez-la bien et prosternez-vous! Si Dieu est quelque part, au lieu d'être partout, c'est là qu'il est. Elle est l'indulgence, elle est la force, elle est la morale, elle est la charité, elle est le bon sens, elle est le bien, elle est le vrai! Elle a admis le repentir, et elle a inventé le pardon. C'est ce qui la rend impérissable dans un monde comme le nôtre.

» Vous n'acceptez pas les mystères. Vous ne croyez ni à l'incarnation, ni aux miracles, ni à la résurrection, ni à la virginité de la Mère, ni à la divinité du Fils, ni à toutes les légendes fantasmagoriques dont la tradition escorte le passage de Jésus sur la terre! Après? Moi non plus, je n'y crois pas, en tant que fait; mais je considère ces merveilleuses légendes comme les ornements dont les hommes ont dû revêtir l'idée pour la rendre séduisante et la faire accepter de siècle en siècle par l'imagination humaine, avide de surnaturel, et qui aimera toujours mieux être étonnée que convaincue. Ce n'est qu'un écrin destiné à garantir le diamant céleste que le souffle de la froide logique aurait fini par ternir. Symboles! Fictions! Romans! Soit! Respectez ces poétiques mensonges, que nous avons aidé à perpétuer, nous autres artistes: ils sont pleins de consolations et d'espérances pour les humbles,

les faibles et les simples, qui n'ont ni le temps, ni la force, ni le moyen de discuter. Cherchez une vérité positive qui ait fait autant de bien que ces douces tromperies; vous ne la trouverez pas; et de bien autres hommes que vous et moi ont eu le bonheur d'y croire. Ne choisissons pas trop tôt. Votre raison, d'ailleurs, a perdu le droit d'être trop fière, depuis le jour où elle n'a pas su vous garantir contre l'amour qui vous tourmente aujourd'hui. C'était ce jour-là qu'il fallait ne pas croire!

» Et maintenant, si, malgré tout, je n'ai pu vous convaincre, mourez, mon cher enfant; nous vous pleurerons, tout en vous blâmant, parce que nous vous aimons du plus profond de notre cœur. J'aurai soin de votre fils, n'en doutez pas; et, après moi, ma fille et mon gendre se chargeront de lui, puisqu'ils sont de ceux qui acceptent tous les devoirs, y compris les devoirs des autres. Cependant, je vous demanderai, ou plutôt j'exigerai de vous un service; car, en somme, vous me devez quelque chose pour le passé, déjà peut-être pour l'avenir, et vous n'avez pas le droit de vous en aller sans régler vos comptes. Faites-moi, en marbre, une réduction, tiers de nature, du *Moïse* de Michel-Ange. J'ai rêvé, toute ma vie, de posséder ce chef-d'œuvre, interprété par un maître. Il ne faut pas beaucoup d'imagination pour copier; il ne faut qu'un peu de patience; et vous n'avez peut-être besoin, pour ce travail routinier, que de ce que j'ai eu la bonne fortune de vous apprendre. Ce sera une restitution, et je serai fier d'avoir eu votre dernière pensée. Ce que je vous demande est très-sérieux.

» Je vous embrasse, et je compte sur vous comme vous pouvez compter sur moi. »

LV.

Quelle philosophie douce et ferme à la fois! Avec quelle délicatesse et quelle adorable malice cet homme excellent essayait de me rattacher à la vie par le travail, par la reconnaissance, par la dignité.

Je lui répondis ces seuls mots :

« Je vous aime de toute mon âme. Vous aurez votre *Moïse*, je vais le commencer sur l'heure. »

Je fis apporter une réduction en plâtre de cette admirable statue, et je me mis à tailler en plein marbre, comme un simple praticien.

Au bout de quinze jours de ce travail purement mécanique, qui ne demandait que de la précision et de l'habileté, je commençais à reprendre un peu possession de moi-même. Allais-je guérir? Allais-je oublier? Que de promesses je faisais en secret à Dieu et aux hommes si ce miracle s'accomplissait!

Quand la silhouette du grand Hébreu commença à sortir de la masse, quand la forme se dégagea du bloc, que la vie fit tressaillir la matière, je poussai comme un cri de joie. Évidemment j'étais sauvé, si rien ne venait se jeter de nouveau entre mon œuvre et moi.

J'écrivis à M. Ritz une lettre tout reconnaissance et tout enthousiasme. Les hommes, que je ne voulais plus voir, j'allai de moi-même au-devant d'eux. Je retournai à l'École, où je n'avais pas paru depuis plusieurs mois. J'invitai à dîner deux ou trois de ces jeunes gens; je m'excusai auprès d'eux; je trouvai des prétextes. Ils y crurent ou firent semblant d'y croire.

Huit jours se passèrent ainsi.

Un matin, je reçus cette lettre :

« Encore une nouvelle : ta femme est revenue, ayant découvert de nouvelles mines dans la Californie; cela seul peut expliquer sa fortune subite. Tu sais bien cet hôtel adorable qu'avait fait construire le comte Attikoff, au Cours-la-Reine? Ta femme l'a acheté, tout meublé, avec les curiosités qu'il renferme. Elle l'a payé comptant deux millions et demi aux héritiers du comte, mort subitement le mois dernier. Elle s'y est installée, le jour même de la vente; il est vrai qu'elle n'a eu besoin que d'apporter ses malles. Elle a demandé aux gens du comte s'ils voulaient rester à son service? Ils ont consenti, sauf le premier cocher, qui est Anglais et qui ne veut pas conduire une femme *seule* dont il ne connaît ni les tenants ni les aboutissants. C'est parfait!

» En attendant, ta femme a les plus beaux équipages de Paris. Elle ne reçoit que des hommes, bien entendu, des hommes du monde, et en nombre très-restreint. Elle a sa loge aux Italiens et à l'Opéra, où elle fait émeute à chaque représentation; car, il faut le dire, elle est plus belle qu'elle n'a jamais été. Elle se fait appeler madame Iza. La *reine mère* est toujours auprès d'elle, enrichie de diamants comme une tabatière diplomatique. Un coupé à huit ressorts, aux armes des Dobronowski, les attend à la porte du théâtre; un valet poudré, en bas de soie, livrée vert clair, leur abaisse le marchepied, et une paire de chevaux de vingt mille francs, avec des fleurs naturelles au frontail, les emporte au milieu de l'ébahissement général. De quatre à six heures, promenade au bois de Boulogne, en calèche découverte, attelage à quatre, à la Daumont, casaques blanches à raies vertes. Qu'en dis-tu? Pas d'hommes. Des visites dans les loges, des visites à l'hôtel, mais la vertu même! Tous les anciens amis sont exclus. Quel est ce mystère? Maurice, notre agent de change, a, entre autres valeurs à elle, une seule inscription de cinq cent mille livres de rente; elle a fait monter le trois pour cent le jour où elle en a acheté les titres. Quant aux diamants, aux rubis et aux perles, elle en a comme les enfants ont des billes.

» Or, voici ce qu'elle raconte sur sa fortune; c'est tout ce qu'il y a de plus simple. Elle a hérité de plusieurs millions; elle n'avoue pas le chiffre exact et elle ne nomme pas le défunt. Maintenant, voici ce qu'on dit, et ça me paraît plus vraisemblable. Elle est entretenue. Par qui? On ne nomme personne, tout haut du moins; car, tout bas, il est question d'un roi, d'un roi étranger, bien entendu. En effet, il n'y a guère qu'un roi qui puisse se donner un pareil luxe à distance.

» Ce trône que la mère rêvait, elle l'aurait enfin trouvé, d'occasion! Mais quel est ce roi? *That is the question!* On en cite plusieurs, on n'en affirme aucun. On prétend que celui dont il s'agit est tombé amoureux à première vue, qu'il a été longtemps repoussé, et qu'il a dû, comme Jupiter, se changer en pluie d'or. Ce n'est pas plus humiliant pour un roi que pour un dieu. Il est tellement épris, que, tout à coup, il abandonne son royaume pour venir à Paris incognito. Il y passe un jour ou une nuit, selon l'heure à laquelle il est arrivé, et il s'en retourne régner; ou bien c'est elle qui disparaît pendant quarante-huit heures sans que personne sache où elle se rend. Elle voyage seule.

» Les domestiques ne disent rien parce qu'ils ne savent rien, je crois; sans quoi, ils parleraient, en leur qualité de domestiques. Toujours est-il qu'ils ont résisté à toutes les corruptions, car madame Iza intrigue la grande ville, et de riches oisifs ont fait l'impossible pour obtenir des renseignements certains. Rien. Le Roi, toujours le Roi !

» J'ai cru devoir t'informer de ce qui se passe, afin que tu saches ce que tu dois faire, dans le cas où tu serais disposé à revenir à Paris. Je ne suis pas fâché de ce scandale nouveau. C'est une barrière définitive entre cette créature et toi. Jusque-là, j'avais toujours eu peur qu'elle ne te reprît. Aujourd'hui, ce ne serait plus du pardon, ce serait de la complicité. Elle a le bon goût ou l'orgueil de ne porter que son nom de fille, tant mieux. On finira par ne pas même savoir qu'elle a été la femme d'un honnête homme; c'est tout ce qu'il faut. »

A mon grand étonnement, cette nouvelle inattendue me laissa assez calme. Mon ennemi m'attaquait de nouveau, mais je savais maintenant où il était. Je posai cette lettre sur ma table et je me remis au travail, décidé à ne plus penser à quoi que ce soit avant d'avoir achevé le *Moïse*. Je ne m'arrêtais que lorsque les outils me tombaient des mains, dormant à peine deux ou trois heures et me remettant à la besogne dès que j'avais les yeux ouverts.

Huit jours après cette première lettre, j'en reçus une seconde ainsi conçue :

« Iza vient de m'écrire qu'elle a besoin de me voir et de me parler pour affaires de la plus haute importance. Je me rends chez elle à l'instant. Les détails au prochain courrier.

» Constantin. »

Au courrier suivant, rien.

Deux autres, trois autres, quatre autres courriers, même silence.

La tête de Moïse était entièrement faite.

Un matin, on me remit une lettre d'une écriture inconnue. Voici ce qu'elle contenait :

« Continuez à suivre les conseils de votre bon ami Constantin. Seulement, sachez qu'il est l'amant de votre femme. »

LVI.

La mesure était comble.

J'appelai mon domestique. Je fis remplir une petite valise des objets indispensables à un voyageur pressé. Je regardai une dernière fois mon marbre, qui avait l'air de me dire : « Va et reviens, je t'attends ; » et je partis pour la France, sans savoir ce que j'allais y faire, mais avec le pressentiment que j'allais me trouver en face de l'événement le plus grave de toute ma vie.

Je ne dis pas une syllabe tout le temps que dura le voyage, quatre jours et quatre nuits. Pour ceux qui m'entouraient, je devais avoir l'air d'un automate. Je mangeais et je dormais juste ce qu'il faut pour entretenir le mouvement dans le corps. Je ne pensais à rien distinctement. J'allais devant moi, voilà tout, sous une impulsion fatale, avec la certitude intérieure que tous les pas que je faisais me menaient à quelque chose que je ne pouvais plus éviter. Jacques Clément dut voyager de la même manière quand il vint de Rethel à Paris.

J'arrivai à six heures du matin. J'allai prendre un bain, je changeai de costume, je déposai ma valise à l'*hôtel de Paris*, rue de Richelieu, et je me rendis chez Constantin.

En me voyant paraître, il pâlit légèrement. Cependant il vint à moi et m'embrassa. Je lui tendis la dernière lettre que j'avais reçue. Il en prit connaissance d'un seul coup d'œil.

— Cela est vrai, me dit-il.

— Tu es son amant?

— Je l'ai été, une heure, le jour même où je t'ai écrit. Dieu sait que je n'y songeais guère, mais elle y songeait, elle! Si elle pouvait me rendre amoureux et me faire souffrir, quel triomphe, après ce qui s'était passé entre nous! Je n'en ai pas moins commis là une vilaine action. Je comprends maintenant ce que tu as dû souffrir. J'ai subi sa puissance, moi qui me croyais bien fort. En la quittant, je me suis dit : « Tu as voulu te venger, serpent ! mais les créatures de ton espèce n'ont pas de prise sur moi. Je ne te reverrai plus. » Et, le lendemain, je suis retourné chez elle. On ne m'a plus reçu. Bien joué ! Pendant trois jours, j'ai été amoureux, moi. Ah ! si j'avais été le mari de cette femme-là et qu'elle m'eût trahi, je...

Il s'arrêta et passa la main sur son front.

— Qu'aurais-tu fait ? lui demandai-je.

— Je n'en sais rien.

— Tu l'aurais tuée ?

— Je ne dis pas non.

— Alors, je suis plus fort que toi.

— Peut-être ! Tu m'en veux ?

— Non ; mais j'aurais préféré que tu eusses la franchise de m'apprendre la vérité.

— J'ai voulu partir pour Rome et te raconter tout, et puis...

— Et puis ?

— Et puis — je suis resté. Qu'est-ce que tu viens faire à Paris ?

— Je reviens tout simplement.

— Tout à fait ?

— Tout à fait. Au revoir.

— Où vas-tu ?

— Chez moi, d'abord ; — chez ton père, ensuite.

— A tantôt, alors.
— A tantôt.
Je lui serrai la main et je sortis.

LVII.

Je me rendis au Cours-la-Reine, à l'hôtel bien connu du prince Attikoff. Je sonnai. La porte massive s'ouvrit. Je traversai la cour, flanquée à droite et à gauche d'écuries et de remises en brique, à toit de zinc brillant comme de l'argent. Un timbre sonna deux fois pour annoncer la venue d'un visiteur. Je montai les quelques marches d'un perron qui fait face au quai, et je me trouvai en présence d'un grand laquais en livrée du matin. Il entre-bâilla la porte.

— Madame Iza? lui dis-je.
— Elle est à la campagne.
— En êtes-vous sûr?
— Oui, monsieur.
— Depuis quand?
— Depuis hier.
— Quand reviendra-t-elle?
— Aujourd'hui, je crois.
— A quelle heure sera-t-elle visible?
— Je n'en sais rien. Si monsieur veut inscrire son

nom et revenir, madame me dira si elle peut le recevoir.

— Soit.

Cet homme avait compris sans doute, au ton dont je parlais, qu'il s'agissait de choses sérieuses et que j'avais le droit de parler comme je le faisais.

Je repris :

— Madame la comtesse habite-t-elle avec sa fille ?...

— Non, monsieur ; elle demeure tout près ; mais elle est à la campagne avec madame.

— C'est bien. — Donnez-moi de quoi écrire.

J'entrai dans le vestibule, vaste carré pavé de mosaïques et décoré de fresques comme les intérieurs de Pompéi.

Au milieu de ce vestibule, sur un piédestal entouré de fleurs d'eau, je retrouvai *la Buveuse*, qu'Iza avait fait acheter sous un nom supposé et dont elle avait fait la statue de ce temple.

J'écrivis ces seuls mots :

« Attendez-moi ce soir. »

Je signai et je remis au laquais le billet cacheté.

Qu'allais-je devenir jusqu'au soir ?

C'est alors que je me rendis chez vous, mon ami. Je venais vous instruire de ce qui se passait et vous demander quels moyens de défense la loi mettait à ma disposition contre un pareil antagoniste. La loi ne pouvait rien, que me séparer judiciairement de ma femme, l'emprisonner pendant un an ou deux ans au plus, si je constatais l'adultère. Quant à mon nom, quant à ma liberté, quant à mon âme, la loi ne pouvait me les rendre. Madame Iza serait toujours madame Clémenceau ; elle pourrait toujours habiter le pays que j'habiterais, être riche et déshonorer mon nom et le nom de son fils. La mort seule nous séparerait un jour. Je vous remercie des conseils que vous m'avez donnés à cette époque, ils étaient raisonnables. Mais, dans l'état où je me trouvais, la raison n'avait rien à faire pour moi.

Il me restait encore de longues heures à passer avant d'être remis en présence d'Iza. Nous étions à la fin d'avril, à l'anniversaire des jours heureux. Que devenaient les lieux témoins de mon bonheur pendant que je me débattais ainsi ? Que me conseilleraient-ils si j'allais les revoir et les interroger.

Je partis pour Sainte-Assise.

J'errai tout le jour, à travers mes souvenirs. Je vins coller mon visage pendant plus d'une heure à la petite grille dont je vous ai parlé, derrière les ébéniers en fleur. Je pris le bateau du passeur, stationnant dans le voisinage, et je le conduisis au saule où elle s'appuyait jadis, à l'endroit où nous nous baignions ensemble. Je l'amarrai à cette racine qu'elle avait saisie avec tant de grâce pour sortir de la rivière, et je regardai et j'écoutai, mes coudes sur mes genoux et ma tête dans mes mains. Puis je traversai le parc, sans que personne me vît, et je m'assis sous les sapins, à mi-côte, comme pour revoir ma vie de plus haut; puis je gagnai les bois, que je parcourus dans tous les sens; enfin j'absorbai le plus possible, et à tout hasard, ce qui avait été le bonheur autrefois.

Qui pouvait savoir si je reverrais jamais ces lieux adorés? Où serais-je le lendemain?

Les journées étaient encore assez courtes. A sept heures, l'ombre avait envahi la campagne. Je repris la route de Paris. A dix heures, je me présentai de nouveau à l'hôtel du Cours-la-Reine. Le même laquais m'ouvrit une des portes latérales du vestibule. Seulement, il était en grande livrée, et deux de ses camarades, vêtus comme lui, se levèrent et se tinrent debout, quand je passai devant eux. Mon introducteur me fit traverser une série de petites salles tendues de satin de chine, de brocatelle et de guipure, chaudes et fraîches à la fois, parfumées de fleurs, encombrées de tableaux, de glaces, de porcelaines, de bronzes; puis il m'ouvrit une dernière porte et je me trouvai dans un boudoir Louis XVI dont les panneaux, à boiseries blanc et or, étaient peints par Fragonard, et dont les rideaux, les canapés, les fauteuils et les chaises étaient de satin de Chine blanc, brodé d'animaux, de personnages et de diables de toutes les couleurs et de toutes les formes. Tapis de Smyrne, meubles de bois de rose et de laque, vases de Sèvres, céladons, groupes de Saxe, pendules et candélabres de Gouttière, le tout en pleine lumière comme pour une fête.

Dans le boudoir, une femme attendait. C'était la comtesse, désireuse sans doute de connaître mes intentions et de m'étudier avant de me laisser voir sa fille. Pour se donner une contenance, bien qu'elle eût, depuis longtemps, l'expérience de toutes les situations, elle réparait, devant une glace, le désordre de sa toilette, chiffonnée par la voiture dont elle sortait. Du reste, assez grand air avec sa robe de soie grise ornée de nœuds de velours noir, et malgré les bagues de haut prix qui brillaient à ses doigts.

Ces sortes de mères sont rarement aussi distinguées.

— Bonjour, mon cher enfant; comment vous portez-vous? me dit la comtesse d'un air paterne, dès que le valet de chambre fut sorti, comme si elle n'eût même pas été au courant de ce qui s'était passé entre sa fille et moi, ou comme si c'eût été pour elle une chose tellement prévue, qu'il n'y eût plus ni à s'en étonner, ni même à s'en souvenir.

Je n'en fus pas moins étourdi de la simplicité de cet accueil.

— Merci, madame; je vais bien, lui répondis-je en saluant.

Il n'y avait pas autre chose à faire.

Elle reprit :

— Vous êtes déjà venu tantôt ?

— Ce matin.

— Nous avons passé la journée à la campagne et nous sommes rentrées il y a dix minutes seulement. Iza va venir. Elle change de toilette. Elle était couverte de poussière. Il souffle un vent affreux ce soir. Vous arrivez de Rome?

— Oui, madame.

— Il y a près de quarante ans que j'ai vu Rome, avec mon père. J'étais bien jeune. Revenez-vous vous fixer à Paris?

— Je n'en sais rien encore.

— Vous avez travaillé là-bas?

— Très-peu.

Textuel.

J'allais peut-être demander à cette femme si elle se moquait de moi, quand une porte s'ouvrit résolûment.

— Voici ma fille! dit la comtesse.

Et, se levant, elle resta droite comme une dame d'honneur devant une reine.

Iza parut.

Je vous laisse à deviner ce qui se passait dans ma poitrine et dans ma tête.

Iza traversa la chambre et me salua, d'une légère inclination de tête, avec l'ombre d'un sourire, sans dire une parole. Elle me parut plus grande qu'autrefois; peut-être parce qu'elle marchait avec plus d'audace et plus d'autorité. Du reste, elle était éclatante, en plein développement, en pleine floraison.

Seulement, je ne sais quoi de survenu modifiait sa physionomie générale ; sa vie nouvelle probablement, qui jetait un reflet sur toute sa personne.

Elle avait plutôt l'air d'un portrait qu'on eût fait d'elle qu'elle n'avait l'air d'elle-même. Son image présente cessait un peu d'être elle, quand on la confrontait avec son image passée, avec l'Iza que je gardais en moi. Toute modestie, même feinte, était pour jamais effacée de ce visage devenu à la fois hautain et provocant.

Elle était vêtue d'une simple robe de taffetas blanc, à revers, comme les robes de la République, à plis larges et aplatis, à taille un peu courte, à jupe très-longue. Le col nu et libre. Pas un bijou.

Les regards de la mère et de la fille se croisèrent. Celui de la mère voulait dire : « Dois-je rester ? » celui de la fille signifiait : « C'est inutile. »

En effet, je m'étais contenu, et ni l'une ni l'autre de ces deux femmes ne pouvait prévoir, pas plus que moi, ce que les événements allaient amener.

— Eh bien, maman, je te remercie, dit Iza tout haut en s'approchant de sa mère ; à demain !

La comtesse baisa sa fille sur le front.

— A demain, dit-elle.

— Nous dînons ensemble, tu te le rappelles?

— Oui, à six heures, ici.

— Tu peux venir plus tôt : je ne sortirai pas.

— Je viendrai passer la journée. — Tu me croiras si tu veux, continua-t-elle en me regardant, cela m'a fait plaisir de le revoir. Quel malheur que vous n'ayez pas pu vous entendre ! si vous m'aviez écoutée tous les deux ! Enfin !...

Elle me tendit sa main, que j'effleurai machinalement de la mienne.

Je croyais rêver. Elle sortit.

Je restai seul avec Iza.

LVIII.

Elle me fit signe de m'asseoir, en prenant place vis-à-vis de moi, de l'autre côté d'une table qui nous séparait, et se mit à jouer avec un couteau à papier, à manche de jaspe, à garde de vermeil incrustée de grenats, à lame d'acier niellée d'or.

Était-ce pour se donner une contenance ?

Était-ce pour avoir une arme dans les mains ?

Je crus que je ne pourrais pas parler.

Elle commença :

— A quoi dois-je votre visite, que je prévoyais, du reste ?

— Que vous prévoyiez ?

— Oui.

— Parce que ?

— Parce qu'après la lettre que vous avez reçue à Rome, il était bien probable que vous viendriez à Paris.

— C'est vous qui m'avez écrit cette lettre?

— C'est moi qui vous l'ai fait écrire.

— Et pourquoi m'avez-vous fait écrire cette lettre?

— Pour vous renseigner sur votre ami, comme il vous avait renseigné sur votre femme.

— Alors, le fait est vrai?

— L'aurait-il nié?

— Non. Et pourquoi cette nouvelle infamie?

— Pour me venger.

— De qui?

— De Constantin, qui m'a voulu du mal et qui m'en a fait.

— N'y avait-il pas d'autre vengeance?

— Si; mais celle-là m'a paru la meilleure.

— Vous êtes donc décidément une créature perdue?

— Je suis ce que vous avez voulu que je fusse.

— Comment cela?

— Il fallait me pardonner autrefois.

— Était-ce possible?

— Vous me pardonneriez bien aujourd'hui.

— Vous pouvez croire...?

— Je ne crois pas, je suis sûre que vous m'aimez et que vous n'aimerez jamais d'autre femme que moi; sans quoi, vous ne seriez pas là, pâle comme vous êtes. Pourquoi ne m'aimeriez-vous pas encore, puisque je vous aime toujours?

— Vous?

— Moi; il y a des choses qu'on n'oublie pas.

Et elle me regarda en face.

La tête commençait à me tourner.

— Pourquoi m'avez-vous trompé alors, si vous m'aimez?

— Je n'en sais rien ; parce que je m'ennuyais, parce que j'étais folle.

— Ainsi ces hommes...?

— Quels hommes?

— A qui vous vous êtes donnée?

— Est-ce que je les connais, ces hommes! Est-ce que je les ai regardés! Comment les appelle-t-on? Je ne me le rappelle même pas. J'avais l'esprit malade, sans doute. J'avais soif de sensations nouvelles. Mais, au fond, je n'aimais que toi. Pourquoi m'as-tu épousée? J'aurais été ta maîtresse ; tu m'aurais aimée, et puis ç'aurait été fini. Ne te l'avais-je pas offert? Il fallait accepter, toi qui connaissais mieux les choses que moi. Le malheur est que je sois ta femme! S'il y avait moyen de te rendre ta liberté complète, je ne demanderais pas mieux. Chez nous, on peut divorcer quand on a une femme comme moi. Que veux-tu! ce n'est pas ma faute! Ce qui est fait est fait. — Où as-tu été depuis ce matin?

— A Sainte-Assise.

— Que ce doit être joli en ce moment! J'ai eu bien souvent le désir d'y retourner. Veux-tu que nous y allions ensemble?

— Je le veux bien.

— Vrai? Oh! que tu es bon! fit-elle en se rapprochant de moi. Quand cela? Demain?

— Oui; mais à une condition.

— Laquelle?

— C'est que nous y resterons.

— Toujours, toujours? Ce sera bien long! Et l'hiver? Et puis, moi, je ne suis pas libre.

— Misérable!

Je levai sur elle mes poings fermés. Elle se recula et couvrit son visage de ses deux mains, pour ne pas être défigurée sans doute; et, baissant la tête comme si elle eût attendu le coup:

— Si tu veux me tuer, dit-elle sans changer d'attitude, et d'une voix d'enfant, ne me fais pas souffrir.

— Écoutez-moi.

Elle entr'ouvrit ses doigts sur sa figure, et me regarda au travers.

— Dis-moi *tu*, reprit-elle.

— Veux-tu que nous partions?

— A la bonne heure.

— Réponds.

— Non.

— Il faut en finir cependant. Veux-tu que nous mourions ensemble?

— Quelle folie! à notre âge! Pourquoi mourir, puisque nous nous aimons? Regarde-moi donc! je suis belle! Et toi aussi, tu es beau, quand tu n'es pas en colère. Il sera bien temps de mourir quand nous serons vieux. Pourquoi pousses-tu toujours les choses au drame? Que nous vivions ensemble, après tout ce qui s'est passé? Ce serait vilain, on se moquerait de toi. Je ne le veux pas, moi qui sais que tu es le plus honnête homme du monde, comme tu es le plus grand artiste qui ait existé, un peu grâce à moi. Tu sais que je n'avais qu'une idée : c'était de posséder *la Buveuse*. Tu l'as revue? Quel chef-d'œuvre! Eh bien, laissons les choses comme elles sont. J'ai besoin de luxe, de bruit, de folie autour de moi; abandonne-moi à mon élément naturel, et ne prends de moi que ce que je puis te donner. Nous ne nous ressemblons pas. Au fond, tu es un enfant; moi, je suis une mauvaise créature; mais je t'aime et je veux être à toi encore. Je te connais; je suis sûre que tu m'as été fidèle, même en me haïssant. N'est-ce pas que tu n'as jamais eu d'autre femme que moi? Si tu savais comme je suis heureuse quand je pense à cela; c'est si bon de posséder un être qui n'appartient qu'à vous! Prends-en ton parti! Tu m'appartiens. Je suis une courtisane, une fille, une créature vile et méprisable, c'est dit; mais tu m'aimes. C'est une fatalité! accepte-la. Écoute, voici ce que nous ferons. Tu resteras à Paris; il faut que tu y restes! il faut que tu fasses encore de belles choses! Je le veux. Personne ne saura que tu m'as revue; tu ne parleras jamais de moi, ou, quand tu en parleras, tu diras que je suis la dernière des filles, ça m'est égal. Veux-tu me déshonorer publiquement? Veux-tu me faire un procès? La loi nous séparera, car nous ne sommes pas séparés. Tu pourrais me forcer de retourner chez toi, si tu voulais. Ce n'est pas ça que tu veux? Tu y retourneras seul, pas tout de suite, continua-t-elle en passant ses bras autour de mon cou; et, de temps en temps, quand tu auras envie de me voir, tu m'écriras ce seul mot: «Viens!» et j'accourrai avec un triple voile sur le visage, comme lorsque je suis arrivée de Varsovie, tu te rappelles. Personne ne saura que c'est moi; et, pendant un jour, pendant une nuit, pendant une minute, comme il te plaira, je serai à toi, toute à toi, rien qu'à toi, ton Iza d'autrefois, ta chose, ton chien, veux-tu?

— Autrement dit, ma femme sera ma maîtresse?

— Les mots ne signifient rien.

— Et quand commencerons-nous cette vie nouvelle?

— Quand tu voudras.

— Tout de suite.

— Veux-tu m'emmener jusqu'à demain?

— A quoi bon te déranger?

— Ici?

Elle hésita un moment.

— Si le roi arrivait, lui dis-je, comme si j'entrais dans ses étranges combinaisons.

— On t'a dit...? Il n'y a pas de danger! Et puis que m'importe maintenant, je suis riche. Attends un peu là. Je vais congédier tout le monde; mais tu t'en iras avant le jour. Reste ici, je t'appellerai.

Et je sentis, sur mes lèvres, ses lèvres à la fois brûlantes et glacées, les lèvres qui conviennent à un corps qui n'a jamais eu d'âme.

— Je t'adore! dit-elle.

Et elle disparut.

Pas un mot de son fils!

Je restai là comme un homme hébété, pendant quelques minutes, puis j'entendis ce seul mot passant comme un souffle :

— Viens!

J'entrai dans le gynécée infâme, capitonné de bas en haut ; cachot de ouate et de satin fait pour étouffer les cris de l'amour. Une molle et pâle clarté, semblable à un rayon de lune dans une nuit d'hiver, tombait du plafond transparent et modelait comme un marbre, sous les rideaux du lit, celle qui me tendait les bras.

Quelle maîtresse j'allais avoir! quelle science et quelle mise en scène du plaisir! quelle courtisane, bien capable, en effet, d'affoler un roi et de perdre un empire!

Vingt-trois ans!

Vers une heure du matin, elle s'endormit, calme comme une vierge.

Allons! si cette créature vivait encore le lendemain, elle ferait de moi le plus méprisable des hommes.

LIX.

Je me levai et j'allai prendre dans le boudoir le couteau avec lequel elle jouait deux heures auparavant; puis je rentrai dans la chambre, et je m'étendis à côté d'elle, à sa droite. Sa respiration était douce et régulière. Elle souriait. Jamais elle n'avait été si belle. Je la contemplai un instant.

Deux heures sonnèrent.

Je lui touchai légèrement l'épaule! Elle fit un mouvement instinctif des lèvres pour aspirer un baiser.

— M'aimes-tu? lui dis-je tout bas.
— Oui, murmura-t-elle comme dans un rêve.

Ce fut son dernier mot. Je voulais que ce fût le dernier qu'elle eût prononcé dans ce monde. J'appuyai ma main gauche sur son front, je lui renversai la tête en arrière, et, de toute la force de ma main droite, je lui plongeai le couteau dans la poitrine, au-dessous du sein gauche.

Elle se dressa sous la violence du coup, mais elle ne poussa qu'un soupir et retomba aussitôt.

Je me jetai hors du lit, et j'écoutai.

Elle ne respirait plus. La blessure n'avait laissé couler que quelques gouttes de sang, qu'on eût prises pour des grenats, tombés du couteau avec lequel j'avais frappé.

LX.

Je quittai l'hôtel. J'errai jusqu'au matin dans les rues, et, aux premières lueurs de l'aube, je me constituai prisonnier.

30 juin 18..

FIN.

www.ingramcontent.com/pod-product-compliance
Lightning Source LLC
Chambersburg PA
CBHW070905170426
43202CB00012B/2197